我怎样教语文

夏丏尊
叶圣陶 ◎ 著

长江出版传媒　长江文艺出版社

图书在版编目（CIP）数据

我怎样教语文 / 叶圣陶，夏丏尊著. -- 武汉 : 长
江文艺出版社，2017.6（2023.12 重印）
（大教育书系）
ISBN 978-7-5354-9697-3

Ⅰ. ①我… Ⅱ. ①叶… ②夏… Ⅲ. ①语文教学—教
学研究 Ⅳ. ①H19

中国版本图书馆 CIP 数据核字 (2017) 第 105797 号

责任编辑：张远林　　梅若冰　　　　责任校对：毛季慧

封面设计：周　佳　　　　　　　　　责任印制：邱　莉　杨　帆

出版：

地址：武汉市雄楚大街 268 号　　　邮编：430070

发行：长江文艺出版社

电话：027—87679360

http://www.cjlap.com

印刷：武汉市首壹印务有限公司

开本：710 毫米×970 毫米　　　1/16　　印张：15.5

版次：2017 年 6 月第 1 版　　　　2023 年 12 月第 3 次印刷

字数：225 千字

定价：32.00 元

目 录
contents

第一章◎

我怎样教语文

认真学习语文*

学习语文很重要

　　学习语文的确很重要。近几年来，越来越多的人觉得自己的语文程度不够高。语文程度不够高，大约指两个方面：一方面是阅读。比方看《人民日报》社论，有些人看是看下去了，可是觉得不甚了然，抓不住要点，掌握不住精神。另一方面是写作。写了东西，总觉得词不达意，仿佛自己有很好的意思，只因写作能力差，不能充畅地表达出来。这就可见阅读和写作两方面的能力都要提高。

　　阅读是什么一回事？是吸收。好像每天吃饭吸收营养料一样，阅读就是吸收精神上的营养料。要做一个社会主义时代的公民，吸收精神上的营养料比任何时代都重要。写作是怎么一回事？是表达。把脑子里的东西拿出来，让人家知道，或者用嘴说，或者用笔写。阅读和写作，吸收和表达，一个是进，从外到内；一个是出，从内到外。这两件事，无论做什么工作都是经常需要的。这两件事没有学好，不仅影响个人，还会影响社会。说学习语文很重要，原因就在这里。

---

　　*这是作者在北京中华函授学校举办的"语文学习讲座"第一讲的讲话，登在该校《语文学习讲座》第一辑，一九六二年十月出版。后来发表在一九六三年十月五日的《文汇报》，发表时对原稿做了删改。现在根据《文汇报》排印。

对学习语文要有正确的认识

什么叫语文？平常说的话叫口头语言，写到纸面上叫书面语言。语就是口头语言，文就是书面语言。把口头语言和书面语言连在一起说，就叫语文。这个名称是从一九四九年下半年用起来的。新中国成立以前，这个学科的名称，小学叫"国语"，中学叫"国文"，新中国成立以后才统称"语文"。

语言是一种工具。工具是用来达到某个目的的。工具不是目的。比如锯子、刨子、凿子是工具，是用来做桌子一类东西的。我们说语言是一种工具，就个人说，是想心思的工具，是表达思想的工具；就人与人之间说，是交际和交流思想的工具。思想和语言是分不开的，想心思得靠语言来想，不能凭空想。可以说，不凭借语言的思想是不存在的。固然，绘画、音乐、舞蹈表达思想内容是不凭借语言的，绘画凭借线条和色彩，音乐凭借声音和旋律，舞蹈凭借动作和姿态，可是除了这些以外，表达思想都要依靠语言。

就学习语文来说，思想是一方面，表达思想内容的工具又是一方面。工具有好有坏，有的是锋利的，有的是迟钝的，有的合用，有的不合用，这是一方面。思想也有好有坏。有的是正确的，有的是错误的，有的很周密，很深刻，有的很粗糙，很肤浅，这又是一方面。学习语文，这两方面都要正确对待。

有些人认为只要思想内容好，用来表达的语言好不好无所谓。有些人甚至认为语文是雕虫小技，细枝末节，不必多注意。既然这样，看书无妨随随便便，写文章无妨随随便便。文章写出来半通不通，不认为不对，反而认为只要思想内容好，写得差些没有关系。实际上，看书，马马虎虎地看，书上的语言还不甚了然，怎么能真正理解书的内容？写文章，马马虎虎地写，用词不当，语句不通，怎么能说思想内容好？文章写不通，主要由于没想通，半通不通的文章就反映半通不通的思想。

有些人认为只要学好了语文，思想内容的问题也会随之解决，因而就想专在字词语句方面下功夫。这个想法也不对。有人写工作总结写不好，写调查研究的报告写不好，认为这只是"写"的问题。学好了语文，工作总结和调查报告是不是一定写得好？不一定。为什么？工作总结必须参加了某项工作，对这一项工作比较全面地了解，知道这一项工作的优点和缺点，经验和教训，再加上语文程度不错，才能写好。调查报告也一样，一定要切切实实地调查，材料既充分而又有选择，还要能恰当地安排，才能写好。

这样说起来，要写好工作总结和调查报告，既要在语文方面下功夫，也要在实践方面下功夫。两方面的功夫都要认真地做，切实地做。

学语文为的是用，就是所谓学以致用。经过学习，读书比以前读得透彻，写文章比以前写得通顺，从而有利于自己所从事的工作，这才算达到学习语文的目的。进一步说，学习语文还可以养成想得精密的习惯，理解人家的意思务求理解得透彻，表达自己的意思务求表达得准确；还有培养品德的好处，如培养严肃认真、一丝不苟的态度等。这样看来，学习语文的意义更大了，对于从事工作和培养品德都有好处。

学习语文不能要求速成

我常常接到这样的信，信上说："我很想学语文，希望你来封信说说怎样学。"意思是，去一封回信，他一看，就能学好语文了。又常常有这样的请求，要我谈谈写作的方法。我谈了，谈了三个钟头。有的人在散会的时候说："今天听到的很解决问题。"解决问题哪有这么容易？哪有这么快？希望快，希望马上学到手，这种心情可以理解；可是学习不可能速成，不可能画一道符，吞下去就会了。学习是急不来的。为什么？学习语文目的在运用，就要养成运用语文的好习惯。凡是习惯都不是几天功夫能够养成的。比方学游泳。先看看讲游泳的书，什么蛙式、自由式，都知道了。可是光看书不下水不行，得下水。初下水的时候很勉强，一次勉强，两次勉强，勉强浮起来了，一个不当心又沉了下去。要等勉强阶段过去了，不用再想手该怎么样，脚该怎么样，自然而然能浮在水面上了，能往前游了，这才叫养成了游泳的习惯。学语文也是这样，也要养成习惯才行。习惯是从实践里养成的，知道一点做一点，知道几点做几点，积累起来，各方面都养成习惯，而且全是好习惯，就差不多了。写完一句话要加个句号，谁都知道，一年级小学生也知道。但是偏偏有人就不这么办。知道是知道了，就是没养成习惯。

一定要把知识跟实践结合起来，实践越多就知道得越真切，知道得越真切就越能起指导实践的作用。不断学，不断练，才能养成好习惯，才能真正学到本领。

　　有人说，某人"一目十行"，眼睛一扫就是十行。有人说，某人"倚马万言"，靠在马旁边拿起笔来一下子就写一万字。读得快，写得快，都了不起。一目十行是说读书很熟练，不是说读书马马虎虎；倚马万言是说写得又快又好，不是说乱写一气，胡诌不通的文章。这两种本领都是勤学苦练的结果。

　　要学好语文就得下功夫。开头不免有点勉强，不断练，练的功夫到家了，才能得心应手，心里明白，手头纯熟。离开多练，想得到什么秘诀，一下子把语文学好，是办不到的。想靠看一封回信，听一回演讲，就解决问题，是办不到的。

　　有好习惯，也有坏习惯。好习惯养成了，一辈子受用；坏习惯养成了，一辈子吃它的亏，想改也不容易。譬如现在学校里不少学生写错别字，学校提出要纠正错别字，要消灭错别字。错别字怎么来的呢？不会写正确的形体吗？不见得。有的人写错别字成了习惯，别人告诉他写错了，他也知道错，可是下次一提笔还是错了。最好是开头就不要错，错了经别人指出，就勉强一下自己，硬要注意改正。比方"自己"的"己"和"已经"的"已"搞不清楚，那就下点儿功夫记它一记，随时警惕，直到不留心也不会错才罢休。

学习语文要练基本功

　　学习语文要练基本功。写一篇文章，就语文方面说，用一个字，用一个词，写一个句子，打一个标点，以及全篇的结构组织，全篇的加工修改，这些方面都要做到家才算好。这些方面都得下功夫，都得养成好的习惯。这样，写起文章来就很自由，没有障碍，能够从心所欲。培养这些方面的能力，养成好的习惯，就叫练基本功。

　　一出戏要唱工做工都好是不容易的。最近我看周信芳、于连泉（筱翠花）几位总结他们表演艺术经验的书，讲一个动作如何做，一句唱词如何唱，都有很多道理。道理不是嘴上说说的，是从实践里归结出来的。我们学习语文，看文章和写文章也能达到他们那样程度，就差不多了。学戏的开始，不是从整出的戏入手的，一定要练基本功，唱腔、道白、身段、眼神，一举手一投足，都要严格训练，一丝不苟。起初当然勉强，后来逐渐熟练，表演起来就都合乎规矩。然后再学一出一出的戏。学绘画，要先练习写生，画茶杯、画花瓶，进一步练速写，这些都是基本功。学音乐、舞蹈也一样，都要练基本功。木工做一张桌子也不简单，锯子、刨子和凿子，使用要熟练，要有使用这些工具的好习惯，桌子才能做得合规格。总之，无论学什么，练基本功是很重要的。

学语文的基本功是什么？大体上说有以下几方面：

第一，识字写字。可能有人想，谁还不识字，这个功夫没有什么可练的。可是一个字往往有几个意义，几种用法，要知道得多些，个个字掌握得恰当，识字方面还得下功夫。譬如"弃甲拽兵而走"，这是《孟子》上的一句话。小学生可能不认识"拽"字，其余都是认识的。可是小学生只学过"放弃""抛弃"等词，没学过单用的"弃"字。至于"甲"知道是"甲、乙"的"甲"，"兵"知道是"炮兵""伞兵"的"兵"，"走"知道是"走路"的"走"。他们不知道"甲"是古代的军装，"兵"在古代语言中是武器，古人说"走"，现代人说"逃跑"。"拽"这个字现代不用了，只说"拖"。"而"字在现代语言中是有的，如"为……而奋斗"。可是照"弃甲拽兵而走"这句话的意思说，"而"字就用不着了。用现代话说，这句话就是"丢了铠甲拖着武器逃跑"。到高中程度，识字当然要比小学比初中更进一步，对某些字知道更多的意义和用法。中国字太多，太复杂，谁也不能夸口说念字不会念错。字要念得正确，不要念别字，这也是识字方面应该下的功夫。

写字也要下些功夫。不一定要去买什么碑帖，天天临摹它几小时，这不需要；可是字怎么写，总要有个规矩。写下的字是让人家看的，不要使人家看不清楚，看得很吃力。有时候我接到些信，字写得不清楚，要看好些时间，看得很吃力。不要自己乱造字，简化字有一定的规范，不要只管自己易写，不管别人难认。字要写得正确，一笔一画都辨得很明白；还要写得熟练，如果写一个字要想三分钟，这怎么能适应需要？要把字写得正确熟练，这就是基本功。

第二，用字用词。用词要用得正确、贴切，就要比较一些词的细微的区别。这是很要紧的。譬如与"密"字配合的，有"精密""严密""周密"等词，粗粗看来好像差不多，要细细辨别才辨得出彼此的差别。"精密"跟"周密"有何不同，"精密"该用在何处，"周密"该用在何处，都要仔细想一想。想过了，用起来就有分寸。如果平时不下功夫，就不知道用哪一个才合适。

用词，有时也表示一个人的立场。立场，就是站在哪一方面；比方有人说，在土地改革的时候，某村地主很"活跃"，这就是立场不对头。"活跃"

往往用在对一件事表示赞美的场合。对地主用"活跃"不合适，要用"猖獗"。否则人家会认为你是站在地主的立场呢。这些地方如果平时不注意，就会出错。用词还有个搭配的问题。比方"成绩"，可以说"取得成绩"，"做出成绩"，如果说"造出成绩"就不合适。前边的词跟后边的词，有搭配得上的，有搭配不上的，把不相配合的硬配在一起，就不行。所以用词也是基本功，无论阅读或是写作都要注意。

第三，辨析句子。句子是由许多词组成的，许多词当中有主要的部分和附加的部分。读句子，写句子，要分清主要部分和附加部分，还要辨明附加部分跟主要部分是什么关系。比方"在党的领导下，我们取得了中国革命的胜利"这句话的主要部分是什么？是"我们取得了胜利"。取得了什么胜利？取得了"中国革命的"胜利。还要弄清楚，"在党的领导下"是"取得"的条件，虽然放在头里，却关系到后面的"取得"。读一句话，写一句话，要能马上抓住主要的部分，能弄清楚其他的部分跟主要的部分的关系，这就是基本功。长句子尤其要注意。有些人看文章，又像看得懂，又像看不懂，原因之一就是弄不清楚长句子的各个组成部分的关系。

读文章，写文章，最好不要光用眼睛看，光凭手写，还要用嘴念。读人家的东西，念出来，比光看容易吸收。有感情的文章，念几遍就更容易领会。自己写了东西也要念，遇到念来不顺的地方，就是要修改的地方。好的文章要多读，读到能背。一边想一边读，有好处。这好处就是自己脑子里的想法好像跟作者的想法合在一起了，自己的想法和语言运用能力就从而提高不少。长的文章可以挑出精彩的段落来多读，读到能背。读的时候不要勉强做作，要读得自然流畅。大家不妨试试。

第四，文章结构。看整篇文章，要看明白作者的思路。思想是有一条路的，一句一句，一段一段，都是有路的，这条路，好文章的作者是绝不乱走的。看一篇文章，要看它怎样开头的，怎样写下去的，跟着它走，并且要理解它为什么这样走。譬如一篇议论文，开头提出问题，然后从几个方面来说，而着重说的是某一个方面，其余几个方面只说了一点儿。为什么要这样安排呢？一定有道理。读的时候就得揣摩这个道理。再往细处说，第二句跟头一句是怎样连接的，第三句跟第二句又是怎样连接的；第二段跟第一段有什么关系，第三段跟第二段又有什么关系，诸如此类，都要搞清楚。这些就叫基本功。练，就是练这个功夫。

总起来一句话，许多基本功都要从多读多写来练。读人家的文章，要学习别人运用语言的好习惯。自己写文章，要养成自己运用语言的好习惯。要多读，才能广泛地吸取。要多写，越写越熟，熟极了才能从心所欲。多写，还要多改。文章不好，原因之一就是自己不改或者少改。有人写了文章，自己不改，却对别人说："费你的心改一改吧。"自己写了就算，不看不改，叫别人改，以为这就过得去，哪有这么容易的事？

写之前要多想想，不要就动笔写。想得差不多了，有了个轮廓了，就拟个提纲。提纲可以写在纸上，也可以记在脑子里。总之，想得差不多了然后写。写好以后，念它几遍，至少两三遍，念给自己听，或者念给朋友听。凡是不通的地方，有废话的地方，用词不当的地方，大致可以听出来。总之，要多念多改，作文的进步才快。请别人改，别人可能改得不怎么仔细，或者自己弄不明白别人这样那样改的道理，这就没有多大好处。当然，别人改得仔细，自己又能精心领会，那就很有好处。

认真不认真，是学得好不好的关键

希望学得好，先要树立认真的态度。看书，不能很快地那么一翻；看文章，不能眼睛一扫了事；写文章，不能想都不想，就动笔写，写完了自己又懒得改。这些都是不认真的态度。如果这样，一定学不好。某个中学举行过一次测验，有一道题里学生需用"胡同"这个词，竟有不少学生把极容易的"同"字写错了。从这上头可以看出学生学习态度不认真。这应该由老师负责，老师没有用种种办法养成学生认真的习惯。大事情是由无数小事情加起来的，小事情不注意，倒能注意大事情，这是不能令人相信的。

有的人写了文章，别人给他指出某处是思想认识上的错误，某处是语言文字上的错误，他笑了笑就算了，这也是不认真的态度的表现。写个请假条，写封信，也要注意。无论读或是写，都不能马虎。马虎是认真的反面。马虎的风气在学校里和机关里都有，要想办法改变这种坏风气。

有的老师有的家长往往说，某某孩子两天就看完了《红岩》，真了不起。我认为这不很好。这样大的一本书两天就看完，可能只看见些影子，只记得几个人名，别的很难领悟。这样的读书法是不该提倡的。先要认真读，有了认真读的习惯，然后再求读得快。

一句话，希望同志们认真自学。在这里听到的，只能给同志们一些启发，一些帮助，重要的还在自学。再说，在这里听到的不一定全接受，要自己认真想过，认为确然有些道理，才接受。

语文随笔*

看《文艺报》第七期江华先生的一篇《要努力驱逐使人糊涂的词汇》，觉得很有意思。他随便在近来的诗篇中找了些例子，像：

　　"驱迫着我们走上共同的命运"

　　"当下工的汽笛鸣过"

　　"没有一滴水，而要讨喝别人的尿便"

　　"城楼和屋脊都被树条拍抚着"

指出作者运用"驱迫""鸣过""尿便""拍抚"这些词汇，暴露了他们在语言学习的努力中还有缺憾。他的解释可以说是平情之论，"并不完全是诗人本身的糊涂，这实在也是中国文学语言发展时期的过渡现象"。最后他表示愿望："要求诗人们作家们自觉地主动地缩短自己在语言学习上的'过渡'。努力从活人的嘴上，采用与洗炼有生命的词汇！放弃这些使人糊涂的语言，努力驱逐这样的词汇！"

看完这一篇，头一个想到的是使人糊涂的词汇不但诗里有，不但文艺作品里有，几乎到处都有，有文字的处所都有。可惜平时没有随手摘录的习惯，不然至少一抄就是百来个。所谓过渡时期也不算短了，"五四"已经做过了三十周年，可是还有这样的现象，该怪咱们拿笔杆儿的始终没能够"自觉地主动地缩短自己在语言学习上的'过渡'"。

第二个想到的，不但词汇吧，语法跟修辞式恐怕也有问题。就像"当下

---

*原载一九五〇年一月四日《人民日报》第六版。

工的汽笛鸣过"的"当",文言里是常用的（"当尧之时""当其壮年"）。现在文章里也常用，不过是从翻译文字来的，翻译家把"When"翻成"当"。一般的语言绝不说这个"当"，除了有意无意沾染了书本子上的语法的。还有，像江华先生文章里的"采用与洗炼有生命的词汇"，两个动词用个连词连起来，贯到目的格的名词，这样的语法现在很流行了，文件上可以见到，集会上可以听到。这是从书本子来的，书本子又是从翻译西洋语文或者仿效西洋语文来的，我国一般的语言没有这样的语法。我是这么想，古来的外来的语汇都不妨采用，采用了才可以丰富咱们的语言。不过有条件，一要弥补咱们原来语法的缺陷；二要行得开，约定俗成，大家采用。像"当……"以及两个并列的动词下面贯到目的格的语法，是不是丰富了咱们的语言，咱们原来的语法是不是没有办法表现相同的意念，都是可以讨论的。至于行得开行不开，得过一些时候再看，在文件上集会上流行未必能算数，要在大多数人的嘴上生根才真是行开了。

再说修辞式。咱们常看见"义愤填膺"，通电里用，报道文章里也用。去年十月一日中华人民共和国成立，最近斯大林元帅七十大寿，咱们在各色各样的文章里看见了"欢欣若狂"之类的语句。我不赞成运用这种语句，第一因为是文言，一般的语言里不说。第二，尤其重要的，这种说法已经不生效果。你说"义愤填膺"，人家没法理会你那"义愤"强烈到什么程度，你说"欢欣若狂"，人家也不过知道你在那里欢喜罢了。如果从活的语言里去找，效果强的多的是，毛病就在不去找，不去学习。

关于国文的学习 *

一　引　言

摆在我面前的题目，是《关于国文的学习》，就是要对中学生诸君谈谈国文的学习法。我虽曾在好几个中学校任过好几年国文科教员，对于这任务，却不敢自信能胜任愉快。因为这题目范围实在太广了，一时无从说起，并且自古迄今，已不知有若干人说过若干的话，著过若干的书；即在现在，诸君平日在国文课里，也许已经听得耳朵要起茧哩。我即使说，也只是些老生常谈而已。

我敢在这里声明，以下所说的不出老生常谈。把老生常谈择要选取来加以演述，使中学生诸君容易领会，因而得着好处，是我的目的。这目的如果能达到若干，那就是我对于中学生诸君的贡献了。

二　中学生应具的国文能力

"国文"二字，是无止境的。要谈中学生的国文学习法，先须预定中学生应具的国文程度。有了一定的程度，然后学习才有目标，也才有学习法可言。

诸君是中学生，对于毕业时的国文科的学力，各自做怎样的要求，我原不知道，想来是必各怀着一种期待吧。我做了许多年的中学国文教员，对于国文科的学力，曾在心中主观地描绘过一个理想的中学生，至今尚这样描绘

---

*刊《中学生》第十一期（1931 年 1 月）。

着。现在试把这理想的人介绍给诸君相识。

他能从文字上理解他人的思想感情，用文字发表自己的思想感情，而且能不至于十分理解错，发表错。

他是一个中国人，能知道中国文化及思想的大概。知道中国的普通成语与辞类，遇不知道时，能利用工具书自己查检。他也许不能用古文来写作，却能看得懂普通的旧典籍，他不必一定会作诗，作赋，作词，作小说，作剧本，却能知道什么是诗，是赋，是词，是小说，是剧本，加以鉴赏。他虽不能博览古昔典籍，却能知道普通典籍的名称，构造，性质，作者及内容大略。

他又是一个世界上的人，一个二十世纪的人，他也许不能直读外国原书，博通他国情形，但因平日的留意，能知道全世界普通的古今事项，知道周比特（Jupiter），阿普罗（Apollo），委娜斯（Venus）等类名词的出处，知道"三位一体""第三国际"等类名词的意义，知道荷马（Homer），拜伦（Byron）是什么人，知道《神曲》（*Devine Comedy*），《失乐园》（*Paradise Lost*）是谁的著作，不会把"梅德林克"误解作乐器中的曼陀铃，把"伯纳特·萧"误解作是一种可吹的箫！（这是我新近在某中学校中听到的笑话，这笑话曾发生于某国文教员。）

我理想中所期待悬拟的中学毕业生的国文科的程度是这样。这期待也许有人以为太过分，但我自信却不然。中学毕业生是知识界的中等分子，常识应该够得上水平线。具备了这水平线的程度，然后升学的可以进窥各项专门学问，不至于到大学里还要听名词、动词的文法，读一篇一篇的选文。不升学的可以应付实际生活，自己补修起来也才有门径。

现在再试将十八年八月教育部颁行的《中学课程暂行标准》中所规定的高中及初中的毕业最低限度抄列如下。

（甲）高中国文科毕业最低限度：

（一）曾精读名著六种而能了解与欣赏。

（二）曾略读名著十二种而能大致了解与欣赏。

（三）能于中国学术思想、文学流变、文字构造、文法及修辞等有简括的常识。

（四）能自由运用语体文及平易的文言文作叙事说理表情达意的文字。

（五）能自由运用最低限度的工具书。

（六）略能检用古文书籍。

（乙）初中国文科毕业最低限度：

（一）曾精读选文，能透彻了解并熟习至少一百篇。

（二）曾略读名著十二种，能了解大意，并记忆其主要部分。

（三）能略知一般名著的种类，名称，图书馆及工具书籍的使用，自由参考阅读。

（四）能欣赏浅近的文学作品。

（五）能以语体文作充畅的文字，无文法上的错误。

（六）能阅览平易的文言文书籍。

把我所虚拟的中学生的国文程度和教育部所规定的中学生国文科毕业最低限度两相比较，似乎也差不多，不过教育部的规定把初中、高中截分为二，我则泛就了中学生设想而已。

现在试姑把这定为水平线，当作一种学习的目标。那么怎样去达这目标呢？这就是本文所欲说的了。

三 关于阅读

依文字的本质来说，国文的学习途径，普通是阅读与写作二种。阅读就是我在前面所说的"从文字上理解他人的思想感情"的事，写作就是我在前面所说的"用文字发表自己的思想感情"的事。能阅读，能写作，学习文字的目的就已算达到了。

先谈阅读。

"阅读什么"这是我屡从我的学生及一般青年接到的问题。关于这问题，曾有好几个人开过几个书目。如胡适的《最低限度的国学书目》，梁启超的《国学入门书要目》，此外还有许多人发过不少零碎的意见。我在这里却不想依据这些意见，因为"国文"与"国学"不同，而且那些书目也不是为现在肄业中学校的诸君开列的。

就眼前的实况说，中学国文尚无标准读本，中学国文课程中的读物，大部分是选文。别于课外由教师酌定若干整册的书籍作为补充。一般的情形既不过如此，当然谈不到什么高远的不合实际的议论。我在本文中只拟先就选文与教师指定的课外书籍加以说述，然后再涉及一般的阅读。

今天选读一篇冰心的小说，明天来一篇柳宗元的游记，再过一日来一篇

《史记》列传，教师走马灯式地讲授，学生打着呵欠敷衍，或则私自携别书观览，这是普通学校中国文教室中的一般情形。本文是只对学生诸君说的，教师方面的话姑且不提，只就学习者方面来说。中学国文课中既以选文为重要成分，占着时间的大部分，应该好好地加以利用。为防止教师随便敷衍计，我以为不妨由学生预先请求教师定就一学年或半学年的选文系统，决定这学年共约选若干篇文字；内容方面，属于思想的若干篇，属于文艺的若干篇，属于常识或偶发事项的若干篇，属于实用的若干篇；形式方面，属于记叙体的若干篇，属于议论体的若干篇，属于传记或小说的若干篇，属于戏剧或诗歌的若干篇，属于书简或小品的若干篇。（此种预计，只要做教师的不十分撒烂污，照理应该不待学生请求，自己为之。）材料既经定好，对于选文，应该注意切实学习。

我以为最好以选文为中心，多方学习，不要把学习的范围限在选文本身。因为每学年所授的选文为数无几，至多不过几十篇而已。选文占着国文正课的重要部分，如果于一学年之中仅就了几十篇文字本身，得知其内容与形式，虽然试验时可以通过，究竟得益很微，不能算是善学者。受到一篇选文，对于其本身的形式与内容，原该首先理解，还须进而由此出发，做种种有关系的探究，以扩张其知识。例如教师今日选授陶潜的《桃花源记》，我以为学习的方面可有下列种种：

（1）求了解文中未熟知的字与辞。

（2）求了解全文的意趣与各节各句的意义。

（3）文句之中如有不能用旧有的文法知识说明者，须求得其解释。

（4）依据了此文玩索记叙文的作法。

（5）借此领略晋文风格的一斑。

（6）求知作者陶潜的事略，旁及其传记与别的诗文。最好乘此机会去一翻《陶集》。

（7）借此领略所谓乌托邦思想。

（8）追求作者思想的时代的背景。

一篇短短的《桃花源记》，于供给文法文句上的新知识以外，还可借以知道记叙文的体式，晋文的风格，乌托邦思想的一斑，陶潜的传略，晋代的状况等等。如此以某篇文字为中心，就有关系的各方面扩张了学去，有不能解决的事项，则翻书查字典或请求教师指导，那么读过一篇文字，不但收得其本身的效果，还可连带了习得种种的知识。较之胡乱读过就算者真有天渊之差了。知识不是孤立可以求得的，必须有所凭借，就某一点分头扩张、追讨，愈追讨关连愈多，范围也愈广。好比雪球，愈滚愈会加大起来。

以上所说的是对于选文的学习法，以下再谈整册的书的阅读。

整册的书，应读哪几种？怎样规定范围？这是一个麻烦的问题。我以为中学生的读书的范围，可分下列的几种。

（1）因选文而旁及的。如因读《桃花源记》而去读《陶集》，读《无何有乡见闻记》（威廉·马列斯著）；因读司马谈的《论六家要旨》而去读《论语》《老子》《韩非子》《墨子》等等。

（2）中国普通人该知道的。如"四书""四史""五经"，周秦诸子，著名的唐人的诗，宋人的词，元人的曲，著名的旧小说，时下的名作。

（3）全世界所认为常识的。如基督教的《旧约》《新约》，希腊的神话，各国近代代表的文艺名作。

不消说，上列的许多书，要一一全体阅读，在中学生是不可能的。但无论如何要当作课外读物尽量加以涉猎，有的竟须全阅或精读。举例来说，"四书"须全体阅读，"诸子"则可选择读几篇，诗与词可读前人选本，《旧约》可选读《创世记》《约伯记》《雅歌》《箴言》诸篇，《新约》可就《四福音》中择一阅读。无论全读或略读，一书到手，最好先读序，次看目录，了解该书的组织，知道有若干篇，若干卷，若干分目，然后再去翻阅全书，明白其大概的体式，择要读去。例如读《春秋》《左传》，先须知道什么叫经，什么叫传，从什么公起到什么公止。读《史记》，先须知道本纪、世家、列传、书、表等等的体式。

近来有一种坏风气，大家读书不喜欢努力于基本的学修，而好做空泛功夫。普通的学生案头有胡适的《中国哲学史大纲》《白话文学史》，顾颉刚的《古史辨》，有《欧洲文学史》，有《印度哲学概论》。问他读过"四书""五经"、周秦诸子的书吗？不曾。问他读过若干唐宋人的诗词集子吗？不曾。问他读过古代历史吗？不曾。问他读过各派代表的若干小说吗？不曾。问他读过欧洲文艺中重要的若干作品吗？不曾。问他读过若干小乘大乘的经典吗？不曾。这种空泛的读书法，觉得大有纠正的必要。例如胡适的《中国哲学史大纲》原是好书，但在未读过《论语》《孟子》《老子》《庄子》《墨子》等原书的人去读，实在不能得很大的利益。知道了《春秋》《左传》《论语》等原书的大概轮廓，然后去读《哲学史》中的关于孔子的一部分，读过几篇《庄子》，然后再去翻阅《哲学史》中关于庄子的一部分，才会有意义，才会有真利益。先得了孔子、庄子思想的基本的概念，再去求关于孔子、庄子思想的评释，才是顺路。用譬喻说，《论语》《春秋》《诗经》《礼记》是一堆有孔的小钱，《哲学史》的孔子一节是把这些小钱贯串起来的钱索子，《庄子》中《逍遥游》《大宗师》等一篇一篇的文字也是小钱，《哲学史》中庄子一节是钱索子。没有钱索子，不能把一个一个的零乱的小钱加以贯串整理，固然不愉快，但只有了一根钱索子，而没有许多可贯串的小钱，究竟也觉无谓。我敢奉劝大家，先读些中国关于哲学的原书，再去读哲学史；先读些《诗经》及汉以下的诗集词集，再去读文学史；先读些古代历史书籍，再去读《古史辨》。万一必不得已，也应一壁读哲学史、文学史，一壁翻原书，以求知识的充实。钱索子原是用以串零零碎碎的小钱的，如果你有了钱索子而没有可串的许多小钱，那么你该反其道而行之，去找寻许多小钱来串才是。

话不觉说得太絮叨了。关于阅读的范围，就此结束。以下试讲一般的阅读方法。

第一是理解。理解又可分两方面来说。（1）关于辞句的；（2）关于全文的。关于辞句的理解，不外乎从辞义的解释入手，次之是文法知识的运用。辞义的解释如不正确，不但读不通眼前的文字，结果还会于写作时露出毛病。因为我们在阅读时收得的辞义，不彻底明白，写作时就不知不觉地施用，闹出笑话来（笑话的构成有种种条件，而辞义的误用是重要条件之一）。文字不通的原因，非文法不合即用辞与意思不符之故。"名教""概念""观念""幽默"等类名词的误用，是常可在青年所写的文字中见到的，这就可证明他们当把这些名词装入脑中去的时候，并未得到正当的解释。每逢见到新词新语，务须求得正解，多翻字典、多问师友，切不可任其含糊。辞义的解释正确了，逐句的文句已可通解了，那么就可说能理解全文了吗？尚未。文字的理解，最要紧的是捕捉大意或要旨，否则逐句虽已理解，对于全文仍难免有不得要领之弊。一篇文字，全体必有一个中心思想，每节每段也必有一个要旨。文字虽有几千字或几万字，其中全文中心思想与每节、每段的要旨，却是可以用一句话或几个字来包括的。阅读的人如不能抽出这潜藏在文字背后的真意，只就每句的文字表面支离求解，结果每句是懂了，而全文的真意所在仍是茫然。本稿字数有限，冗长的文例是无法举的，为使大家便于了解着想，略举一二部分的短例如下：

> 当此之时，天下之大，万民之众，王侯之威，谋臣之权，皆欲决于苏秦之策；不费斗粮，未烦一兵，未战一士，未绝一弦，未折一矢，诸侯相亲，贤于兄弟。
>
> ——《战国策》

"天下之大"以下同形式数句，只是"全世"之意；从"不"字句起至一连数句"未"什么，只是"不战"二字之意而已。

> 外物不可必，故龙逢诛，比干戮，箕子狂，恶来死，桀纣亡。入主莫不欲其臣之忠，而忠未必信；故伍员流于江，苌弘死于蜀，藏其血，三年而化为碧。人亲莫不欲其子之孝，而孝未必爱；故孝己忧而曾参悲。
>
> ——《庄子·外物篇》

这段文字，要旨只是第一句"外物不可必"五字，其余只是敷衍这五字的例证。

> ……大家来至秦氏卧房。刚至房中，便有一股细细的甜香。宝玉此时便觉得眼饧骨软，连说好香。入房向壁上看时，有唐伯虎画的《海棠春睡图》，两边有宋学士秦太虚写的一副对联："嫩寒锁梦因春冷，芳气袭人是酒香。"案上设着武则天当日镜室中设的宝镜，一边摆着赵飞燕立着舞的金盘，盘内盛着安禄山掷过伤了太真乳的木瓜，上面设着寿阳公主于含章殿下卧的宝榻，悬的是同昌公主制的连珠帐。……
>
> ——《红楼梦》第五回

把房中陈设写得如此天花乱坠，作者的本意，只是想表现出贾家的富丽与秦氏的轻艳而已。

对于一篇文字，用了这样概括的方法，逐步读去，必能求得各节、各段的要旨，及全文的真意所在，把长长的文字归纳于简单的一个概念之中，记忆既易，装在脑子里也可免了乱杂。用譬喻来说，长长的文字，好比一大碗有颜色的水，我们想收得其中的颜色，最好能使之凝积成一小小的颜色块，弃去清水，把小小的颜色块带在身边走。

理解以外，还有所谓鉴赏的一种重要功夫须做，对于某篇文字要了解其中的各句、各段及其全文旨趣所在，这是属于理解的事。想知道其每句、每段或全文的好处所在，这是属于鉴赏的事。阅读了好文字，如果只能理解其意义，而不能知道其好处，犹如对了一幅名画，只辨识了些其中画着的人物或椅子、树木等等，而不去领略那全幅画的美点一样。何等可惜！

鉴赏因了人的程度而不同，诸君于第一年级读过的好文字，到第二年级再读时，会感到有不同的处所，到毕业后再读，就会更觉不同了。从前的所谓好处，到后来有的会觉得并不好，此外别有好的处所，有的或竟更觉得比前可爱。我幼年读唐诗时，曾把好的句加圈。近来偶然拿出旧书来看，就不禁自笑幼稚，发现有许多不对的地方，有好句子而不圈的，有句子并不甚好而圈着的。这种经验，我想一定人人都有，不但对于文字如此，对于书法、绘画，乃至对于整个的人生都如此的。

鉴赏的能力既因人而异，因时而异，关于鉴赏，要想说出一个方法来，原是很不容易的事。姑且把我的经验与所见约略写出一二，以供读者诸君参考。

据我的经验，鉴赏的第一条件，是把"我"放入所鉴赏的对象中去，两相比较。一壁读，一壁自问："如果叫我来说，将怎样？"对于文字全体的布局，这样问；对于各句或句与句的关系，这样问；对于每句的字，也这样问。经这样一问，可生出三种不同的答案来：

（甲）与我的说法相合或差不多，我也能说。觉得并没有什么。

（乙）我心中早有此意见或感想，可是说不出来，现在却由作者替我代为说出了。觉到一种快悦。

（丙）说法和我全不同，觉得格格不相入。

三种之中属于（甲）的，是平常的文字（在读者看来）；属于（乙）的，是好文字。属于（丙）的怎样？是否一定是不好的文字？不然。如前所说，鉴赏因人而不同，因时而不同，所鉴赏的文字与鉴赏者的程度如果相差太远，鉴赏的作用就无从成立。"仁者见仁，智者见智"，"英雄识英雄"，是相当可信的话。诸君遇到属于（丙）类的文字时，如果这文字是平常的作品，能确认出错误的处所来，那么直斥之为坏的不好的文字，原无不可。倘然那文字是有定评的名作，那就应该虚心反省，把自己未能同意的事，暂认为能力尚未到此境地，益自奋励。这不但文字如此，书法、绘画，无一不然。康有为、沈寐叟的书法是有定评的，可是在市侩却以为不如汪洵的好；最近西洋立体派未来派的画，在乡下土佬看来，当然不及曼陀、丁悚的月份牌仕女画来得悦目。

鉴赏的第二要件是冷静。鉴赏有时称"玩赏"，诸君在厅堂上挂着的画幅上，他人手中有书画的扇面上，不是常有见到某某先生"清玩"，或"雅鉴""清赏"等类的字样吗？"玩"和"鉴"与"赏"有关。这"玩"字大有意味。普通所谓"玩"者，差不多含有游戏的态度，就是"无所为而为"，除了这事的本身以外，别无其他目的的意味。读小说时，如果急急要想知道全体的梗概，热心地"未知以后如何，且看下回分解"地急忙读去，虽有好文字，恐也无从玩味，看不出来，第二次、第三次再读，就不同了。因为这时对于全书梗概已经了然，不必再着急，文字的好歹也因而容易看出。将我自己的经验当作例子来说，《红楼梦》第三回中黛玉初到贾府与宝玉第一次见面时，写道：

> 宝玉看毕笑道："这个妹妹我曾见过的。"贾母笑道："可又是胡说，你何曾见过她。"宝玉笑道："虽然未曾见过她，然看着面善，心里倒像是旧相识，恍若远别重逢一般。"

我很赞赏这段文字。因为这一对男女主人公，过去在三生石上赤霞宫中有着那样长久的历史，以后还有许多纠葛，在初会见时，做宝玉的恐怕除了这样说，别无更好的说法的了，故可算得是好文字。可是我对于这几句文字的好处，直到读了数遍以后才发现。（《红楼梦》我曾读过十次以上。）这是玩味的结果，并不是初读时就知道的。

好的作品至少要读二遍以上。最初读时不妨以收得梗概、了解大意为主眼，再读时就须留心鉴赏了。用了"玩"的心情，冷静地去对付作品，不可再囫囵吞咽，要仔细咀嚼。诗要反覆地吟，词要低徊地诵，文要周回地默读，小说要耐心地细看！

把前人鉴赏的结果拿来做参考，足以发达鉴赏力。读词、读诗不感到兴趣的，不妨去择一部诗话或词话读读；读小说不感到兴趣的，不妨去一阅有人批过的本子。诗话、词话、文评、小说评，是前人鉴赏的记录，能教示我们以诗词文或小说的好处所在，大足为鉴赏上的指导。举例来说：《水浒》中写潘金莲调戏武松的一节，自"叔叔万福"起，至"叔叔不会簇火，我与叔叔拨火，要似火盆常热便好"，一直数十句谈话都称"叔叔"，下文接着写道："那妇人……便放了火箸，却筛一盏酒来自呷了一口，剩了大半盏看着武松道：'你若有心吃了这半盏儿残酒。'"金圣叹在这下面批着，"写淫妇便是活淫妇"，"以上凡叫过三十九个'叔叔'，忽然换一个'你'字，妙心妙笔"。

这"叔叔"与"你"的突然的变化，其妙处在普通的读者也许不易领会，或者竟不能领会，但一经圣叹点出，就容易知道了。

但须注意，前人的诗话、词话、文评、小说评，是前人鉴赏的结果。用以帮助自己的鉴赏能力则可，自己须由此出发，更用了自己的眼识去鉴赏，切不可为所拘执。前人的鉴赏法有好的也有坏的。特别是文评，从来以八股的眼光来评文的甚多，什么"起承转合"，什么"来龙去脉"，诸如此类，从今日看去实属可哂，用不着再去蹈袭了。

四 关于写作

从古以来，关于作文不知已有过多少的金言玉律。什么"推敲"咧，"多读、多作、多商量"咧，"文以达意为功"咧，"文必己出"咧，诸如此类的话，不遑枚举，在我看来，似乎都只是大同小异的东西，举一可概其余的。例如"推敲"与"商量"固然差不多，再按之，不"多读"，则识辞不多，积理不丰，也就无从"商量"，无从"推敲"，因而也就无从"多作"了。因为"作"不是叫你随便地把"且夫天下之人"瞎写几张，乃是要作的。至于"达意"，仍是一句老话头，惟其与"意"尚未相吻合，尚未适切，故有"推敲""商量"的必要，"推敲""商量"的目的，无非就在"达意"而已。至于"文必己出"亦然。要达的是"己"的意，不是他人的意，自己的意要想把它达出，当然只好"己出"，不能"他出"，又因要想真个把"己"达出，"推敲""商量"的功夫就不可少了。此外如"修辞立其诚"咧，"文贵自然"咧，也都可做同样的解释，只是字面上的不同罢了。佛法中有"一即一切""一切即一"的话，我觉得从古以来古人所遗留下来的文章诀窍亦如此。

我曾在本稿开始时声明，我所能说的只是老生常谈。关于写作，我所能说的更是老生常谈中之老生常谈。以下我将从许多老生常谈中选出若干适合于中学生诸君的条件，加以演述。

关于写作，第一可发生的问题是"写作些什么"，第二是"怎样写作"。

现在先谈"写作些什么"。

先来介绍一个笑话：从前有一个秀才，有一天伏在案头作文章，因为作不出，皱起了眉头，唉声叹气，样子很苦痛。他的妻在旁嘲笑了说："看你作文章的样子，比我们女人生产还苦呢！"秀才答道："这当然！你们女人的生产是肚子里先有东西的，还不算苦。我的作文章，是要从空的肚子里叫它生产出来，那才真是苦啊！"真的，文章原是发表自己的思想感情的东西，要有思想感情，才能写得出来，那秀才肚子里根本空空地没有货色，却要硬作文章，当然比女人生产要苦了。

照理，无论是谁，只要不是白痴，肚子里必有思想感情，绝不会是全然空虚的。从前正式的文章是八股文，八股文须代圣人立言，《论语》中的题目须用孔子的口气来说，《孟子》中的题目，须用孟子的口气来说，那秀才因为对于孔子、孟子的化装，未曾熟习，肚子里虽也许装满着目前的"想中举人"咧，"点翰林"咧，"要给妻买香粉"咧，以及关于柴米油盐等琐屑的思想感情，但都不是孔子、孟子所该说的，一律不能入文，思想感情虽有而等于无，故有作不出文章的苦痛。我们生当现在，已不必再受此种束缚，肚子里有什么思想感情，尽可自由发挥，写成文字。并且文字的形式也不必如从前地要有定律，日记好算文章，随笔也好算文章。作诗不必限字数，讲对仗，也不必一定用韵，长短自由，题目随意。一切和从前相较，算是自由已极的了。

那么凡是思想感情，一经表出，就可成为文章了吗？这却也没有这样简单。当我们有疾病的时候，"我恐这病不轻"是一种思想的发露，但写了出来，不好就算是文章。"苦啊！"是一种感情的表示，但写了出来，也不好算是文章。文章的内容是思想感情，所谓思想感情，不是单独的，是由若干思想或感情复合而成的东西。"交朋友要小心"不是文章，以此为中心，把"所以要小心"、"怎样小心法"、"古来某人曾怎样交友"等等的思想组织地系统地写出，使它成了某种有规模的东西，才是文章。"今天真快活"，不是文章，把"所以快活的事由"，"那事件的状况"等等记出，写成一封给朋友看的书信或一则自己看的日记，才是文章。

文章普通有两种体式，一是实用的，一是趣味的。实用的文章为处置日常的实际生活而说，通常只把意思（思想感情）老实简单地记出，就可以了。诸君于年假将到时，用明信片通知家里，说校中几时放假，届时叫人来挑铺盖行李咧，在拍纸簿上写一张向朋友借书的条子咧，以及汇钱若干叫书店寄书册的信咧，拟校友会或寄宿舍小团体的规约咧，都是实用文。至于趣味的文章，是并无生活上的必要的，至少可以说是与个人眼前的生活关系不大，如果懒惰些，不作也没有什么不可。诸君平日在国文课堂上所受到的或自己想作的文章题目，如"同乐会记事"咧，"一个感情"咧，"文学与人生"咧，"悼某君之死"咧，"个人与社会"咧，小说咧，戏剧咧，新诗咧，都属于这一类。这类文章和个人实际生活关系很远，世间尽有不作这类文章，每日只写几张似通非通的便条子或实务信，安闲地生活着的人们。在中国的工商社会中，大部分的人就都如此。这类文章，用了浅薄的眼光从实际生活上看来，关系原甚少，但一般地所谓正式的文章，大都属在这一类里。我们现今所想学习的（虽然也包括实用文）也是这一类。这是什么缘故呢？原来人有爱美心与发表欲，迫于实用的时候，固然不得已地要利用文字来写出表意，即明知其对于实用无关，也想把其五官所接触的，心所感触的写出来示人，不能自已。这种欲望是一切艺术的根源，应该加以重视。学校中的作文课，就是为使青年满足这欲望，发达这欲望而设的。

话又说远去了，那么究竟写作些什么呢？实用的文章内容是有一定的，借书只是借书，约会只是约会，只要把意思直截、简单地写出，无文法上的错误，不写别字，合乎一定的格式就够了，似乎无须多说。以下试就一般的文章来谈"写作些什么"。

秀才从空肚子里产出文章，难于女人产小孩；诸君生在现代，不必抛了现在自己的思想感情，去代圣人立言，肚子决无空虚的道理。"花的开落""月的圆缺""父母的爱""家庭的悲欢""朋友的交际"，都在诸君经验范围之内，"国内的纷争""生活的方向""社会的趋势""物价的高下""风俗的变更"，又为诸君观想所系。材料既无所不有。教师在作文课中常替诸君规定题目，叫诸君就题发挥，限定写一件什么事或谈一件什么理。这样说来，"写作些什么"在现在的学生似乎是不成问题了的。可是事实却不然。所谓写作，在某种意味上说，真等于母亲生产小孩。我们肚里虽有许多的思想感情，如果那思想感情未曾成熟，犹之胎儿发育未全，即使勉强生了下来，也是不完全的无生命的东西。文章的题目不论由于教师命题，或由于自己的感触，要之只不过是基本的胚种，我们要把这胚种多方培育，使之发达，或从经验中收得肥料，或从书册上吸取阳光，或从朋友谈话中供给水分，行住坐卧都关心于胚种的完成。如果是记事文，应把那要记的事物从各方面详加观察。如果是叙事文，应把那要叙的事件的经过逐一考查。如果是议论文，应寻出确切的理由，再从各方面引了例证，加以证明，使所立的断案坚牢不倒。归结一句话，对于题目，客观地须有确实丰富的知识（记叙文），主观地须有自己的见解与感触（议论文、感想文）。把这些知识或见解与感触打成一片，结为一团，这就是"写作些什么"问题中的"什么"了。

有了某种意见或欲望，觉得非写出来给人看不可，于是写成一篇文章，再对于这文章附加一个题目上去。这是正当的顺序。至于命题作文，是先有题目后找文章，照自然的顺序说来，原不甚妥当。但为防止抄袭计，为叫人练习某一定体式的文字计，命题却是一种好方法。近来学校教育上大多数也仍把这方法沿用着，凡正课的作文，大概由教师命题，叫学生写作。这种方式对于诸君也许有多少不自由的处所，但善用之，也有许多利益可得。（1）因了教师的命题，可学得捕捉文章题材的方法，（2）可学得敏捷搜集关系材料的本领，（3）可周遍地养成各种文体的写作能力。写作是一种郁积的发泄，犹之爆竹的遇火爆发。教师所命的题目，只是一条药线，如果诸君是平日储备着火药的，遇到火就会爆发起来，感到一种郁积发泄的愉快，若自己平日不随处留意，临时又懒去搜集，火药一无所有，那么，遇到题目，只能就题目随便勉强敷衍几句，犹之不会爆发的空爆竹，虽用火点着了药线，只是"刺"地一声，把药线烧毕就完了。"写作些什么"的"什么"，无论自由写作或命题写作，只靠临时搜集，是不够的。最好是预先多方注意，从读过的书里，从见到的世相里，从自己的体验里，从朋友的谈话里，广事吸收。或把它零零碎碎地记入笔记册中，以免遗忘，或把它分了类各各装入头脑里，以便触类记及。

再谈"怎样写作"。

关于写作的方法，我在这里不想对诸君多说别的，只想举出很简单的两个标准：（1）曰明了；（2）曰适当。写作文章目的，在将自己的思想感情传给他人。如果他人不易从我的文章上看取我的真意所在，或看取了而要误解，那就是我的失败。要想使人易解，故宜明了；为防人误解，故宜适当。我在前面曾说过：自古以来的文章诀窍，虽说法各各不同，其实只是同一的东西。

这里所举的"明了"与"适当",也只是一种的意义,因为不"明了"就不能"适当",既"适当"就自然"明了"的。为说明上的便利计,姑且把它分开来说。

明了宜从两方面求之:(1)文句形式上的明了;(2)内容意义上的明了。

文句形式上的明了,就是寻常的所谓"通"。欲求文句形式上的明了,第一须注意的是句的构造和句与句间的接合呼应。句的构造如不合法,那一句就不明了;句与句间的接合呼应如不完密,就各句独立了看,或许意义可通,但连起来看去,仍然令人莫名其妙。这样的例子,举不胜举。例如:

> 发展这些文化的民族,当然不可指定就是一个民族的成绩,既不可说都是华族的创造,也不可说其他民族毫不知进步。

这是某书局出版的初中教本《本国历史》中的文字,首句的"民族"与次句的"成绩"前后失了照应,"不可说"的"可"字也有毛病。又该书于叙述黄帝与蚩尤的战争以后,写道:

> 这种经过,虽未必全可信,如蚩尤的能用铜器,似乎非这时所知。不过,当时必有这样战争的事实:始为古人所惊异而传演下来,况且在农业初期人口发展以后,这种冲突,也是应有的现象。

这也是在句子上及句与句间的接合上有毛病的文字。试再举一例:

> 我们应当知道,教育这件事,不单指学校课本而言,此外更有所谓参考和其他课外读物。而且丰富和活的生命大概是后者而不是前者所产生的。

这是某会新近发表的《读书运动特刊》中《读书会宣言》里的文字。似乎辞句上也含着许多毛病。上二例的毛病在哪里呢?本稿篇幅有限,为避麻烦计,恕不一一指出,诸君可自己寻求,或去请问教师。

初中的《历史教本》会不通,《读书会宣言》会不通,不能不说是"奇谈"了,可是事实竟这样!足见通字的难讲,一不小心,就会不通的。我敢奉劝诸君，从初年级就把简单的文法（或语法）学习一过。对于辞性的识别及句的构造法，具备一种概略的知识。万一教师在正课中不授文法，也得在课外自己学习。

　　句的构造与句与句间的接合呼应，如果不明了了，就要不通。明了还有第二方面，就是内容意义上的明了。句的构造合法了，句与句间的接合呼应适当了，如果那文字可做两种的解释（普通称为歧义），或用辞与其所想表示的意义不确切，则形式上虽已完整，但仍不能算是明了。

　　　　无美学的知识的人，怎能做细密的绘画的批评呢？

这是有歧义的一例。"细密的绘画"的批评呢，还是细密的"绘画的批评"？殊不确定。

　　　　用辅导方法，使初级中学学生自己获得门径，鉴赏书籍，踏实治学。（读"文"，作"文"，"体察人间"）

这是某书局《初中国文教本编辑要旨》中的一条可以作为用辞与其所想表示的意义不确切的例子。"鉴赏书籍"，这话看去好像收藏家在玩赏宋版书与明版书，或装订做主人在批评封面制本上的格式哩。我想作者的本意必不如此。这就是所谓用辞不确切了。"踏实治学"一句，"踏实"很费解，说"治学"，陈义殊嫌太高。此外如"体察人间"的"人间"一语，似乎也有可商量的余地。

　　内容意义的不明了，由于文辞有歧义与用辞不确切。前者可由文法知识来救济，至于后者，则须别从各方面留心。用辞确切，是一件至难之事。自来各文家都曾于此煞费苦心。诸君如要想用辞确切，积极的方法是多认识辞，对于各辞具有敏感，在许多类似的辞中，能辨知何者范围较大，何者较小，何者最狭，何者程度最强，何者较弱，何者最弱。消极的方法，是不在文中使用自己尚未十分明知其意义的辞。想使用某一辞的时候，如自觉有可疑之处，先检查字典，到彻底明白然后用入。否则含混用去，必有露出破绽来的时候的。

　　以上所说是关于明了一方面的，以下再谈到适当。明了是形式上与部分上的条件，适当是全体上、态度上的条件。

我们写作文字，当然先有读者存在的预想的，所谓好的文字就是使读者容易领略，感动，乐于阅读的文字。诸君当执笔为文的时候，第一，不要忘记有读者；第二，须努力以求适合读者的心情，要使读者在你的文字中得到兴趣或快悦，不要使读者得着厌倦。

文字既应以读者为对象，首先须顾虑的是：（1）读者的性质；（2）作者与读者的关系；（3）写作这文的动机等等。对本地人应该用本地话来说，对父兄应自处子弟的地位。如写作的动机是为了实用，那么用不着无谓的修饰，如果要想用文字煽动读者，则当设法加入种种使人兴奋的手段。文字的好与坏，第一步虽当注意于造句用辞，求其明了；第二步还须进而求全体的适当。对人适当，对时适当，对地适当，对目的适当。一不适当，就有毛病。关于此，日本文章学家五十岚力氏有"六 W 说"，所谓六 W 者：

（1）为什么作这文？（Why）

（2）在这文中所要述的是什么？（What）

（3）谁在作这文？（Who）

（4）在什么地方作这文？（Where）

（5）在什么时候作这文？（When）

（6）怎样作这文？（How）

归结起来说，就是："谁对了谁，为了什么，在什么地方，什么时候，用了什么方法，讲什么话。"

诸君作文时，最好就了这六项逐一自己审究。所谓适当的文字，就只是合乎这六项答案的文字而已。我曾取了五十岚力氏的意思作过一篇《作文的基本的态度》，附录在《文章作法》（开明书店出版）里，请诸君就以参考。这里不详述了。

本稿已超过预定的字数，我的老生常谈也已絮絮叨叨地说得连自己都要不耐烦了。请读者再忍耐一下，让我附加几句最重要的话，来把本稿结束吧。

文字的学习，虽当求之于文字的法则（上面的所谓明了，所谓适当，都是法则），但这只是极粗浅的功夫而已。要合乎法则的文字，才可以免除疵病。这犹之书法中的所谓横平竖直，还不过是第一步。进一步的，真的文字学习，须从为人着手。"文如其人"，文字毕竟是一种人格的表现，冷刻的文字，不是浮热的性质的人所能模效的，要作细密的文字，先须具备细密的性格。不去从培养本身的知识情感意志着想，一味想从文字上去学习文字，这是一般青年的误解。我愿诸君于学得了文字的法则以后，暂且抛了文字，多去读书，多去体验，努力于自己的修养，勿仅仅拘执了文字，在文字上用浅薄的功夫。

中学国文学习法*

认定目标　学习国文该认定两个目标：培养阅读能力，培养写作能力。培养能力的事必须继续不断地做去，又必须随时改善学习方法，提高学习效率，才会成功。所以学习国文必须多多阅读，多多写作，并且随时要求阅读得精审，写作得适当。

在课内，阅读的是国文教本。那用意是让学生在阅读教本的当儿，培养阅读能力。凭了这一份能力，应该再阅读其他的书，以及报纸杂志等等。这才可以使阅读能力越来越强。并且，要阅读什么就能阅读什么，才是真正的受用。

在课内，写作的是老师命题作文。那用意是让学生在按题作文的当儿!培养写作能力。凭这一份能力，应该随时动笔，写日记，写信，写笔记，写自己的种种想要写的。这才可以使写作能力越来越强。并且，要写作什么就能写作什么，才是真正的受用。

就一个高中毕业生说，阅读能力和写作能力应该达到如下的程度：

阅读方面——（一）能读日报和各种并非专门性质的杂志；（二）能看适于中学程度的各科参考书；（三）能读国人创作的以及翻译过来的各体文艺作品的一部分；（四）能读和教本里所选的欧阳修、苏轼、归有光等人所作散文那样的文言；（五）能适应需要，自己查看如《论语》《孟子》《史记》《通鉴》一类的书；（六）能查看《国语辞典》《辞源》《辞海》一类的工具书。这里所说的"能"表示了解得到家，体会得透彻，至少要不发生错误。眼睛

---

*原载中学生杂志社编的《中学生手册》，开明书店一九四八年七月出版。原题《国文》。

在纸面上跑一回马，心里不起什么作用，那是算不得"能"的。

　　写作方面——（一）能作十分钟的演说；（二）能写合情合理合式的书信；（三）能把自己的所见所闻所思所感记下来；（四）能写类似现代社会中通用的文言信那样的文言。这里所说的"能"指表达得正确明白而言。至少也得没有语法上论理上的错误。就演说和书信说，还得没有礼貌上的错误。为什么把演说也列在写作方面？因为演说和写作是同一源头的两条水流，演说是用口的写作，写作是用笔的演说。

　　以上虽只是个人的意见，我自以为很切实际，一个高中毕业生能够如此，国文程度也就可以了，自己也很够受用了。至于阅读不急需的古书如《尚书》《左传》《老子》《庄子》，写作不切用的体裁如骈文古文旧体诗，各人有各人的自由，旁人自然不便说他不对。可是就时代观点和教育立场说，这些都是不必教中学生操心思花功夫的。还有文艺创作，能够着手固然好，不能够也无须强求，因为这件事不是人人都近情的。

　　靠自己的力　阅读要多靠自己的力，自己能办到几分务必办到几分。不可专等老师给讲解，也不可专等老师抄给字典词典上的解释以及参考书上的文句。直到自己实在没法解决，才去请教老师或其他的人。因为阅读是自己的事，像这样专靠自己的力才能养成好习惯，培养真能力。再说，我们总有离开可以请教的人的时候，这时候阅读些什么，非专靠自己的力不可。

　　要靠自己的力阅读，不能不有所准备。特别划一段时期特别定一个课程来准备，不但不经济，而且很无聊。也只须随时多用些心，不肯马虎，那就是为将来做了准备。譬如查字典，如果为了做准备，专看字典，从第一页开头，一页一页顺次看下去，这决非办法。只须在需要查某一字的时候看得仔细，记得清楚，以后遇到这个字就是熟朋友了，这就是做了准备。不但查字典如此，其他都如此。

　　应做的准备大概有以下几项：

　　（一）留心听人家的话。写在书上是文字，说在口里就是话。听话也是阅读，不过读的是"声音的书"。能够随时留心听话，对于阅读能力的长进大有帮助。听清楚，不误会，固然第一要紧；根据自己的经验加以衡量，人家的话正确不正确，有没有罅漏，也是必要的事。不然只是被动地听，那是很有流弊的。至于人家用词的选择，语调的特点，表现方法的优劣，也须加以考虑。他有长处，好在哪里？他有短处，坏在哪里？这些都得解答，对于阅读极有用处。

（二）留心查字典。一个字往往有几个意义，有些字还有几个读音。翻开字典一看，随便取一个读音一个意义就算解决，那实在是没有学会查字典。必须就读物里那个字的上下文通看，再把字典里那个字的释文来对勘，然后确定那个字何音何义。这是第一步。其次，字典里往往有些例句，自己也可以找一些用着那个字的例句，许多例句聚在一块儿，那个字的用法（就是通行这么用）以及限制（就是不通行那么用）可以看出来了。如果能找近似而不一样的字两相比较，辨明彼此的区别在哪里，应用上有什么不同，那自然更好了。

（三）留心查词典。一个词也往往有几个意义，认真查词典，该与前一节说的一样。那个词若是有关历史的，最好根据自己的历史知识，把那个时代的事迹想一回。那个词若是个地名，最好把地图翻开来辨认一下。那个词若是涉及生物理化等科的，最好把自己的生物理化的知识温习一遍，词典里说的或许很简略，就查各科的书把它考究个明白。那个词若是来自某书某文的典故或是有关某时某人的成语，如果方便，最好把某书某文以及记载某时某人的话的原书找来看看。那个词若是一种制度的名称，一个专用在某种场合的术语，词典里说的或许很简略，如果方便，最好找些相当的书来考究个详细。以上说的无非要真个弄明白，不容含糊了事。而且，这样将词典作钥匙，随时翻检，阅读的范围就扩大了，阅读参考书的习惯也可以养成了。

（四）留心看参考书。参考书范围很广，性质不一，未可一概而论。可是也有可以说的。一种参考书未必需要全部看完，但是既然与它接触了，它的体例总得弄清楚。目录该通体一看，书上的序文，人家批评这书的文章，也该阅读。这样，多接触一种参考书就如多结识一个朋友，以后需要的时候，还可以向他讨教，与他商量。还有，参考书未必全由自己购备，往往要往图书馆借看。那么，图书分类法是必要的知识。某个图书馆用的什么分类法，其中卡片怎样安排，某一种书该在哪一类里找，必须认清搞熟，检查起来才方便。此外如各家书店的特点以及它们的目录，如果认得清，取得到，对于搜求参考书也有不少便利。

以上说的准备也可以换成"积蓄"两个字。积蓄得越多，阅读能力越强。阅读不仅是中学生的事，出了学校仍需阅读。人生一辈子阅读，其实是一辈子在积蓄中，同时一辈子在长进中。

阅读举要　如果经常做前面说的那些准备，阅读就不是什么难事情。阅读时候的心情也得自己调摄，务须起劲，愉快。认为阅读好像还债务，那一定读不好。要保持着这么一种心情，好像腹中有些饥饿的人面对着甘美膳食的时候似的，才会有好成绩。

阅读总得"读"。出声念诵固然是读，不出声默诵也是读，乃至口腔喉舌绝不运动，只用眼睛在纸面上巡行，如古人所谓"目治"，也是读。无论怎样读，起初该用论理的读法，把文句中一个词切断，读出它们彼此之间的关系来。又按各句各节的意义，读出它们彼此之间的关系来。这样读了，就好比听作者当面说一番话，大体总能听明白。最忌的是不能分解，不问关系，糊里糊涂读下去——这样读三五遍，也许还是一片朦胧。

读过一节停一停，回转去想一下这一节说的什么，这是个好办法。读过两节三节，又把两节三节连起来回想一下。这个办法可以使自己经常清楚，并且容易记住。

回想的时候，最好自己多多设问。文中讲的若是道理，问问是怎样的道理？用什么方法论证这个道理？文中讲的若是人物，问问是怎样的人物？用怎样的笔墨表现这个人物？有些国文读本在课文后面提出这一类的问题，就是帮助读者回想的。一般的书籍报刊当然没有这一类的问题，惟有读者自己来提出。

读一遍未必够，而且大多是不够的，于是读第二遍第三遍。读过几遍之后，若还有若干地方不明白不了解，就得做翻查参考的功夫。这在前面已经说过了，关于翻查字典词典，以及阅读参考书，这儿不再重复。

总之，阅读以了解所读的文篇书籍为起码标准。所谓了解，就是明白作者的意思情感，不误会，不缺漏，作者表达些什么，就完全领会他那什么。必须做到这一步，才可以进一步加以批评，说他说得对不对，合情理不合情理，值不值得同情或接受。

在阅读的时候，标记全篇或者全书的主要部分，有力部分，表现最好的部分，这可以帮助了解，值得采用。标记或画铅笔线，或做别种符号，都一样。随后依据这些符号，可以总结全部的要旨，可以认清全部的警句，可以辨明值得反复玩味的部分。

说理的文章大概只需论理地读，叙事叙情的文章最好还要"美读"。所谓美读，就是把作者的情感在读的时候传达出来。这无非如孟子所说的"以意逆志"，设身处地，激昂处还他个激昂，委婉处还他个委婉，诸如此类。美读的方法，所读的若是白话文，就如戏剧演员读台词那个样子。所读的若是文言，就用各地读文言的传统读法，务期尽情发挥作者当时的情感。美读得其法，不但了解作者说些什么，而且与作者的心灵相感通了，无论兴味方面或采用方面都有莫大的收获。

读要不要读熟，这看自己的兴趣和读物的种类而定。心爱某篇文字，自然乐于读熟。对于某书中的某几段文字感觉兴趣，也不妨读熟。熟读了，不待翻书也可以随时温习，得到新的领会，这是很大的乐趣。

学习文言，必须熟读若干篇。勉强记住不算熟，要能自然成诵才行。因为文言是另一种语言，不是现代口头运用的语言，文言的法则固然可以从分析比较而理解，可是要养成熟极如流的看文言的习惯，非先熟读若干篇文言不可。

阅读当然越快越好，可以经济时间，但是得以了解为先决条件。糊里糊涂读得快，不如通体了解而读得慢。练习的步骤该是先求其无不了解，然后求其尽量地快。出声读须运动口腔喉舌，总比默读仅用"目治"来得慢些。为阅读多数书籍报刊的便利起见，该多多练习"目治"。

阅读之后该是做笔记了，如果需要记什么的话。关于做笔记，在后面谈写作的时候说。

最要紧的，阅读不是没事做闲消遣，无非要从他人的经验中取其正确无误的，于我有用的，借以扩充我的知识，加多我的经验，增强我的能力。就是读文艺作品如诗歌小说等，也不是没事做闲消遣。好的文艺作品中总含有一种人生见解和社会观察，这对于我的立身处世都有极大的关系。

写作须知　写作必须把它看成一件寻常事，好比说话一样。但是又必须把它看成一件认真事，好比说话一样。

写作决不是无中生有。必须有了意思才动手写作，有了需要才动手写作。没意思，没需要，硬找些话写出来，这会养成不良的写作习惯，而且影响到思想方面。

写作和说话虽说同样是发表，可也有不同处。写作一定有个中心，写一张最简单的便条，写一篇千万字的论文，同样的有个中心，不像随便谈话那样可以东拉西扯，前后无照应。写作又得比说话正确些，齐整些，干净些。说话固然也不宜错误拖沓，可是听的人就在对面，不明白可以当面问，不心服可以当面驳，嫌啰嗦也可以说别太啰嗦了。写了下来，看的人可不在对面，如果其中有不周到不妥帖处，就将使他人不明白，不心服，不愉快，岂不违反了写作的本意。所以写作得比说话正确些，齐整些，干净些。

写作的中心问自己就知道。写一张便条，只要问为什么写这张便条，那答案就是中心。写一篇论文，只要问我的主要意思是什么，那答案就是中心。

所有材料（就是要说的事物或意思）该向中心集中，用得着的毫无遗漏，用不着的淘汰净尽。当然，用得着用不着只能以自己的知识能力为标准。按标准把材料审查一下总比不审查好，不审查往往会发生遗漏了什么或多余了什么的毛病。

还有一点，写作不仅是拿起笔来写在纸上那一段时间内的事情。如前面所说，意思的发生，需要的提出，都在动笔之前。认定中心，审查材料，也在动笔之前。提起笔来写在纸上，不过完成这工作的一段步骤罢了。有些人认为写作的工作在提起笔来的时候才开始，这显然是错误的。如果如此，写作就成为一种无需要、无目的、可做可不做的事了。

写作完毕之后，或需修改，或不需修改。不改，是自以为一切都写对了，没有什么遗憾了。至于修改，通常说由于自己觉得文字不好。说得确切一点，该是由于自己觉得还没有写透那意思，适合那需要。于是再来想一通，把材料增减一些，调动一些，把语句增减一些，变换一些，这就是修改。

练习写作，如果是课内作文也得像前面所说的办。题目虽然是老师临时出的，可是学生写的意思要是平时有的，所需的材料又要是找得到的，不然就是无中生有的勾当了。（老师若出些超出学生能力范围的题目，学生只好交白卷，但是不必闹风潮。）练习是练习有意思有材料就写，而且写得像样，不是练习无中生有。

无论应用的或练习的写作，以写得像样为目标。记事物记清楚了，说道理说明白了；没有语法上的毛病了；没有论理上的毛病了；这就是像样。至于写得好，那是可遇而不可求的。经验积聚得多，情感蕴蓄得深，思想钻研得精，才可以写成好文章。换句话说，好文章是深度生活的产品，生活的深度不够，是勉强不来的。希求生活渐进于深度，虽也是人生当然之事，可是超出了国文学习的范围了。

要写得像样，除了审查材料以外，并得在语言文字上用心，这才可以表达出那选定的材料，不至于走样。所谓在语言文字上用心，实际也是极容易的事，试列举若干项：（一）所用的词要熟习的，懂得它的意义和用法的。似懂非懂的词宁可不用，换一个熟习的来用。（二）就一句句子说，那说法要通行的，也就是人家会这么说，常常这么说的。一句话固然可以有几样说法，作者有自由挑选那最相宜的使用，可是决不能独造一种教人家莫名其妙的说法。（三）就一节一段说，前后要连贯，第二句接得上第一句，第三句接得上第二句。必须注意连词的运用，语气的承接，观点的转换不转换。一个"所以"一个"然而"都不可随便乱用。陈述、判断、反诘、疑问等的语气都不可有一点含糊。观点如须转换，不可不特别点明。（四）如果用比喻，要问所用的比喻是否恰当明白。用不好的比喻还不如不用比喻。（五）如果说些夸张话，要问那夸张话是否必要。不必要的夸张不只是语言文字上的毛病，也是思想上修养上的毛病。（六）不要用一些套语滥调如"时代的巨轮""紧张的心弦"之类。这些词语第一个人用来见得新鲜，大家都用就只有讨厌。（七）运用成语以不改原样为原则，如"削足适履"不宜作"削足凑鞋"，"怒发冲冠"不宜作"怒发把帽子都顶起来了"。（八）用标点符号必须要审慎。宜多用句号，把一句句话交代清楚。宜少用感叹号，如"以为很好""他怕极了"都不是感叹语气，用不着感叹号。用问号也得想一想。询问和反诘的语气才用问号，并不是含有疑问词的语句都要用问号。如"他不知道该怎么做""我问他老张哪一天到的"都不是问句，用不着问号。

写作举要 练习写作，最好从记叙文入手。记叙文的材料是现成的，作者只须加上安排取舍的功夫，容易着手。

议论文也不是不必练习，但是所说的道理或意见必须明白透彻，最忌把不甚了了的道理或意见乱说一阵。因此，练习议论文该从切近自身的话题入手，如学习心得和见闻随感之类。

应用文如书信，如读书报告，往往兼包记叙和议论。写作这类东西，一方面固然应用；一方面也是练习。所以也得认真地写，多一回认真的练习，就多一分长进。

以下略说写作各类东西的大要：

（一）记物的文字须把那东西的要点记明。譬如记一幅图画，画的什么就是要点，必须记明。也许画面上东西很多，而以某一件东西为主，这某一件东西必须说明。

（二）叙事的文字须把那事件的始末和经过叙明。譬如叙一个文艺晚会，晚会的用意和开会的过程必须叙明。也许会中节目很多，几个重要的节目必须详叙，其余节目只说几句简单的话带过。

（三）书信须把自己要向对方说的话说清楚。不清楚，失了写信的作用，重复啰嗦，容易混淆对方的心思，都不能算写得适当。书信又须注意程式。程式不是客套，程式之中实在包含着情分和礼貌。不注意程式，在情分上礼貌上若有欠缺，就将使对方不快，这也违反写信的初意。

（四）日记最好能够天天写，对修养有好处，对写作也有好处。刻板式的日记比较没有意义。一天里头总有些比较新鲜的知识见闻和想头，就把那些记下来。

（五）读书笔记不只是把老师写在黑板上的注解表格等等抄上去，也不只是把一些书本上的美妙紧要的文句抄上去。除了这些，还有应该记的，如：翻了几种书，就可以把参照比较的结果记录下来。读了一篇文章一部书，自己有些想头，或属怀疑，或属阐发，或属欣赏，都可以记录下来。

（六）给壁报揭载的或投寄报纸杂志的文章与其他文章一样，也应该以写自己熟知的了解的东西为主。可是有点不同，这类文章是特地写给他人看的，写的时候，心目中就须顾到读者。既然顾到读者，人人知道的事物和道理就不必写。至于自己还没有弄清楚的大问题大道理，那非但不必写，简直不容写，写出来就是欺人，欺人是最要不得的。

写字 末了儿还得说一说写字。一般人只须讲求实用的写字，不必以练成书家为目标。实用的写字，除了首先求其正确之外，还须求其清楚匀整，放在眼前觉得舒服，至少也须不觉得难看。

临碑帖，一般人没有这么多闲功夫。只须逢写字不马虎，就是练习。写字是手的技能，随时留意，自然会做到心手相应的地步。

目前写字的工具不只毛笔，钢笔铅笔也常用，也许用得更多。无论用什么笔写，全都得不马虎，才可以养成好习惯。

就字体而论，一般人只须注意真书行书两种。行书写起来比真书快，所以应用更广。行书是真书的简化，基本还是真书。真书写得像样，行书就不会太差。

真书求其清楚匀整，大略有如下几点可以说的：（一）笔笔交代清楚，横是横，撇是撇，一点不含糊。（二）横平竖直，不要歪斜，这就端正了。（三）就一个字而言，各笔的距离务须匀称，不太宽也不太挤。这须相度各个字的形状。偏旁占一半还是三分之一，头和底各占几分之几，中心又是哪一笔，相度清楚，然后照此落笔。距离匀称，不宽不挤，看在眼里就舒服。（四）就一行的字而言，须求其上下连贯，无形中好像有一条直线穿着似的。还须认定各个字的中线，把中线放在一直线上。中线或是一竖，如"中"字"草"字，或是虚处，如"非"字"井"字，很容易辨明。（五）就若干行的字而言，须求两行之间有一条空隙、次行的字的笔画触着前行的字的笔画固然不好看，就是几乎要触着也不好看。（六）写一长篇的字须要前后如一。如果开头端端整整，到后来潦潦草草，这就通篇不一致，说不上匀整了。

如果有功夫练习实用的写字，可以按字的形体分类练习，如挑选若干木旁字来写，又挑选若干雨头字来写。木旁雨头的字是比较容易的，比较烦难的尤宜如此，如心底的字，从辶的字。手写之外，宜乎多看，看人家怎样把这些字写得合适。看与写并行，心与手并用，自然会逐渐有进步。

学习国文的着眼点 *

上

中学生诸君：这回我承教育部的委托，来担任关于国文科的讲演。讲演的题目叫作《学习国文的着眼点》。打算分两次讲，今天先来一个大纲，下次再讲具体的方法。

为了要使听众明了起见，开始先把我的意见扼要地提出。我主张学习国文该着眼在文字的形式方面。就是说，诸君学习国文的时候，该在文字的形式方面去努力。

所谓形式，是对内容说的。诸君学过算学，知道算学上的式子吧，"1+2＝3"这个式子可以应用于种种不同的情形，譬如说一个梨子加两个梨子等于三个梨子，一只狗加两只狗等于三只狗，无论什么都适用。这里面，"1+2＝3"是形式，"梨子"或"狗"是内容。算式上还有用"X"的，那更妙了，算式中凡是用着"X"的地方，不拘把什么数字代进去都适用，这时候"1""2""3"等等的数字是内容，"X"是形式了。

让我们回头来从国文科方面讲，文字是记载事物发挥情意的东西，它的内容是事物和情意，形式就是一个个的词句以及整篇的文字。文字的内容是各各不同的，同是传记，因所传的人物而不同，同是评论，有关于政治的，有关于学术的，有关于经济的，同是书信，有讨论学问的，接洽事务的，可以说一篇文字有一篇文字的内容，无论别人所写或自己所写，每篇文字绝不

＊本文是向全国中学生作的广播稿，刊《中学生》第六十八期（1936 年 10 月）。

会有相同的内容的。内容虽然各不相同，形式上却有相同的地方，就整篇的文字说，有所谓章法、段落、结构等等的法则，就每一句说，有所谓句子的构成及彼此结合的方式，就每句中所用的词儿说，也有各种的方法和习惯。此外因了文字的体裁，各有一定共通的样式，例如，书信有书信的样式，章程有章程的样式，记事文有记事文的样式，论说文有论说文的样式。这种都是形式上的情形，和文字的内容差不多无关。我以为在国文科里所应该学习的就是这些方面。

国文科是语言文字的学科，和别的科目性质不同，这只要把诸君案头上教科书拿来比较，就可明白。别的科目的教科书如动物、植物、历史、地理、算术、代数，都是分章节的，全书共分几章，每章之中又分几个小节，前一章和后一章，前一节和后一节，都有自然的顺序，系统非常完整，可是国文科的教科书就不是这样了。诸君所读的国文教材，大部分是所谓选文，这些选文是一篇一篇的东西，有的是前人写的，有的是现代人写的，前面是《史记》里的一节，接上去的也许可以是《红楼梦》或《水浒传》的一节，前面是古人写的书信，接上去的也许会是现代人的小说。这种材料的排列，谈不到什么秩序和系统，至于内容，更是杂乱得很。别的科目的内容是以我们所需要的知识为范围排列着的，植物教科书告诉我们关于植物的一般常识，历史教科书告诉我们人类社会活动进步的经过，地理教科书告诉我们地面上的种种现象和人类的关系，都有一定的内容可说。但是国文教科书的内容是什么呢？却说不出来。原来国文科的内容什么都可以充数，忠臣孝子的事迹固然可以做国文的内容，苍蝇蚊子的事情也可以做国文的内容，诸君试把已经读过的文字回忆一下，就可发现内容上的杂乱的情形。国文科的内容不但杂乱，而且有许多不是我们所需要的。譬如说：现在已是飞机炸弹的时代了，我们所需要的是最新的战争知识，而在国文教科书里所选到的还是单刀匹马式的《三国志演义》或《资治通鉴》里的一节。我们已是 20 世纪的共和国公民了，从前封建时代的片面的道德观念已不适用，可是我们所读的文字，还有不少以宗祧、贞烈等为内容的。我们是青年人，青年人所需要的是活泼、勇猛的精神，可是国文教科书里尽有不少中年人或老年人所写的颓唐、感伤的作品，甚至于还有在思想上、态度上已经明显落伍了的东西。国文科的教材如果从内容上看来，真是杂乱而且不适合的。有些教育者见到了这一层，于是依照了内容的价值来编国文教科书，他们预先定下了几个内容项目，以为青年应该孝父母，爱国家，应该交友有信，应该办事有恒，于是选几篇孝子的传记排在一组，选几篇忠臣、烈士的故事排在一组，这样一直排下去。这办法无异叫国文科变成了修身科或公民科，我觉得也未必就对。给青年读的文字当然要选择内容好的，但内容的价值，在国文科究竟不是真正的目的。

　　我的意思，国文科是语言文字的学科，除了文法、修辞等部分以外，并无固定的内容的。只要是白纸上写有黑字的东西，当作文字来阅读来玩味的时候，什么都是国文科的材料。国文科的学习工作，不在从内容上去深究探讨，倒在从文字的形式上去获得理解和发表的能力。凡是文字，都是作者的表现。不管所表现的是一桩事情，一种道理，一件东西或一片情感，总之逃不了是表现。我们学习国文所当注重的，并不是事情、道理、东西或感情的本身，应该是各种表现方式和法则。诸君读英文的时候，曾经读过《龟兔竞走》的故事吧。诸君读这故事，如果把注意力为内容所牵住，只记得兔最初怎样自负，怎样疏忽，怎样睡熟，龟怎样努力，怎样胜过了兔等等一大串，而忘却了本课里的所有的生字、难句，及别种文字上的方式，那么结果就等于只听到了"龟兔竞走"的故事，并没有学到英文。国文和英文一样，同是语言文字的科目，凡是文字语言，本身都附带有内容，文字语言本来就是为了要表现某种内容才发生的，世间绝不会有毫无内容的文字语言。不过在国文科里，我们所要学习的是文字语言上的种种格式和方法，至于文字语言所含的内容，倒并不是十分重要的东西。我们自己写作的时候，原也需要内容，这内容要自己从生活上得来，国文教科书上所有的内容，既乱杂，又陈腐，反正是不适用、不够用的。我们的目的是要从古人或别人的文字里学会了记叙的方法，来随便叙述自己所要叙述的事物；从古人或别人的文字里学会了议论的方法，来随便议论自己所想议论的事情。

　　学习国文，应该着眼在文字的形式上，不应该着眼在内容上，这理由上面已经说了许多，想来诸君已可明白了。有一件事要请大家注意，就是文字的内容是有吸引人的力量的东西，我们和文字相接触的时候，容易偏重内容忽略形式。老实说，一般的文字语言的法则，在小学教科书里差不多已完全出现了，诸君在未进中学以前，曾经读过六年的国语，教科书共有十二册。这十二册教科书照理应该把一般的文字语言的法则包括无遗。可是据我所知道的情形看来，似乎从小学出来的人都未能把这些法则完全取得。这是不足怪的，文字语言具有内容、形式两个方面，要想离开内容去注意它的形式，多少需要有冷静的头脑。小学国语教科书的内容更不同，总算是依照了儿童生活情形编造的，内容的吸引力更大，更容易叫读的人忽略形式方面。用实在的例来说，依年代想来，诸君在小学里学国语，第一课恐怕是"狗，大狗，小狗，大狗叫，小狗跳"吧。这寥寥几个字，如果从文字的形式上着眼去玩味，有单语和句子的分别，有形容词和名词的结合法，有押韵法，有对偶法，有字面重叠法，但是试问诸君当时读这课书，曾经顾着到这些吗？那时先生学着狗来叫给诸君听，跳给诸君看，又在黑板上画大狗画小狗，对诸君讲狗的故事，诸君心里又想起家里的"小花"或是间壁人家的"来富"，整个的兴趣都被内容吸引去了，哪里还有功夫来顾到文字形式上的种种方面。据我的推测，诸君之中大多数的人，在小学里学习国语，经过情形就是如此的。不但小学时代如此，诸君之中有些人在中学里读国文的情形恐怕还是如此。诸君读到一篇烈士的传记，心里会觉得兴奋吧。读到一篇悲情的小说，眼里会为之流泪吧。读到一篇干燥无味的科学记载，会感到厌倦吧。这种现象在普通读书的时候是应该的，不足为怪，如果在学习文字的时候，要大大地自己留意。对于一篇文字或是兴奋，或是流泪，或是厌倦，都不要紧，但得在兴奋、流泪或厌倦之后，用冷静的头脑去再读再看，从文字的种种方面去追求，去发掘。因为你在学习国文，你的目的不在兴奋，不在流泪，不在厌倦，在学习文字呀。

竟有许多青年，在中学已经毕业，文字还写不通的，其原因不消说就在平时学习国文未得要领。文字的所以不通，并不是缺乏内容，十之八九毛病在文字的形式上。这显然是一向不曾在文字的形式上留意的缘故。他们每日在国文教室里对了国文教科书或油印的选文，只知道听教师讲典故，讲作者的故事，典故是讲不完的，故事是听不完的，一篇一篇的作品也是读不完的。学习国文，目的就在学得用文字来表现的方法，他们只着眼于别人所表现着的内容本身，不去留心表现的文字形式，结果当然是劳而无功的。

从前的读书人学文字，把大半的功夫花在揣摩和诵读方面。当时可读的东西没有现在的多，普通人所读的只是几部经书和几篇限定的文章。说到内容，真是狭陋得很。所写的文字也只有极单调的一套，如"且夫天下之人……往往然也"之类。他们的文字虽然单调，在形式上倒是通的，只是内容空虚、顽固得可笑而已。近来学生的文字，毛病适得其反，内容的范围已扩张得多了，缺点往往在形式上。这是值得大大地加以注意的。

我的话完了，今天说了不少的话，最重要的只有一句，就是说，学习国文应该着眼在文字的形式方面。至于具体的学习方法，留到下一回再讲。

下

中学生诸君：前两天，我曾有过一回讲演，题目叫作《学习国文的着眼点》，大意是说，学习国文应该从文字的形式上着眼。今天所讲的是前回的连续，前回只讲了一番大意，今天要讲到具体的方法。

学习国文的方法，从古到今不知道已有多少人说过，我今天所讲的不消说都是些"老生常谈"，请勿见笑。我是主张学习国文应该着眼在文字的形式的，我所讲的方法也是关于形式方面的事情。打算分三层来说，（一）是关于词儿的；（二）是关于句子的；（三）是关于表现方法的。

先说关于词儿所当注意的事情，第一是词儿的辨别要清楚，中国的文字是一个个的方块字，本身并无语尾变化，完全由方块的单字拼合起来造出种种的功用。中国文字寻常所用的不过一二千个字，初看去似乎只要晓得了这一二千个字，就可看得懂一切的文字了，其实这是大错的。中国常用的文字数目虽有限，可是拼合成功的词儿数目却很多。例如"轻""重"，两个字，是小学生都认识的，但"轻"字、"重"字和别的单字拼合起来，可以造成许多词儿，如"轻率""轻浮""轻狂""轻易""轻蔑""轻松""轻便"都是用"轻"字拼成的词儿，"重要""重实""严重""厚重""沉重""郑重""尊重"都是用"重"字拼成的词儿，此外还可有各种各样的拼合法。这些词儿当然和原来的"轻"字"重"字有关联，可是每个词儿意思情味并不一样，老实说每个都是生字。你在读文字的时候必会和许许多多的词儿相接触，你在写文字的时候必要运用许许多多的词儿，词儿的注意，是很要紧的。中国从前的字典只有一个个的单字，近来已有辞典，不仅仅以单字为本位，把常用的词儿都收进去了。每一个词儿的意义似乎可用辞典来查考，但是你必须留意，辞典对于词儿的解释，是用比较意思相像的同义语来凑数的。譬如说"轻狂"和"轻薄"两个词儿，明明是有区别的，可是你如果去翻辞典，就会见"不稳重"或"不庄重"等类的共通的解释。这并不是辞典不好，实在是无可奈何的事。一个词儿的意义是多方面的，辞典当然不能一一列举，只能把大意用别的同义语来表示了。词儿不但有意义，还有情味。词儿的情味，完全要靠自己去领略，辞典是无法帮忙的。犹之吃东西，甜、酸、苦、辣是尝得出而说不出的。文字语言是社会的产物，词儿因了许多人的使用，各有着特别的情味，这情味如不领略到，即使表面的意义懂得了，仍不能算已了解了这词儿。再举例来说，"现代"和"摩登"，意思是差不多的，可是情味大大不同。"现代学生""现代女子"并不就是"摩登学生""摩登女子"的意思。这因为"摩登"二字在多数人的心目中已变更了意义，"现代"二字不能表出它的情味了。又如"贼出关门"和"亡羊补牢"这两句成语，都是事后补救的譬喻，意思也差不多，但使用在文字语言里，情意也有区别。"贼出关门"表示补救已来不及，"亡羊补牢"表示尚来得及补救。这因为"亡羊补牢"一向就和"未为晚也"联在一处，而"贼出关门"却是说人家失窃以后的情形的缘故。对于词儿，不但要知道它的解释，还要懂得它的情味。你在读文字的时候，如果不用这步功夫，那么你不但对于所读的文字不能十分了解，将来自己写起文字来也难免要犯用词不当的毛病。

上面所讲的是词儿的解释和情味两方面。关于词儿，另外还有一个方面值得注意，就是词儿在句子中的用法，这普通叫词性，是文法上的项目。我在前面曾经讲过，中国文字本身是一个个的方块字，一个词儿用做名词、动词、形容词、副词，有时候都可以的。譬如"上下"一个词儿，就有各种不同的用法，这里有几句句子："上下和睦""上下其手""张三李四成绩不相上下""上下房间都住满了人"，这几句句子里都有"上下"的词儿，可是文法上的词性各不相同。"上下"是两个单字合成的词儿尚且有这些变化，至于单字的词儿变化更多了。这些变化，在普通的辞典里是找不着的，你须得在读文字的时候随处留意。你已记得梅花、兰花的"花"字了，如果在读文字的时候碰到花钱的"花"字，花言巧语的"花"字，或是眼睛昏花的"花"字，都应该记牢，如果再碰到别的用法的"花"字，也应该记牢，因为这些都是"花"字的用法。你如果只知道梅花、兰花的"花"，不知道别的"花"，就不能算完全认识了"花"的一个词儿。

关于词儿，可说的方面还不少，上面所举出的三项，就是词儿的意义，情味，在句子中的用法，是比较重要的，学习的时候应该着眼在这些方面。

以下要讲到句子了。关于句子，第一所当着眼的是句子的样式。自古以来用文字写成的东西，不知有多少，即就诸君所读过的来说，也已很可观了。这些文字，虽然各不相同，若就一句句的句子看来，我认为样式是并不多的。

我曾经有一个志愿，想把中国文字的句式来做归纳的统计，办法是取比较可做依据的书，文言文的如"四书""五经"，白话的如《红楼梦》《水浒传》，句句地圈断，剪碎，按照形式相同的排比起来，譬如说"子曰""曾子曰""孟子曰"和"贾宝玉道""林黛玉道""武松道"归成一类，"不亦悦乎""不亦乐乎""不亦快哉"归成一类，"穆穆文王""赫赫泰山""区区这些礼物"归成一类，"烹而食之""顾而乐之""垂涕泣而道之"归成一类，这样归纳起来，据我推测，句子的种类是很有限的。确数不敢说，至多不会超过一百种的式样。诸君如不信，不妨去试试。读文字，听谈话，能够留心句式，找出若干有限的格式来，不但在理解上可以省却力气，而且在发表上也可以得到许多便利。诸君读文言传记，开端常会碰到"××，××人"或"××者××人也"吧，这是两个式样，如果有时候碰到"一丈，十尺"或"人者仁也"不妨把它归纳起来当作一类的格式记在肚子里。诸君和朋友谈话，如果听到"天会下雨吧""我要着皮鞋了"，就把它归纳起来当作一类格式来记住。

这样把句子依了式样来归并，可以从繁复杂乱的文字里看出简单的方法来，在学习上是非常切实有用的。此外尚有一点要注意，句子的式样是就句子独立着的情形讲的。一篇文字由一句句的句子结合而成，句子和句子的关系并不简单。平常所认定的句子的式样，和别的辞句连在一处的时候，也许可以把性质全然变更。譬如说"山高水长"这句句式和"桃红柳绿"咧，"日暖风和"咧，是同样的。但如果就上面加成分上去，改为"先生之风山高水长"的时候，情形就不同了。光是从"山高水长"看来，高的是山，长的是水，至于在"先生之风山高水长"里面，高的不是山，是先生之风，长的不是水，也是先生之风，意思是说"先生之风像山一般地高，水一般地长"了。这种情形，日常语言里也常可碰到，譬如，"今天天气很好"，"我和你逛公园去吧"，这是两句独立完整的句子，如果联结起来，上一句就成了下一句的条件，资格不相等了。一句句子放在整篇的文字里和上文下文可以有种种的关系，连接的式样很多，方才所举的只不过一二个例子而已。读文字的时候对于每一句句子不但要单独的认识它，还要和上下文联结了认识它，自己写作文字的时候，对于每一句句子不但要单独地看来通得过，还要合着上下文看来通得过。尽有一些人，在读文字的时候，逐句懂得，而贯串起来倒不清楚，写出文字来，逐句看去似乎没有毛病，而连续下去却莫名其妙，这都是未曾把句子和句子的关系弄明白的缘故。

上面已讲过词儿和句子，以下再讲表现的方法。文字语言原是表现思想感情的工具，我们心里有一种意思或是感情，用文字写出来或口里讲出来，这就是表现。表现有各种各样的方法，同是一种意思或感情，可有许多表现的方式。同是一句话，可有各种各样的说法。譬如说"张三非常喜欢喝酒"，这话可以改变方式来说，例如"张三是个酒徒"咧，"张三是酒不离口"咧，"酒是张三的第二生命"咧，意思都差不多，此外不消说还可有许多的表现法。"晚上睡得着"一句话可以用作"安心"的表现；骂人"没用"，有时可以用"饭桶"来表现，有时可以用反对的说法，说他是"宝贝"或"能干"。意思只是一个，表现的方法却不止一个，在许多方法之中究竟哪一种好，这是要看情形怎样，无法预定的。读文字的时候最好能随时顾到，看作者所用的是哪一种表现法，用得有没有效果？自己写作文字，对于自己所想表现的意思，也须尽量考虑，选择最适当的表现法。

文字语言的一切技巧，可以说就是表现的技巧。写一件事情、一种东西或是一种感情，用什么文体来写，先写什么，后写什么，写得简单或是写得详细，诸如此类，都是表现技巧上的问题。所以值得大大地注意。

我在上面已就了词儿、句子、表现法三方面，分别说明应该注意的事情，这些都是文字的形式上应该着眼的。诸君学习文字，我觉得这些就是值得努力的地方。

末了，我劝诸君能够用些读的功夫。从前的读书人，学习文字唯一的方法就是读。自有学校教育以来，对于文字往往只用眼睛看，用口来读的人已不多了。其实读是很有效的方法，方才所举的关于词儿、句子、表现法等类的事项，大半是可在读的时候发现领略的。我认为诸君应该选择几篇可读的文字来反复熟读，白话文也可以用谈话或演说的调子来读。读的篇数不必多，材料要精，读的程度要到能背诵。读得熟了，才能发现本篇前后的照应，才能和别篇文字做种种的比较。因为文字读得会背诵以后，离开了书本可随时记起，就随时会有所发现，学习研究的机会也就愈多了。不但别人写的文字要读，自己写文字的时候也要读，从来名家都用过就草稿自读自改的苦功。

关于国文的学习，可讲的方面很多。时间有限，今天所讲的只是这些。我对于中学国文教学，曾发表过许多意见，有两部书，一部叫《文心》；一部叫《国文百八课》，都是我和叶圣陶先生合写的，诸君如未曾看到过，不妨参考参考。

论写作教学*

国文课定期命题作文，原是不得已的办法。写作的根源是发表的欲望；正同说话一样，胸中有所积蓄，不吐不快。同时写作是一种技术；有所积蓄，是一回事；怎样用文字表达所积蓄的，使它恰到好处，让自己有如量倾吐的快感，人家有情感心通的妙趣，又是一回事。依理说，心中有所积蓄，自然要说话；感到说话不足以行远传久，自然要作文。作文既以表达所积蓄的为目的，对于一字一词的得当与否，一语一句的顺适与否，前后组织的是否完密，材料取舍的是否合宜，自然该按照至当不易的标准，一一求能解答。不能解答，果真表达了与否就不可知；能解答，技术上的能事也就差不多了。这样说来，从有所积蓄而打算发表，从打算发表而研求技术，都不妨待学生自己去理会好了。但是国文科写作教学的目的，在养成学生两种习惯：（一）有所积蓄，须尽量用文字发表；（二）每逢用文字发表，须尽力在技术上用功夫。这并不存在着奢望，要学生个个成为著作家、文学家；只因在现代做人，写作已经同衣食一样，是生活上不可缺少的一个项目，这两种习惯非养成不可。惟恐学生有所积蓄而懒得发表，或打算发表而懒得在技术上用功夫，致与养成两种习惯的目的相违反，于是定期命题作文。通常作文，胸中先有一腔积蓄，临到执笔，拿出来就是，是很自然的；按题作文，首先遇见题目，得从平时之积蓄中拣选那些与题目相应合的拿出来，比较的不自然。若嫌它不自然，废而不用，只教学生待需要写作的时候才写了交来，结果或许是一个学期也没有交来一篇，或许是来一篇小说一首新诗什么的，这就达不到写作教学的目的。所以定期命题作文的办法明知不自然，还是要用它。说是不

---

*原载作者与朱自清合著的《国文教学》。

得已的办法，就为此。

定期命题作文是不得已的办法，这一层意思，就教师说，非透切理解不可。理解了这一层，才能使不自然的近于自然。教师命题的时候必须排除自己的成见与偏好；惟据平时对于学生的观察，测知他们胸中该当积蓄些什么，而就在这范围之内拟定题目。学生遇见这种题目，正触着他们胸中所积蓄，发表的欲望被引起了，对于表达的技术自当尽力用功夫；即使发表的欲望还没有到不吐不快的境界，只要按题作去，总之是把积蓄的拿出来，决不用将无作有，强不知以为知，勉强的成分既少，技术上的研摩也就绰有余裕。题目虽是教师临时出的，而积蓄却是学生原来有的。这样的写作，与著作家、文学家的写作并无二致；不自然的便近于自然了。学生经多年这样的训练，习惯养成了，有所积蓄的时候，虽没有教师命题，也必用文字发表；用文字发表的时候，虽没有教师指点，也能使技术完美。这便是写作教学的成功。

胜义精言，世间本没有许多。我们的作文，呕尽心血，结果与他人所作，或仅大同小异，或竟不谋而合；这种经验差不多大家都有。因此，对于学生作文，标准不宜太高。若说立意必求独创，前无古人，言情必求甚深，感通百世，那么，能文之士也只好长期搁笔，何况学生？但有一层最宜注意的，就是学生所写的必须是他们所积蓄的。只要真是他们所积蓄，从胸中拿出来的，虽与他人所作大同小异或不谋而合，一样可取；倘若并非他们所积蓄，而从依样葫芦、临时剽窃得来的，虽属胜义精言，也要不得。写作所以同衣食一样，成为生活上不可缺少的一个项目，原在表白内心，与他人相感通。如果将无作有，强不知以为知，徒然说一番花言巧语，实际上却没有表白内心的什么：写作到此地步便与生活脱离关系，又何必去学习它？训练学生写作，必须注重于倾吐他们的积蓄，无非要他们生活上终身受用的意思。这便是“修辞立诚”的基础。一个普通人，写一张便条，做一份报告，要“立诚”；一个著作家或文学家，撰一部论著，写一篇作品，也离不了“立诚”。日常应用与立言大业都站在这个基础上，又怎能不在教学写作的时候着意训练？

学生胸中有积蓄吗？那是不必问的问题。只要衡量的标准不太高，不说二十将近的青年，就是刚有一点知识的幼童，也有他的积蓄。幼童看见猫儿圆圆的脸，眯着眼睛抿着嘴，觉得它在那里笑：这就是一种积蓄。他说“猫儿在笑”，如果他会运用文字了，他写“猫儿在笑”，这正是很可宝贵的“立诚"的倾吐。所以，若把亲切的观察、透彻的知识、应合环境而发生的情思等等一律认为积蓄，学生胸中的积蓄是决不愁贫乏的。所积蓄的正确度与深广度跟着生活的进展而进展；在生活没有进展到某一阶段的时候，责备他们的积蓄不能更正确更深广，就犯了期望过切的毛病，事实上也没有效果。最要紧的还在测知学生当前具有的积蓄，消极方面不加阻遏，积极方面随时诱导，使他们尽量拿出来，化为文字，写上纸面。这样，学生便感觉写作并不是一件特殊的与生活无关的事；在技术上也就不肯马虎，总愿尽可能的尽力。待生活进展到某一阶段，所积蓄的更正确更深广了，当然仍本着"立诚"的习惯，一丝不苟地写出来，这便成了好文章。好文章有许多条件，也许可以有百端，在写作教学上势难一一顾到；但好文章有个基本条件，必须积蓄于胸中的充实而深美，又必须把这种积蓄化为充实而深美的文字，这种能力的培植却责无旁贷，全在写作教学。

不幸我国的写作教学继承着科举时代的传统，兴办学校数十年，还摆脱不了八股的精神。八股是明太祖所制定，内容要"代圣人立言"，就是不要说自己的话，而要代替圣人说话，说一番比圣人所说的更详尽的话。八股的形式也有规定，起承转合，两股相对，都不容马虎。当时朝廷制定了这么一种文体来考试士子；你要去应试，自然非练习不可。但是写作的本意原不在代他人说话，而在发表自己的积蓄；即使偶尔代他人写封家信，也得问个清楚明白，待要说的话了然于胸，写来才头头是道。若照八股的办法，第一，不要说自己的话，就是不要使胸中的积蓄与写作发生联系，这便阻遏了发表的欲望了。第二，圣人去今很远，他们的书又多抽象简略，要代他们立言，势非揣摩依仿不可，从揣摩依仿到穿凿附会，从穿凿附会到不知说些什么，倒是一条便捷的路；走上了这条路，写作便成了不可思议的事了。依常理而论，写作文章，除了人类所共通的逻辑的法则与种族所共通的语言的法则不容违背以外，用什么形式该是自由的。审度某种形式适于某种内容，根据内容决定形式，权衡全在作者。所谓文无定法，意思就在此。八股却不然，无论你内容是什么，不管你勉强不勉强，总得要配合那规定的间架与腔拍。这样写下来，写得好的，也只是巧妙有趣的游戏文字，写得坏的，便成莫名其妙的怪东西了。从前一般有识见的人，知道八股绝对不足以训练写作。为求取功名起见，他们固然要学习八股；但是要倾吐胸中的积蓄，要表白内心与他人相感通，八股是没有用处的，他们惟有努力于古文与辞赋诗词甚而至于白话小说才办得到。一些传世的著作家、文学家就是从这班有识见的人中选拔出来的。可是学习八股究竟是利禄之途，有识见的人究竟仅占少数；所以大多数人只知在八股方面做功夫，形式上好像在训练写作，实际上却与训练写作南辕北辙。其结果，不要说做不到著书立说，就是写一封通常的书信，也比测字先生的手笔高明不到多少。这并不是挖苦的话，如今在六七十岁的老辈中间还可以找到这样的牺牲者呢。八股不要了，科举废止了，新式教育兴起来了。新式教育的目标虽各有各说，但有一点为大家所公认，就是造就善于处理生活的公民。按照这个目标，写作既是生活上不可缺少的一个项目，自该完全摆脱八股的精神，顺着自然的途径，消极方面不阻遏发表的欲望，积极方面更诱导发表的欲望，这样来着手训练。无奈大家的习染太深了，提出目标是一回事，见诸实践又是一回事。实际上，便是史地理化等科，也被有意无意的认为利禄之途，成了变相的八股，而不问它与生活有什么干系。何况写作一事，直接继承着从前八股的系统，当然最容易保持八股的精神了。我八九岁的时候在书房里"开笔"，教师出的题目是《登高自卑说》；他提示道："这应当说到为学方面去。"我依他吩咐，写了八十多字，末了说："登高尚尔，而况于学乎？"就在"尔"字"乎"字旁边博得了两个双圈。登高自卑本没有什么说的，偏要你说；单说登高自卑不行，你一定要说到为学方面去才合式：这就是八股的精神。这个话离现在将近四十年了，而现在中学生的作文本子上时常可以看到《治乱国用重典论》《经师易得，人师难求说》《荀子天论篇纯主人事，与向来儒家之言天者矛盾，试两申其义》《孟子主性善，荀子主性恶，二家之说孰是？》《上古竞于道德，中世逐于智谋，方今争于气力说》《宁静致远说》《蒙以养正说》《文以气为主论》一类的题目，足见八股的精神依然在支配着现在的写作教学。这并不是说那些题目根本要不得，如果到政治家、教育家、哲学家、史学家、文艺批评家手里，原都可以写成出色的文章。但是到中学生手里，揣量自己胸中没有什么积蓄，而题目已经写在黑板上，又非作不可；于是只得把教师提示的一点儿，书上所说到的一点儿，勉强充作内容，算是代教师代书本立言；内容既非自有，技术更无从考究，像不像且不管它，但图交卷完事。这样训练写作，不正合着八股的精神了吗？学生习惯了这样的训练，便觉写作是一件特殊的与生活无关的事；自己胸中的什么积蓄与写作不相干，必须拉扯一些不甚了了的内容，套合一个不三不四的架子，才算"作文"。有个极端的例子，对于《我的家庭》是人人都有积蓄的题目，可是有的学生也会来一套"家庭是许多人的集合体，长辈有祖父、祖母、父亲、母亲、伯父、叔父，平辈有兄、弟、姊、妹，小辈有侄儿、侄女，但是我的家庭没有这么多人"的废话。你若责备他连"我的家庭"都说不上来，未免冤枉了他；他胸中原来清清楚楚知道"我的家庭"，但是他从平日所受的训练上得了一种错觉，以为老实说出来就不像"作文"了，为讨好起见，先来这么几句，不知道却是废话。所以训练者的观念合着八股的精神的时候，即使出了与学生生活非常相近的题目，也可以得到牛头不对马嘴的结果。你说学生的写作程度不好，诚然不好；但是那种变相的八股的写作程度，好了也没有多大用处。在生活上真有受用的写作训练，你并没有给他们，他们的程度又怎么会好？现在写作教学的一般情形，这两句话差不多可以包括尽了。训练写作的人只须平心静气问问自己：（一）平时对于学生的训练是不是适应他们当前所有的积蓄，不但不阻遏他们，并且多方诱导他们，使他们尽量拿出来？（二）平时出给学生作的题目是不是切近他们的见闻、理解、情感、思想等等？总而言之，是不是切近他们的生活，借此培植"立诚"的基础？（三）学生对于作文的反映是不是认为非常自然的不做不快的事，而不认为教师硬要他们去做的无谓之举？如果答案都是否定的，便可知道写作教学的成绩不好，其咎不尽在学生，训练者实该负大部分的责任。而训练者所以要负这种不愉快的责任，其故在无意之中保持了八股的精神。

　　学生写给朋友的信，还过得去；可是当教师出了《致友人书》的题目的时候，写来往往不很着拍。这种经验，教师差不多都有。为什么如此，似乎难解释，其实不难解释。平常写信给朋友，老实倾吐胸中的积蓄；内容决定形式，技术上也乐意尽心，而且比较容易安排。待教师出了《致友人书》的题目，他们的错觉以为这是"作文"，与平常写信给朋友是两回事，不免做一些拉扯套合的功夫；于是写下来的文章不着拍了。学校中出壁报，上面的论文、记载、小说、诗歌，往往使人摇头。依理说，这种文章都是学生的自由倾吐，该比命题作文出色一点，而仍使人摇头，也似乎难以解释。其实命题作文也没有什么不好，命题作文而合着八股的精神，才发生毛病；学生中了那种毛病，把胸中所积蓄与纸面所写看作互不相关的两回事，以为写壁报文章也就是合着八股的精神的"作文"；所以写下来的文章也不足观了。无论写什么文章，只要而且必须如平常写信给朋友一样，老实倾吐胸中的积蓄。现在作文已不同于从前作八股，拉扯套合的功夫根本用不到，最要紧的是

"有"，而且表达出那"有"：这两层，学生何不幸而得不到训练呢？曾经看见一位先生的文章，论大学国文系"各体文习作"教材的编选，对于不懂体制的弊病，举一个青年为例。他说那个青年平时给爱人写情书，有恋爱小说作蓝本，满可以肆应不穷；但是母亲死了，要作哀启，恋爱小说这件法宝不灵了，无可奈何，只好请人代笔。我看了这段文章就想：写情书不问自己胸中的爱情如何，而要用恋爱小说作蓝本，的确是弊病；而这弊病的由来在于没有受到适当的写作训练。至于做母亲的哀启，在发表胸中所积蓄这一点上，实在与情书并无二致。单说不懂哀启的体制所以作不来哀启，好像懂了哀启体制就可以作成哀启，这样偏于形式，也是一种八股的精神。学生在不正确的观念之下受写作训练，竟至于写情书不问自己胸中的爱情，做母亲的哀启要请人代笔；说得过火一点，这样的训练还不如不受的好。不受训练，当然得不到诱导，但也遇不到阻遏；到胸中有所积蓄，发表的欲望非常旺盛的时候，由自己的努力，写来或许像个样子。受了八股的精神的训练，却渐渐走上了岔路，结果写作一事反而成为自由倾吐的障碍。八股时代的牺牲者写一封通常的书信也比测字先生的手笔高明不到多少，便是榜样。除非如从前有识见的人那样，明知所受的写作训练不是路数，自己另辟途径来训练自己，那才可以希望在生活上终身受用。然而有识见的人在大众中间究竟仅占少数啊！

教学生阅读，一部分的目的在给他们个写作的榜样。因此，教学就得着眼于（一）文中所表现的作者的积蓄，以及（二）作者用什么功夫来表达他的积蓄。这无非要使学生知道，胸中所积蓄要达到如何充实而深美的程度，那才非发表不可；发表又要如何苦心经营，一丝不苟，那才真做到了家。学生濡染既久，自己有数，何种积蓄值得发表，决不放过；何种积蓄不必发表，决不乱写；发表的当儿又能妥为安排，成个最适合于那种积蓄的形式，便算达到了作榜样的目的。阅读的文章并不是写作材料的仓库，尤其不是写作方法的程式。在写作的时候，愈不把阅读的文章放在心上愈好。但实际情形每与以上所说不合。曾经参观若干高等学校的阅读教学，教材无非《古文观止》中所收的几篇，教师的讲解也算顾到写作训练方面；如讲李白《春夜宴桃李园序》，便说"古人秉烛夜游"点"夜"，"况阳春召我以烟景"点"春"，"会桃李之芳园"点"桃李园"，"开琼筵以坐花，飞羽觞而醉月"点"宴"：这样逐字点明，题旨才没有遗漏。又如讲苏轼《喜雨亭记》，便说"亭以雨名，志喜也"是"开门见山法"，直点"喜"字"雨"字"亭"字；"既而弥月不雨，民方以为忧"是"反跌法"，衬托下文的"喜"；以下"乃雨""又雨""大雨"，逐层点"雨"字；以下"相与庆于庭"是官吏"喜"，"相与歌于市"是商贾"喜"，"相与忭于野"是农夫"喜"：这样反复点明，题旨才见得酣畅。把作者活生生的一腔积蓄僵化为死板板的一套程式，便是这种讲法的作用。那给与学生的暗示，仿佛《春夜宴桃李园序》与《喜雨亭记》并不是李白苏轼自己有话要说，而是他们的教师出了那两个题目要他们做的；而他们所以交得出那样两本超等的卷子，功夫全在搬弄程式，既不遗漏又且酣畅地点明题旨。从此推想开来，自然觉得写作是一种花巧；遇到任何题目，不管能说不能说，要说不要说，只要运用胸中所记得的一些程式来对付过去就行。为对付题目而作文，不为发表积蓄而作文；根据程式而决定形式，不根据内容而决定形式：这正是道地的八股精神。从前做好了八股，还可以取得功名；现在受这种类似八股的写作训练，又有什么用处呢？

　　你若去请教国文教师，为什么要学生作那种与他们生活不很切近的论说文，大半的回答是：毕业会试与升学考试常常出这类题目，不得不使学生预先练习。的确，毕业会试与升学考试的作文题目常常有不问学生胸中有些什么的，使有心人看了，只觉啼笑皆非。训练者忽视了学生一辈子的受用，而着眼于考试时交得出卷子；考试者不想着学生胸中真实有些什么，而随便出题目，致影响到平时的写作训练；这又是道地的八股精神。有一位主持高等考试的先生发表过谈话，说应试者的卷子"技术恶劣，思路不清"，言外有不胜感慨的意思。我想，要看到"技术完美，思路清晰"的多数好卷子，须待训练者与考试者对于写作训练有了正当的观念。观念不改变，而望学生写作能力普遍地够得上标准，那便是缘木求鱼。

　　改变观念，头绪很多，但有一个总纲，就是：完全摆脱八股的精神。所有指导与暗示，是八股的精神，彻底抛弃；能使学生真实受用的，务必着力；这就不但改变了观念，而连实践也革新了。至于命题作文的实施，罗庸先生的话很可以参酌。他说："国文教师似应采取图画一课的教法，教学生多写生，多作小幅素描，如杂感短札之类，无所为而为，才是发露中诚的好机会。"（见《国文月刊》一卷三期）

和教师谈写作[*]

想清楚然后写

想清楚然后写，这是个好习惯。养成了这个好习惯，写出东西来，人家能充分了解我的意思，自己也满意。

谁都可以问一问自己，平时写东西是不是想清楚然后写的？要是回答说不，那么写不好东西的原因之一就在这里了（当然还有种种原因）。往后就得自己努力，养成这个好习惯。

不想就写，那是没有的事。没想清楚就写，却是常有的事。自以为想清楚了，其实没想清楚，也是常有的事。没想清楚也能写，那时候情形怎么样呢？边写边想，边想边写。这样地想，本该是动笔以前的事，现在却就拿来写在纸上了。假如动笔以前这样地想，还得有所增删，有所调整，然后动笔，现在却已经成篇了。

这样写下来的东西，假如把它看做草稿，再加上增删和调整的功夫才算数，也未尝不可。事实上确也有些人肯把草稿看过一两遍，多少改动几处的。但是有两点很难避免。既然写下来了，这就是已成之局，而一般心理往往迁就已成之局，懒得做太大的改动，因此，专靠事后改动，很可能不及事先通盘考虑的好，这是一点。东西写成了，需要紧迫，得立刻拿出去，连稍微改

*这一组文章共八篇，是作者一九五八年应《教师报》的约请而写的，发表在《教师报》副刊。发表的日期是四月十一日、十八日、二十五日，五月二日、九日、十六日，六月二十七日，七月四日。

动一下也等不及，这是又一点。有这两点，东西虽然写成，可是自己看看也不满意，至于能不能叫人家充分了解我的意思，那就更难说了。

这样说来，自然应该事先通盘考虑，就是说，应该想清楚然后写。

什么叫想清楚呢？为什么要写，该怎样写，哪些必要写，哪些用不着写，哪些写在前，哪些写在后，是不是还有什么缺漏，从读者方面着想是不是够明白……诸如此类的问题都有了确切的解答，这才叫想清楚。

要写东西，诸如此类的问题都是非解答不可的。与其在写下草稿之后解答，不如在动笔以前解答。"凡事豫则立"，不是吗？

想清楚其实并不难，只要抓住关键，那就是为什么要写。如果写信，为什么要写这封信？如果写报告，为什么要写这篇报告？如果写总结，为什么要写这篇总结？此外可以类推。

如果不为什么，干脆不用写。既然有写的必要，就不会不知道为什么。这个为什么好比是个根，抓住这个根想开来，不以有点儿朦胧的印象为满足，前边提到的那些问题都可以得到解答。这样地想，是思想方法上的过程，也是写作方法上的过程。写作方法跟思想方法原来是二而一的。

怕的是以有点儿朦胧的印象为满足。前边说的自以为想清楚了，其实没想清楚，就指的这种情形。

教学生练习作文，要他们先写提纲，就是要他们想清楚然后写，不要随便一想就算，以有点儿朦胧的印象为满足。先写提纲的习惯养成了，一辈子受用不尽，而且受用不仅在写作方面。我们自己写东西，当然也要先想清楚，写下提纲，然后按照提纲顺次地写。提纲即使不写在纸上，也得先写在心头，那就是所谓腹稿。叫腹稿，岂不是已经成篇，不再是什么提纲了吗？不错，详细的提纲就跟成篇的东西相差不远。提纲越详细，也就是想得越清楚，写成整篇越容易，只要把扼要的一句化为充畅的几句，在需要接榫的地方适当地接上榫头就是了。

这样写下来的东西，还不能说保证可靠，得仔细看几遍，加上斟酌推敲的功夫。但是，由于已成之局的"局"基础好，大体上总不会错到哪里去。如果需要改动，也是把它改得更好些，更妥当些，而不是原稿简直要不得。

这样写下来的东西，基本上达到了要写这篇东西的目的，作者自己总不会感到太不满意。人家看了这样写下来的东西，也会了解得一清二楚，不发生误会，不觉得含糊。

想清楚然后写，朋友们如果没有这个习惯，不妨试一试，看效果怎样。

修改是怎么一回事

写完了一篇东西，看几遍，修改修改，然后算数，这是好习惯。工作认真的人，写东西写得比较好的人，大都有这种好习惯。语文老师训练学生作文，也要在这一点上注意，教学生在实践中养成这种好习惯。

修改究竟是怎么一回事呢？

从表面看，自然是检查写下来的文字，看有没有不妥当的地方，如果有，就把它改妥当。但是文字是语言的记录，语言妥当，文字不会不妥当，因此，需要检查的，其实是语言。

怎样的语言才妥当，怎样的语言就不妥当呢？这要看有没有充分地确切地表达出所要表达的意思（也可以叫思想），表达得又充分又确切了，就是妥当，否则就是不妥当，需要改。这样寻根究底地一想，就可见需要检查的，其实是意思，检查过后，认为不妥当需要修改的，其实是意思。

这本来是自然的道理，可是很有些人不领会。常听见有人说："这篇东西基本上不错，文字上还得好好修改。"好像文字和意思是两回事，竟可以修改文字而不变更意思似的。实际上哪有这样的事？凡是修改，都由于意思需要修改，一经修改就变更了原来的意思。

譬如原稿上几层意思是这样排列的，检查过后，发觉这样排列不妥当，须得调动一下，做那样排列，这不是变更了原来的意思的安排吗？

譬如原稿上有这一层意思，没有那一层意思，检查过后，发觉这一层意思用不着，应该删去，那一层意思非有不可，必须补上，这不是增减了原来的意思的内容吗？增减内容就是变更意思。

譬如原稿上用的这个词，这样的句式，这样的接榫，检查过后，发觉这个词不贴切，应该用那个词，这样的句式和这样的接榫不顺当，应该改成那样的句式和那样的接榫，这不是变更了原来的词句吗？词句需要变更，不为别的，只为意思需要变更。前边说的不贴切和不顺当，都是指意思说的。你觉得用"发动"这个词不好，要改"推动"，你觉得某地方要加个"的"字，某地方要去个"了"字，那是根据意思决定的。

说到这儿，似乎可以得到这样的理解：修改必然会变更原来的意思，不过变更有大小的不同，大的变更关涉到全局，小的变更仅限于枝节，也就是一词一句。修改是就原稿再仔细考虑，全局和枝节全都考虑到，目的在尽可能做到充分地确切地表达出所要表达的意思。实际情形不是这样吗？

这样的理解很关重要。有了这样的理解，对修改就不肯草率从事。把这样的理解贯彻在实践中，才真能养成修改的好习惯。

把稿子念几遍

写完一篇东西，念几遍，对修改大有好处。

报社杂志社往往接到一些投稿，附有作者的信，信里说稿子写完之后没心思再看，现在寄给编辑同志，请编辑同志给看一看，改一改吧。我要老实不客气地说，这样的态度是要不得的。写完之后没心思再看，这表示对稿子不负责任。请编辑同志给看一看，改一改，这表示把责任推到编辑同志身上。编辑同志为什么非代你担负这个责任不可呢？

我们应该有个共同的理解，修改肯定是作者分内的事。

有人说，修改似乎没有止境，改了一遍两遍，还可以改第三遍第四遍，究竟改到怎样才算完事呢？我想，改到自己认为无可再改，那就算尽了责任了。也许水平高的人看了还可以再改，但是我没有他那样的水平，一时要达到他的水平是勉强不来的。

修改稿子不要光是"看"，要"念"。就是把全篇稿子放到口头说说看。也可以不出声念，只在心中默默地说。一路念下去，疏忽的地方自然会发现。下一句跟上一句不接气啊，后一段跟前一段连得不紧密啊，词跟词的配合照应不对头啊，句子的成分多点儿或者少点儿啊，诸如此类的毛病都可以发现。同时也很容易发现该怎样说才接气，才紧密，才对头，才不多不少，而这些发现正就是修改的办法。

曾经问过好些人，有没有把稿子念几遍的习惯，有没有依据念的结果修改稿子的习惯。有人说有，有人说没有。我就劝没有这种习惯的人不妨试试看。他们试了，其中有些人后来对我说，这个方法有效验，不管出声不出声，念下去觉得不顺当，顿住了，那就是需要修改的地方，再念几遍，修改的办法也就来了。

这是很容易理解的。念下去顺当，就因为语言流畅妥帖，而语言流畅妥帖，也就是意思流畅妥帖。反过去，念下去不顺当，必然是语言有这样那样的疙瘩，而语言的任何疙瘩，也就是意思上的疙瘩。写东西表达意思，本来跟说一番话情形相同，所不同的仅仅在于说话用嘴，写东西用笔。因此，用念的办法——也就是用说话的办法来检验写成的稿子，最为方便而且有效。

古来文章家爱谈文气，有种种说法，似乎很玄妙。依我想，所谓文气的最实际的意义无非念下去顺当，语言流畅妥帖。念不来的文章必然别扭，就无所谓文气。现在我们不谈文气，但是我们训练学生说话作文，特别注重语言的连贯性，个个词要顺当，句句话要顺当，由此做到通体顺当。这跟古人谈文气其实相仿。语言的连贯性怎样，放到口头去说，最容易辨别出来。修改的时候"念"稿子大有好处，理由就在这里。

平时的积累

写任何门类的东西，写得好不好，妥当不妥当，当然决定于构思、动笔、修改那一连串的功夫。但是再往根上想，就知道那一连串的功夫之前还有许多功夫，所起的决定作用更大。那许多功夫都是在平时做的，并不是为写东西作准备的，一到写东西的时候却成了极关重要的基础。基础结实，构思、动笔、修改总不至于太差，基础薄弱，构思、动笔、修改就没有着落，成绩怎样就难说了。

写一篇东西乃至一部大著作虽然是一段时间的事，但是大部分是平时的积累的表现。平时的积累怎样，写作时候的努力怎样，两项相加，决定写成的东西怎样。

现在谈谈平时的积累。

举个例子，写东西需要谈到某些草木鸟兽的形态和生活，或者某些人物的状貌和习性，是依据平时的观察和认识来写呢，还是现买现卖，临时去观察和认识来写呢？回答大概是这样：多半依据平时的观察和认识，现买现卖的情形有时也有，但是光靠临时的观察和认识总不够。因为临时的观察认识不会怎么周到和真切。达到周到和真切要靠日积月累。日积月累并不为写东西，咱们本来就需要懂得某些草木鸟兽，熟悉某些人物的。而写东西需要谈到那些草木鸟兽那些人物，那日积月累的成绩就正好用上了。一般情形不是这样吗？

　　无论写什么东西，立场观点总得正确，思想方法总得对头。要不然，写下来的决不会是有意义的东西。正确的立场观点是从斗争实践中得来的。立场观点正确，思想方法就容易对头。这不是写东西那时候的事，而是整个生活里的事，是平时的事。平时不错，写东西错不到哪儿去，平时有问题，写东西不会没有问题。立场观点要正确，思想方法要对头，并不为写东西，咱们在社会主义社会里做公民本来应当这样。就写东西而言，惟有平时正确和对头，写东西才会正确和对头。平时正确和对头也就是平时的积累。

　　写东西就得运用语言。语言运用得好不好，在于得到的语言知识确切不确切，在于能不能把语言知识化为习惯，经常实践。譬如一个词或者一句成语吧，要确切地知道它的意义而不是望文生义，还要确切地知道它在哪样的场合才适用，在哪样的场合就不适用，知道了还要用过好些回，回回都得当，才算真正掌握了那个词或者那句成语。这一批词或者成语掌握了，还有其他的词或者成语没掌握。何况语言知识的范围很广，并不限于词或者成语方面？要在语言知识的各方面都有相当把握，显然不是一朝一夕的事，非日积月累不可。积累得多了，写东西才能运用自如。平时的积累并不是为了此时此刻要写某一篇东西，而是由于咱们随时要跟别人互通情意，语言这个工具本来就必须掌握好。此时此刻写某一篇东西，语言运用得得当，必然由于平时的积累好。

　　写东西靠平时的积累，不但著作家、文学家是这样，练习作文的小学生也是这样。小学生今天作某一篇文，其实就是综合地表现他今天以前知识、思想、语言等等方面的积累。咱们不是著作家、文学家，也不是小学生，咱们为了种种需要，经常写些东西，情形当然也是这样。为要写东西而注意平时的积累，那是本末倒置。但是知识、思想、语言等等方面本来需要积累，不写东西也需要积累，而所有的积累正是写东西的极重要的基础。

写东西有所为

　　写东西，全都有所为。如果无所为，就不会有写东西这回事。

　　有所为有好的一面，有不好的一面。咱们自然该向好的一面努力，对于不好的一面，就得提高警惕，引以为戒。

　　譬如写总结，是有所为，为的是指出过去工作的经验教训和今后工作的正确途径，借此推进今后的工作，提高今后的工作。譬如写通信报道，是有所为，为的是使广大群众知道各方面的实况，或者是思想战线方面的，或者是生产战线方面的，借此提高大家的觉悟，鼓动大家的干劲。譬如写文艺作品，诗歌也好，小说故事也好，戏剧曲艺也好，都是有所为，为的是通过形象把一些值得表现的人和事表现出来，不仅使人家知道而已，还能使人家受到感染，不知不觉中增添了前进的活力。要说下去还可以说许多。

就前边所举的来看，这些东西都是值得写的，所为的都是对社会主义革命社会主义建设有好处的。从前有些文章家号召"文非有益于世不作"。现在咱们也应该号召"文非有益于世不作"，当然，咱们的"益"和"世"跟前人说的不同。咱们写东西为的是有益于社会主义之世。

所为的对头了，跟上去的就是尽可能写好。还用前边所举的例子来说，写成的总结的确有推进工作提高工作的作用，写成的通信报道的确把某方面的实况说得又扼要又透彻，写成的文艺作品的确有感染人的力量，就叫写好。有所为里头本来包含这个要求，就是写好。如果不用力写好，或者用了力而写不好，那就是徒然怀着有所为的愿望，结果却变成无所为了。

从前号召"文非有益于世不作"的文章家看不起两类文章，一类是八股文，一类是"谀墓之文"。这两类文章他们也作，但是他们始终表示看不起。作这两类文章，为的是什么呢？为要应科举考试，取得功名利禄，就必须作八股文。为要取得些润笔（就是稿费），或者要跟人家拉拢一下，就不免作些"谀墓之文"。

八股文什么样儿，比较年轻的朋友大概没见过。这儿也不必详细说明。八股文的题目有一定的范围，该怎样说也有一定的范围，写法有一定的程式。总之，要你像模像样说一番话，实际上可不要你说一句自己的真切的话。换句话说，就是要你像模像样说一番空话，说得好就可以考上，取得功名利禄。从前统治者利用八股文来笼络人，用心的坏在此，八股精神的要不得也在此。现在不写八股文了，可是有"党八股"，有"洋八股"，这并非指八股文的体裁而言，而是指八股精神而言。凡是空话连篇，不联系实际，不解决问题，虽然不是八股文而继承着八股精神的，就管它叫"八股"。

"谀墓之文"指墓志铭、墓碑、传记之类。一个人死了，子孙要他不朽，就请人作这类文章。作文章的人知道那批子孙的目的要求，又收下了润笔，或者还有种种社会关系，就把一个无聊透顶的人写成足为典范的正人君子。

这类文章有个共通的特点，满纸是假话。假话不限于"诔墓之文"，总之假话是要不得的。

从前的文章家看不起八股文和"诔墓之文"，就是不赞成说空话说假话，这是很值得赞许的。但是他们为了应试，为了润笔，还不免要写他们所看不起的文章，这样的有所为，为的无非"名利"二字，那就大可批评了。现在咱们写东西要有益于社会主义之世，咱们的有所为，为的惟此一点。如果自己检查，所为的还有其他，如"名利"之类，那就必须立即把它抛弃。唯有这样严格地要求自己，才能永远不说空话假话，写下来的东西才能多少有益于社会主义之世。

准确、鲜明、生动

写东西全都有所为。要把所为的列举出来，那是举不尽的。归总来说，所为的有两项，一项是有什么要通知别人，一项是有什么要影响别人。假如什么也没有，就不会有写东西这回事。假如有了什么而不想通知别人或者影响别人，也不会有写东西这回事。写日记和读书笔记跟别人无关，算是例外，不过也可以这样说，那是为了通知将来的自己。

通知别人，就是把我所知道的告诉别人，让别人也知道。影响别人，就是把我所相信的告诉别人，让别人受到感染，发生信心，引起行动。无论是要通知别人还是要影响别人，只要咱们肯定写些什么总要有益于社会主义之世，就可以推知所写的必须是真话、实话，不能是假话、空话。假话、空话对别人毫无好处，怎么可以拿来通知别人呢？假话、空话对别人发生坏影响，那更糟了，怎么可以给别人坏影响呢？这样想，自然会坚决地做出判断，非写真话、实话不可。

真话、实话不仅要求心里怎样想就怎样说，怎样写。譬如不切合实际的认识，不解决问题的论断，这样那样的糊涂思想，我心里的确是这样想的，就照样说出来或者写下来，这是真话、实话吗？不是。真话、实话还要求有个客观的标准，就是准确性。无论心里怎样想，必须所想的是具有准确性的，照样说出来或者写下来才是真话、实话。不准确，怎么会"真"和"实"呢？"真"和"实"是注定跟准确连在一起的。

立场和观点正确的，一步一步推断下来像算式那样的，切合事物的实际的，足以解决问题的，诸如此类的话就是具有准确性的，就是名实相符的真话、实话。

准确性这个标准极重要。发言吐语，著书立说，都需要用这个标准来衡量。具有准确性的话才是真话、实话，才值得拿来通知别人，才可以拿来影响别人。

除了必须具有准确性而外，还要努力做到所写的东西具有鲜明性和生动性。

鲜明的反面是晦涩，含糊。生动的反面是呆板，滞钝。要求鲜明性和生动性，就是要求不晦涩，不含糊，不呆板，不滞钝。这好像只是修辞方面的事，其实跟思想认识有关联。总因为思想认识有欠深入处，欠透彻处，表达出来才会晦涩，含糊。总因为思想认识还不能像活水那样自然流动，表达出来才会呆板，滞钝。这样说来，鲜明性、生动性跟准确性分不开。所写的东西如果具有充分的准确性，也就具有鲜明性、生动性了。具有鲜明性、生动性，可是准确性很差，那样的情形是不能想象的。在准确性之外还要提出鲜明性和生动性，为的是给充分的准确性提供保证。

再就通知别人或者影响别人着想。如果写得晦涩，含糊，别人就不能完全了解我的意思，甚至会把我的意思了解错。如果写得呆板，滞钝，别人读下去只觉得厌倦，不发生兴趣，那就说不上受到感染，发生信心，引起行动。这就可见要达到通知别人或者影响别人的目的，鲜明性和生动性也是必要的。

写什么

许多教师都想动动笔，写些东西，这是非常好的事情，能经常写些东西，大有好处。

写东西是怎么一回事呢？无非把所见所闻所思所感想一想，想清楚了，构成个有条有理的形式，用书面语言固定下来。那些东西在脑子里的时候往往是朦胧的，不完整的。要是不准备把它写下来，朦胧地、不完整地想过一通也就算了，过些时也许就忘了。那些东西如果是无关紧要的，随便想过一通就算，也没有什么。如果是比较有意义的，对人家或者对自己有用处的，那就非常可惜，为什么不想一想，把它想清楚呢？即使不准备写下来，也可以多想几遍，构成个有条有理的形式，储藏在记忆里。但是写下来是个很有效的办法，叫你非想清楚不可。对于任何东西，不肯随便想过一通就算，非想清楚不可，这是大有价值的习惯，好处说不尽。因此，谁都应该通过经常写些东西的办法，养成这种习惯。

写什么呢？在今天，可写的东西太多了。几乎可以说，环绕着咱们的全是可写的东西，咱们所感知所领会所亲自参加的全是可写的东西。试想，思想解放，敢想敢做，领导和群众交互影响，精神面貌和实际工作的变化发展越来越快，不是值得写吗？各地普遍地兴修水利，改进耕种，创制工具，举办工业，情况各式各样，精神殊途同归，不是值得写吗？什么工程兴建了，什么矿厂投入生产了，什么地方发现丰富的矿藏了，什么地方找到极有用的野生植物了，不是值得写吗？教师最切近的是学校，就学校说，勤工俭学，教学改进，教师自己思想的不断改造，学生认识上和实践上的深刻变化，不是值得写吗？

这儿提到的这些已经不少了，可是值得写的还不止这些。那么，究竟选哪些题目来写好呢？简单地说，自问了解得比较确切的，感受得比较深刻的，就是适于写的题目。自问了解得不怎么确切，感受得不怎么深刻，虽然是值得写的题目也不要勉强写。这样选题目写东西，可以得到写东西的好处，像前边所说的，而且所写的东西多少总有益于社会主义之世，像前几篇短文里谈到的。

经常写些东西，语文教师更有必要。语文教师要给学生讲解课文，要指导学生练习作文，要批改学生的作文，这些工作全都涉及文章的思想内容和表达方式。做好这些工作，平时要深入学习教育的方针和政策，努力钻研教学的原理和方法。如果经常能用心写些东西，这些工作将会做得更好。自己动手写，最能体会到写文章的甘苦。自己的真切的体会跟语文教学结合起来，讲解就会更透彻，指导就会更切实，批改就会更恰当。常言道熟能生巧，经常写些东西，就是达到"熟"的一个重要法门。

挑能写的题目写

前一回我说值得写的题目很多，要挑了解得比较确切的，感受得比较深刻的来写。为什么这样说呢？

某个题目值得写是一回事，那个题目我能不能写又是一回事。譬如，创制新农具改良旧农具的事，目前正像风起云涌，这当然是个值得写的题目。我能不能写呢？那要看我了解得怎样。如果我了解一两种农具创制或改良的实际情形，或者了解创制或改良的一般倾向和所得效益，就能写。如果都不甚了了，就不能写。又如，参加修建十三陵水库的义务劳动，这当然是个值得写的题目。我能不能写呢？那要看我感受得怎样。如果我从集体劳动中确有体会，或者从工地上的某个场面受到深切的感动，就能写。如果没有什么体会，也并不怎样感动，就不能写。

总之，不但要挑值得写的题目，还要问那个题目自己能不能写。题目既然值得写，自己又能写，写起来就错不到哪儿去。辨别能不能写，只要问自己对那个题目是否了解得比较确切，感受得比较深刻。

了解和感受还没到能写的程度，只为题目值得写就写，这样的事也往往有。那时候一动手立刻碰到困难，一支笔好像干枯的泉源，渗不出一滴水来。还是用前边举过的例子来说。譬如写创制农具或改良农具的事，那农具的构造怎样，原理怎样，效用怎样，全都似懂非懂，不大清楚，那怎能写下去呢？又如写参加修建十三陵水库的事，除了"热烈""伟大""紧张"之类的形容词再没有什么感受可说的，专用一些形容词怎能成篇呢？存心要写这两个题目，当然有办法：暂且把笔放下，再去考察农具的创制或改良的实际情形，再去十三陵好好儿劳动几天。"再去"之后，有了了解和感受，自然就能写了。

题目虽然值得写，作者了解得不怎么确切，感受得不怎么深刻，就没法写。没法写而硬要写，那不是练习写东西的好办法，得不到练习的好处。咱们要养成这么一种习惯，非了解得比较确切不写，非感受得比较深刻不写，这才练习一回有一回的长进。（这儿用"练习"这个词，不要以为小看了咱们自己。咱们要学生练习作文，咱们自己每一回动笔，其实也是练习的性质。谁敢说自己写东西已经达到神乎其技的地步，从整个内容到一词一句全都无懈可击呢？）

写东西总是准备给人家读的，所以非为读者着想不可。读者乐意读的正是咱们的了解和感觉。道理很简单，他们读了咱们所写的东西，了解了咱们所了解的，感受了咱们所感受的，思想情感起了交流作用，经验范围从而扩大了，哪有不乐意的？咱们不妨站在读者的地位问一问自己：如果自己是读者，对自己正要写的那篇东西是不是乐意读？读了是不是有一些好处？如果是的，写起来更可以保证错不到哪儿去。

评《读和写》，兼论读和写的关系*

〔原作〕

读 和 写

〔一〕语文是人类交流思想的工具，它包括阅读和写作两个方面。作为一个国家干部，如果没有一定的语文知识，就不容易全面而正确地领会党的指示和政策，当然也就不容易更好地贯彻执行。不但做革命工作如此，就是日常生活也是如此。譬如我们去看京剧或者听曲艺，如果你语文知识很差，你就不能更全面更深刻地理解这出戏或这段大鼓演唱的内容。再进一步讲，我们日常说话也必须具备一定语文知识，否则你说的话人家可能听不懂，或者你想的是一码事说的却是另一码事。从而说明每个人都必须具备一定的语文知识，才能更好地工作和生活，语文水平越高越能正确地理解别人的感情，也越能正确地表达自己的思想，也就有更好的条件做好工作。

〔二〕可是如何才能提高语文水平呢？读写结合是提高阅读能力和写作能力的根本方法。

〔三〕读是学好语文的基础，就如同盖房子一样，基础打的越深越坚实，房子才能盖的越高越大。读就是打基础。因此读书必须由浅入深，循序渐进。但是一定要多读，所谓多读有三：（一）要持之以恒，每天必

---

*原载一九六四年十月《语文学习讲座》第二十辑。

读，长期坚持；（二）要读多种多样的文章，不但读有关写作技巧方面的书，而且要读报纸、读小说、读科学理论方面的文章，更要读毛主席的著作；（三）不仅要读现代的、中国的文章，古今中外一切好的文章都应认真阅读。只有读的多了才能了解更多的语文知识，才能提高阅读能力，也才能有条件去提高写作能力。

〔四〕写是学好语文的关键。语文既是一门学问，也是一种技能，因此只懂得写作技巧还不行，必须去具体的练习，通过长期实践才能掌握它、运用它。这就像学骑脚踏车一样，道理很简单，但是你只懂得道理而没有实际的练习，骑上去还是要摔下来的。写就是练习的过程，写也必须由浅入深，一步一步的来。开始可以从写生、写日记入手。经过长期不断的磨练才能把学到的知识变成自己的，才能得心应手想写什么就写什么。

〔五〕读和写是学好语文的两个方面，它们之间是相辅相成的，只读不写是不行的，其结果是眼高手低。只懂得写作理论还是写不出好文章来，正像一个只懂得骑脚踏车理论而实际不会骑车的人一样，硬上去也是要摔下来的。可是只写不读更不行，没有足够的基础知识，不懂得写作技巧，想写出好文章来是绝对不可能的。没有基础的大楼是不存在的。因此只有多读多写，并且把读写密切结合起来，阅读能力与写作能力才会逐步得到提高。

这一篇谈读和写。现在借讨论这一篇的机会，把读和写的关系重新考虑一下，我想是对大家有好处的。

先思考一个问题：作者写这一篇，思路是怎样开展的？换句话说，是怎样一步接着一步想的？如果能够自觉地注意思路的开展，对读和写都有很大好处。

咱们听人家说话，读人家的文章，或者自己说话，自己写文章，往往觉得有的很顺畅，一句接一句，一段接一段，意思前后连贯，语言一气呵成；有的可不然，意思和语言好像断了串的珠子，一会儿说这个，一会儿说那个，前前后后可以画好几道杠杠。这样的经验几乎人人都有，而且所觉得的大多符合实际，就是说，觉得它顺畅的，实际上的确顺畅；觉得它不怎么顺畅的，实际上的确不怎么顺畅。可是仅仅觉得，还只是个朦胧的印象。如果进一步问为什么这样就顺畅，那样就不怎么顺畅，可能回答不上来。回答不上来，那就对读和写的练习没有什么帮助。咱们要求读和写的能力逐步长进，必须能够回答为什么这样就顺畅，那样就不怎么顺畅，必须说得出个所以然。这是基本功之一。练这项基本功，得注意思路的开展。思路，是个比喻的说法，把一番话一篇文章比做思想走的一条路。思想从什么地方出发，怎样一步一步往前走，最后达到这条路的终点，都要踏踏实实摸清楚，这就是注意思路的开展。踏踏实实摸下来，发现思想走这条路步步落实，没有跳过一两段路，没有在中途走到歪路上去，最后达到的终点正好是这条路的终点，这就是顺畅的话或是顺畅的文章。如果发现的情形相反，那就是不怎么顺畅的话或是不怎么顺畅的文章。这时候说顺畅和不怎么顺畅，跟仅仅觉得不同了，而是从考核思路开展的实际情况得出来的，是有凭有据的。练就这样的基本功，无论听人家的，读人家的，或是自己说，自己写，就都有了凭准，不至于不着边际地去瞎揣摩。所以我希望大家在练习读和写的时候，自觉地注意思路的开展。下一句跟上一句怎么连上的，后一段跟前一段怎么连上的，某一句跟前面哪一句有关系，某几段从前面哪一段分派出来的，诸如此类，全都辨一辨，想一想，这就是所谓自觉地注意思路的开展的具体办法。

现在咱们看一看这一篇文章，算是举个实例。有了实例，大概能明白了。

这一篇共有五段。现在看第一段。第一段开头说"语文是人类交流思想的工具"，咱们就知道这一篇以说明语文的性质为思想的出发点，接下去说"它包括阅读和写作两个方面"。"它"称代"语文"，也就是"语文包括阅读和写作两个方面"。仔细一想，语文本身无所谓阅读和写作两个方面，人类运用语文来交流思想才有阅读和写作两个方面。作者没想准，应该说"运用语文包括阅读和写作两个方面"才对。前面说语文是什么，接着说运用语文，意思承贯，连得很紧。以下假设三项事例，说（一）领会党的指示和政策；（二）日常生活中如看戏听曲艺等事；（三）日常跟人家谈话，都得有一定的语文知识才成。前面说到运用语文，这三项事例都说明运用语文得有一定的语文知识，是推进一步想。这儿还有两点须得辨一辨。一点是"作为一个国家干部……"跟上文怎么联系起来的。咱们知道作者是个国家干部，他就本身着想，假设事例来说明运用语文得有一定的语文知识，这就提出了国家干部。虽然就本身着想，可不光指他个人，凡是国家干部都如此，这是可以体会出来的。又一点是三项事例里都提到"语文知识"，这三个"语文知识"是不是同一内容。第一项事例里说领会党的指示和政策，实际就是理解党的各种文件，所以所说的"语文知识"是关于阅读的语文知识。第二项事例里说看戏听曲艺，都是听，听和阅读都要求理解，是同类的事，所以所说的"语文知识"类乎关于阅读的语文知识。第三项事例里说跟人家谈话，说话和写文章都是表达，是同类的事，所以所说的"语文知识"类乎关于写作的语文知识。固然，关于阅读的语文知识和关于写作的语文知识并非截然不相干的两回事，但是也不能说竟是一回事。所以咱们看到这三个"语文知识"须得辨一辨。现在再看下去。从前面的三项事例达到一个论点，"每个人都必须具备一定的语文知识，才能更好地工作和生活"。以下从具备一定的语文知识更进一步，说语文水平越高就越善于理解，越善于表达，而善于理解和表达是做好工作的条件。这儿有三点可以商量的。一点是对别人只说"理解别人的感情"，对自己只说"表达自己的思想"。照心理学的分析，人类有种种的心理活动，而照通常的习惯，往往用"思想感情"概括所有的心理活动。因此，无论理解别人的，表达自己的，都该是"思想感情"才见得周全。又一点是说善于理解和表达，"就有更好的条件做好工作"。做好工作的条件很多，不止是善于理解别人的思想感情和善于表达自己的思想感情。这儿固然没有说这是唯一的条件，但是没有带出还有其他条件的意思，就好像是唯一的条件了。如果改为"这是做好工作的条件之一"，那就把还有其他条件的意思带出来了。还有一点可以商量的，前一句说"才能更好地工作和生活"，明明分成工作和生活两项，而这一句说"这是做好工作的条件之一"，只承接了前一句所说两项里的一项（工作），就叫人感觉前后不相配称。猜测作者的想法，或许以为工作最重要，生活是次要的，所以略去生活，光说工作。

到这儿，咱们把第一段看完了。我所说的自觉地注意思路的开展，就是指这样阅读人家的文章，这样检查自己的文章。总之，扣紧思想的路，一步也不放松，前后连贯不连贯，意思周到不周到，都要仔细考虑；为什么连贯，为什么不连贯，为什么周到，为什么不周到，都要回答得出个所以然。我相信用这个办法练习读和写，练就这样一项基本功，将会一辈子受用不尽。

以下还有四段。说得简略些。

现在看第二段。第二段只有两句话，一句是设问，一句是回答这个设问。前一段末了说到语文水平越高就怎样怎样，那当然应该要求语文水平高。因此，这一段提出"如何才能提高语文水平"，是连得很紧的。不过开头的"可是"用得不合适，因为从意思上揣摩，这儿是顺接上文，用不着表示转接语气的"可是"。回答的一句话里用"阅读能力和写作能力"来替换问句里的"语文水平"，把"语文水平"具体化了，这是好的。整句话的意思是"读写结合是提高语文水平的根本方法"。看到这儿，"读写结合"是怎样结合还不能明白，要看下文才知道。这时候咱们心中产生一种期望，说到"结合"，大概要阐明读和写的关系了。读和写的关系究竟怎样，倒要仔细看看作者的意见，同时把咱们自己平时的想法检查一下呢。

现在把第三第四两段连起来看。这两段主要的意思都在第一句提出来，第三段的第一句说"读是学好语文的基础"，第四段的第一句说"写是学好语文的关键"。"学好语文"相当于第二段里说的"提高语文水平"，这是一望而知的。再看第三段里说打基础是怎么个打法。咱们看到"必须由浅入深，循序渐进"，"一定要多读"，这些都是打基础的方法。"多读"又分为三点，一要有恒，二要读多种多样的文章，三要读古今中外一切好文章。唯有这样多读，才能有足够的语文知识，"才能提高阅读能力，也才能有条件去提高写作能力"。这就是说，多读的目的在丰富语文知识，提高阅读能力，而写作能力的提高以阅读能力的提高为条件。第四段开头说"写是学好语文的关键"，咱们已经看过第三段，看到这一句，自然会理解这儿所谓"写"，是在勤读多读的基础上学写。同时咱们不能不注意"关键"这个词，读是基础，写是关键，关键是最关紧要的地方，可见作者所谓学好语文，最紧要的是学好写作。连着上文看，可以知道这里头暗藏着一层意思，阅读只是一种手段，学好写作才是目的。是不是这样呢，后边再讨论，现在且往下看。下边说语文是一门学问，也是一种技能。说语文是一种技能，跟第一段里说语文包括阅读和写作两个方面同样有毛病。语文本身不是什么技能，人类运用语文来交流思想要经过练习，要练习得又准确又纯熟，这才是技能。下边说既然运用语文是一种技能，所以"只懂得写作技巧还不行"，必须练习，"通过长期实践"，才能掌握那写作技巧，运用那写作技巧。以下以骑车打比方，光懂骑车的道理不行，得真个去骑，练得纯熟，才不会摔下来。看到这儿，咱们进一步了解第三段里所说的勤读多读那些方法，目的只在懂得写作技巧，别无其他。懂得写作技巧是为练习写作做准备。练习写作的目的在掌握写作技巧，运用写作技巧。咱们又发现，"练习"这个词只用于写作方面，没看到用于阅读方面，就不能不想，作者所认为的"练习"只是动笔写作，阅读方面似乎没有什么练习的事了。以下说练习写作的具体办法，"由浅入深"，"从写生、写日记入手"。经过长期练习，"才能把学到的知识变成自己的，才能得心应手想写什么就写什么"。这儿有两点可以想一想。一点是所谓"学到的知识"指什么。从第三段和本段一路看下来，可以断定指的就是写作技巧。又一点是掌握了写作技巧，是不是能够"想写什么就写什么"。关于这一点，留到后边讨论。

现在看第五段。这一段承接第三第四两段，开头提出读和写相辅相成。接下去分两层，只读不写不行，只写不读更不行。只读不写会得到什么后果呢？"眼高手低"，"还是写不出好文章来"。随即重复用已经用过的比方，拿不能好好儿骑车来比写不出好文章。这儿有一点可以注意，忽然出现了"写作理论"，上文没有提起过"写作理论"。仔细揣摩，这个"写作理论"就是上文的"写作技巧"，不过换了个说法。我要特别说一句，这样换个说法是不好的，"写作技巧"是一个概念，"写作理论"是另外一个概念，不能随便替换。只写不读为什么更不行呢？"没有足够的基础知识，不懂得写作技巧"，不可能写出好文章来。随即重复用第三段里用过的比方，拿没有基础造不起大楼来比不懂得写作技巧写不出好文章。看到这儿，咱们就要想，只读不写，写不出好文章，只写不读，同样是写不出好文章，为什么只写不读"更"不行呢？咱们还要想，本段开头提出读和写要相辅相成的说法，按"相辅相成"的意思，不就是说读有利于写，写也有利于读吗？而接下去说的是读了还得写，只读不写不行，必须在读的基础上写，只写不读不行，这不是偏在读有利于写一面，没顾到写也有利于读一面吗？这不是不成其为"相辅相成"吗？现在看末了一句，走到了思路的终点，照应到第二段里提出的论点，说唯有读写结合，阅读能力和写作能力才会逐步得到提高。方才看完第二段的时候，咱们说过"读写结合"是怎样结合还不能明白，现在完全明白了。要读又要写，读是为了写，就是这样的结合。

这一篇文章不满一千字，咱们扣紧作者思想开展的路阅读，一步也不放松，现在总算把作者所想的所说的摸清楚了，真正摸清楚他是怎样想怎样说的了，不只是知道他大概想些什么说些什么了。达到这个地步，才叫作理解——真正的理解。有了真正的理解，才能进一步考虑，作者的意见对还是不对，或者有对有不对。对的就信从它，不对的就批驳它。要是理解得不很清楚，只是朦朦胧胧地理解，那么说它对或者不对都可能并不正中要害，成为无的放矢。所以阅读首先要求达到真正的理解。而达到真正的理解，自觉地注意思路的开展是重要方法之一。再说检查咱们自己写的东西或者斟酌人家写的东西，看它妥当不妥当，完整不完整，要不要修改，要修改又怎样修改，怎样检查，怎样斟酌呢？也无非像阅读一样，看它从哪儿出发，怎样一步一步往前走，直到它的终点，凡是脱空一段的地方或是走上歪路的地方，就是要修改的地方。这关涉到全篇的中心意思，所谓检查和斟酌，主要的着眼点应该放在这上头。其次才看用词用语是不是妥适，前后照应是不是顺当。所以自觉地注意思路的开展又是改作的重要方法之一。

　　下面根据阅读这一篇得到的理解，咱们来讨论这一篇的想法和说法。第一段里说运用语文包括阅读和写作两个方面，接着假设三项事例，第一项是关于阅读方面的，第二项是类乎关于阅读方面的，第三项是类乎关于写作方面的，用来证明人人都必须具备一定的语文知识才行。以下说语文水平越高，越能正确地理解别人的思想感情，越能正确地表达自己的思想感情，这是做好工作的条件之一。正确地理解别人的思想感情是阅读方面的要求，正确地表达自己的思想感情是写作方面的要求。可见在第一段里，作者是把阅读和写作看做对等的两回事的。可是以下就不然了。第二段提出"读写结合"，第五段提出读和写"相辅相成"。怎样"结合"呢？怎样"相辅相成"呢？回答就是第三第四两段开头的两句话，"读是学好语文的基础"，"写是学好语文的关键"。这就不是把阅读和写作看做对等的两回事了，是把善于写作看做学习语文的目的，而把阅读看做达到善于写作的手段了。换句话说，阅读是为了写作。咱们还可以回上去辨一辨第一段末了一句"也越能正确地表达"的"也"字。如果这个"也"字表示"越能正确地理解"那就"越能正确地表达"的意思，语气侧重在表达方面，那么在第一段的这句话里就露出苗头，认为学好写作是目的，阅读只是手段了。这样看来，这一篇的中心意思是学习语文的目的在达到善于写作，而阅读是达到这个目的的手段。

　　咱们不妨凭实际的经验想一想，善于写作固然是咱们学习语文的目的，可是阅读仅仅是达到这个目的的手段吗？善于阅读不也是学习语文的目的吗？

　　小学中学都有语文课程。语文课程教学生阅读课本，通过阅读课本培养他们的阅读能力，也就是理解能力，目的在达到能够独立阅读跟他们的程度相适应的书籍报刊。语文课程教学生练习作文，通过练习作文培养他们的写作能力，也就是表达能力，目的在达到能够自由写作工作中生活中需用的文章。阅读和写作是对等的两回事，各有各的目的，这是很清楚的。说两回事，是从各有各的目的来的。说对等的两回事，并不等于说彼此不相干的两回事，这是应该辨明白的。阅读自有它的目的，主要在真正地理解所读的东西，从而得到启发，受到教育，获得间接经验，从而提高觉悟，丰富见识，使咱们得以在革命和生产中很好地贡献力量。请想一想，咱们阅读文件、阅读书籍报刊，不正是为了这样的目的吗？阅读要达到真正地理解的地步，是要经过练习的。笼统看一两遍，决不会真正地理解。必须认真地辨析词义、句意和语气，像我刚才所说那样地注意作者思路的开展，该翻查工具书或是参考书就不惮烦地翻查，才能达到真正地理解的地步。这是一种技能。凡是技能，惟有在实践中才能练就。所以阅读的技能要在阅读各种文件或是书籍报刊中练习。练习阅读不只是练习写作的手段，练习阅读自有它的目的，如刚才所说的。

刚才咱们仔细看这一篇文章，理解到第三段末了一句的"语文知识"，第四段末了一句的"学到的知识"，第五段的"写作理论"和"基础知识"，实际上都是指"写作技巧"。作者认为勤读多读就只为懂得写作技巧，给练习写作打基础。这个想法不全面。咱们学习毛主席著作，难道只为学习写作技巧，给练习写作打基础吗？当然不是。这就可见这个想法不全面。如果换个想法，阅读任何文章，主要在得到启发，受到教育，获得间接经验，等等，而在真正地理解的同时，咱们对文章的写作技巧必然有所领会，可以作为练习写作的借鉴，那就想得比较全面了。"主要在得到启发，受到教育，获得间接经验，等等"，这是认清了阅读的目的。"同时对文章的写作技巧必然有所领会，可以作为练习写作的借鉴"，这是认清了阅读跟写作的关系。由此推出一个论断，阅读和写作是对等的两回事，可不是彼此不相干的两回事，认真阅读有助于练习写作。还有一点可以考虑的，为什么说"借鉴"而不说"榜样"或是"范例"呢？人家写文章表达人家的思想感情，咱们写文章表达咱们的思想感情，彼此的思想感情不会完全相同，因而彼此的表达方法（就是写作技巧）也不会完全相同。如果死死咬定，一切要以人家的表达方法为榜样或是范例，很可能走上形式主义的道路，结果人家的表达方法是学像了，却不能恰当地表达出自己的思想感情。以人家的表达方法为借鉴就不然。借鉴就是自己处于主动地位，活用人家的方法而不为人家的方法所拘。为了恰当地表达思想感情的需要，利用人家的方法不妨斟酌损益，取长去短，还可以创立自己的方法。志愿认真练习写作的人不是应当抱这样的态度吗？

这一篇第三段里说多读，分为三点。三点的第二点说要读有关写作技巧方面的书，要读多种多样的文章，第三点说要读古今中外一切好文章，这样多读才能了解更多的语文知识，也就是更多的写作技巧。咱们已经讨论过，阅读的主要目的不在于学习写作技巧。现在退一步，光就学习写作技巧一方面想，要花这么多功夫，要读这么多书籍和文章吗？写作技巧果真是那样繁复多端，非广收博采就学不周全吗？花了这么多功夫，读了这么多书籍和文章，繁复多端的写作技巧学到手了，写作就有了足够的依靠，可以保证无往而不利吗？按实际说，花这么多功夫，读这么多书籍和文章，那是很难办到的。如果写作技巧一定要照样办到之后才能学到手，也就很难学到手了。按实际说，写作技巧也并不怎么繁复，扣准自己的用意来写是要注意的，怎样针对读者打动读者是要注意的，表达得准确是要注意的，通篇连贯有照应是要注意的，当繁即繁当简即简是要注意的，大概不过这么些事儿吧。按实际说，写作技巧仅仅是技巧而已，而写得好不好，不是光看技巧好不好，主要是看内容好不好。这样一想，可见这一篇第三段的想法是不切实际的。过分强调了写作技巧的繁复，过分强调了写作技巧的作用，几乎把学习写作技巧看成学习写作的唯一的事，看成学习语文的唯一的事了。

第四段末了说，经过长期练习，把所学的写作技巧变成自己的，才能得心应手，想写什么就写什么。过分强调写作技巧的作用，自然会达到这样的论断。实际情形是不是这样呢？咱们知道，作为一个国家干部，写各种性质的文件；作为一个文艺工作者，写各种体裁的作品，都必须深切体会党的方针政策，都必须深入实际，得到真实的经验和明确的观点，这是主要的，根本的，然后运用适当的写作技巧，才能写成好文件好作品。不顾主要的，根本的，光凭所学的写作技巧，怎么能想写什么就写什么呢？如果套用"唯武器论""唯成分论"的说法，这可以说是"唯技巧论"了。"唯技巧论"不切实际，对认真练习写作是有妨碍的。

说到这儿，这一篇可以讨论的地方说完了。刚才理解原作的时候，在有些地方曾经说过，按照原作的意思，要改为怎样说才妥当，如第一段第一句的"它"字改成"运用语文"才对，第一段的末了要说成"这是做好工作的条件之一"，意思才见得周到。这一篇的中心意思，我是有不同意见的，这些意见都说了。我不能把自己的意见强加于人，因而不能依据自己的意见修改这一篇。至于一个词一个句的修改，以前几回做得多了，这一回不再做。希望诸位自己推敲。

我诚恳地请求诸位，包括写这一篇的同志在内，各自依据学习经验，本着独立思考的精神，认真考虑我所说的意见。对还是不对，或者哪一点对哪一点不对，都得出个确切的答案。这是认识方面的事，同时是实践方面的事。咱们要学好语文，必须好好考虑才行。

第二章◎

关 于 阅 读

阅读是写作的基础 *

在中小学语文教学中，基础知识和基本训练都重要，我看更要着重训练。什么叫训练呢？就是要使学生学的东西变成他们自己的东西。譬如学一个字，要他们认得，不忘记，用得适当，就要训练。语文方面许多项目都要经过不断练习，锲而不舍，养成习惯，才能变成他们自己的东西。现在语文教学虽说注意练习，其实练的不太多，这就影响学生掌握基础知识。老师对学生要求要严格。严格不是指老师整天逼着学生练这个练那个，使学生气都透不过来，而是说凡是要学生练习的，不要练过一下就算，总要经常引导督促，直到学的东西变成他们自己的东西才罢手。

有些人把阅读和写作看作不甚相干的两回事，而且特别着重写作，总是说学生的写作能力不行，好像语文程度就只看写作程度似的。阅读的基本训练不行，写作能力是不会提高的。常常有人要求出版社出版"怎样作文"之类的书，好像有了这类书，依据这类书指导作文，写作教学就好办了。实际上写作基于阅读。老师教得好，学生读得好，才写得好。这样，老师临时指导和批改作文既可以少辛苦些，学生又可以多得到些实益。

阅读课要讲得透。叫讲得透，无非是把词句讲清楚，把全篇讲清楚，作者的思路是怎样发展的，感情是怎样表达的，诸如此类。有的老师热情有余，可是本钱不够，办法不多，对课文不能透彻理解，总希望求助于人，或是请一位高明的老师给讲讲，或是靠集体备课。这不是从根本上解决问题的办法。功夫还在自己。只靠从别人那里拿来，自己不下功夫或者少下功夫，是不行的。譬如文与道的问题，人家说文与道该是统一的，你也相信文与道该是统

---

*原载一九六二年四月十日《文汇报》第二版。

一的，但是讲课文，该怎样讲才能体现文道统一，还得自辟蹊径。如果词句不甚了解，课文内容不大清楚，那就谈不到什么文和道了。原则可以共同研究商量，怎样适当地应用原则还是靠自己。根本之点还是透彻理解课文。所以靠拿来不行，要自己下功夫钻研。

我去年到外地，曾经在一些学校听语文课，有些老师话说得很多，把四十五分钟独占了。其实许多话是大可不讲的。譬如课文涉及农村人民公社，就把课文放在一旁，大讲农村人民公社的优越性。这个办法比较容易，也见得热情，但是不能说完成了语文课的任务。

在课堂里教语文，最终目的在达到"不需要教"，使学生养成这样一种能力，不待老师教，自己能阅读。学生将来经常要阅读，老师能经常跟在他们背后吗？因此，一边教，一边要逐渐为"不需要教"打基础。打基础的办法，也就是不要让学生只是被动地听讲，而要想方设法引导他们在听讲的时候自觉地动脑筋。老师独占四十五分钟固然不适应这个要求，讲说和发问的时候启发性不多，也不容易使学生自觉地动脑筋。怎样启发学生，使他们自觉地动脑筋，是老师备课极重要的项目。这个项目做到了，老师才真起了主导作用。

听见有些老师和家长说，现在学生了不起，一部《创业史》两天就看完了，颇有点儿沾沾自喜。我想，且慢鼓励，最要紧的是查一查读得怎么样，如果只是眼睛在书页上跑过，只知道故事的极简略的梗概，那不能不认为只是马马虎虎地读。马马虎虎地读是不值得鼓励的。一部《创业史》没读好，问题不算大。养成了马马虎虎的读书习惯，可要吃一辈子的亏。阅读必须认真，先求认真，次求迅速，这是极重要的基本训练。要在阅读课中训练好。

阅读习惯不良，一定会影响到表达，就是说，写作能力不容易提高。因此，必须好好教阅读课。譬如讲文章须有中心思想。学生听了，知道文章须有中心思想，但是他说："我作文就是抓不住中心思想。"如果教好阅读课，引导学生逐课逐课地体会，作者怎样用心思，怎样有条有理地表达出中心思想，他们就仿佛跟作者一块儿想过考虑过，到他们自己作文的时候，所谓熟门熟路，也比较容易抓住中心思想了。

总而言之，阅读是写作的基础。

作文出题是个问题。最近有一个学校拿来两篇作文让我看看，是初中三年级学生写的，题目是《伟大鲁迅的革命精神》。两篇里病句很多，问我该怎样教学生避免这些病句。我看，病句这么多，毛病主要出在题目上。初中学生读了鲁迅的几篇文章，就要他们写鲁迅的革命精神。他们写不出什么却要勉强写，病句就不一而足了。

有些老师说《难忘的一件事》《我的母亲》之类的题目都出过了，要找几个新鲜题目，搜索枯肠，难乎其难。我想，现在老师都是和学生经常在一起的，对学生了解得多，出题目该不会很困难。

有些老师喜欢大家挂在口头的那些好听的话，学生作文写上那些话，就给圈上红圈。学生摸准老师喜欢这一套，就几次三番地来这一套，常常得五分。分数是多了，可是实际上写作能力并没提高多少。特别严重的是习惯于这一套，往深处想和写出自己真情实意的途径就给挡住了。

老师改作文是够辛苦的。几十本，一本一本改，可是劳而少功。是不是可以改变方法呢？我看值得研究。要求本本精批细改，事实上是做不到的。与其事后辛劳，不如事前多作准备。平时不放松口头表达的训练，多注意指导阅读，钻到学生心里出题目，出了题目作一些必要的启发，诸如此类，都是事前准备。作了这些准备，改作文大概不会太费事了，而学生得到的实益可能多些。

阅读什么*

　　中学生诸君：我在这回播音所担任的是中学国语科的节目。国语科有好几个方面，我想对诸君讲的是些关于阅读方面的话。预备分两次讲，一次讲"阅读什么"，一次讲"怎样阅读"。今天先讲"阅读什么"。

　　让我在未讲到正文以前，先发一句荒唐的议论。我以为书这东西是有消灭的一天的。书只是供给知识的一种工具，供给知识其实并不一定要靠书。试想，人类的历史不知已有多少年，书的历史比较起来是很短很短的。太古的时代并没有书，可是人类也竟能生活下来，他们的知识原不及近代人，却也不能说全没有知识。足见书不是知识的唯一的来源，要得知识并不一定要靠书的了。古代的事，我们只好凭想象来说，或者有些不可靠，再看现在的情形吧。今天的讲演是用无线电播送给诸君听的，假定听的有一万人，如果我讲得好，有益于诸君，那效力就等于一万个人各读了一册"读书法"或"读书指导"等类的书了。我们现在除无线电话以外还有电影可以利用，历史上的事件，科学上的制造，如果用电影来演出，功效等于读历史书和科学书。假定有这么一天，无线电话和电影发达得很进步普遍，放送的材料有人好好编制，适于各种人的需要，那么书的用处会逐渐消灭，因为这些利器已可代替书了。我们因了想象知道太古时代没有书，将来也可不必有书，书的需要可以说是一种过渡时代的现象。

　　今天所讲的题目是"阅读什么"，方才这番议论好像有些荒唐，文不对题。其实我的意思只是想借此破除许多读书的错误观念。我也承认书本在今日还是有用的，我们生存在今日，要求知识，最普通、最经济的方法还是读

_____

*本文是向全国中学生作的广播稿，刊《中学生》第六十一期（1936年1月）。

书。可是一向传下来的读书观念，很有许多是错误的。有些人把读书认为高尚的风雅事情，把书本当作玩好品古董品，好像书这东西是与实际生活无关，读书是实际生活以外的消遣工作。有些人把书认为唯一的求学的工具，以为所谓求知识就是读书的别名，书本以外没有知识的来路。这两种观念都是错误的，犯前一种错误的以一般人为多，犯后一种错误的大概是青年人，尤其是日日手捏书本的中学生诸君。

我以为书只是求知识的工具之一，我们为了要生活，要使生活的技能充实，就得求知识。所谓知识，决不是什么装饰品，只是用来应付生活，改进生活的技能。譬如说，我们因为要在自然界中生存，要知道利用自然界理解自然界的情形，才去学习物理、化学和算学等科目；我们因为要在这世界上做人，才去学习世界情形，修习世界史和世界地理等科目；我们因为要做现在的中国人民，才去学习本国历史、地理、公民等科目。学习的方法可有各式各样，有时须用实验的方法，有时须用观察的方法，有时须用演习的方法，并不一定都依靠书。只因为书是文字写成的，文字是最便利的东西，可把世间一切的事情，一切的道理都记载出来，印成了书，随时随地可以翻看，所以书就成了求知识的重要的工具，值得大众来阅读了。

以上是我对于书的估价，下面就要讲到今天的题目"阅读什么"了。

青年人应该读些什么书？这是一个从古以来的大问题，对于这问题从古就有许多人发表过许多议论，近十年来这问题也着实热闹，有好几位先生替青年开过书目单，其中比较有名的是梁启超先生和胡适之先生所开的单子。诸君之中想必有许多人见过这些单子的。我今天不想再替诸君另开单子，只想大略地告诉诸君几个着手的方向。

我想把读书和生活两件事联成一气、打成一片来说，在我的见解，读书并不是风雅的勾当，是改进生活、丰富生活的手段，书籍并不是茶余酒后的消遣品，乃是培养生活上知识技能的工具。一个人该读些什么书，看些什么书，要依了他自己的生活来决定、来选择。我主张把阅读的范围，分成三个，（一）是关于自己的职务的；（二）是参考用的；（三）是关于趣味或修养的。举例子来说，做内科医生的，第一应该阅读的是关于内科的书籍杂志，这是关于自己职务的阅读，属于第一类。次之是和自己的职务无直接关系，可以做研究上的参考，使自己的专门知识更丰富、确切的书，如因疟疾的研究，而注意到蚊子的种类，便去翻某种生物学书；因了疟蚊的分布，便去翻阅某种地理书；因了某种药物的性质，便去查检某种的植物书、矿物书；因了某一词儿的怀疑，便去翻查某种辞典，这是参考的阅读，属于第二类。再次之这位医生除了医生的职务以外，当然还有趣味或修养的生活。在趣味方面，他如果是喜欢下围棋的，不妨看看关于围棋的书，如果是喜欢摄影的，不妨看看关于摄影的书，如果是喜欢文艺的，不妨看看诗歌、小说一类的书。在修养方面，他如果是有志于品性的修炼的，自然会去看名人传记或经典格言等类的书，如果是觉得自己身体非锻炼不可的，自然会去看游泳、运动等类的书。这是趣味或修养方面的阅读，属于第三类。第一类关于职务的书是各人不相同的，银行家所该阅读的书和工程师不同，农业家所该阅读的书和音乐家不同。第二类的参考书，是因了专门业务的研究随时连类牵涉到的，也不能划出一定的种数。至于第三类的关于趣味或修养的书，更该让各个人自由分别选定。总而言之，读书和生活应该有密切的关联。

上面我把阅读的范围分为三个，（一）是关于个人职务的；（二）是参考的；（三）关于趣味或修养的。下面我将根据了这几个原则对中学生诸君讲"阅读什么"的问题。

先讲关于职务的阅读。诸君的职务是什么呢？诸君是中学生，职务就在学习中学校的各种功课。诸君将来也许会做官吏、做律师、开商店、做教师，各有各的职务吧，现在却都在中学校受着中等教育，把中学校所规定的各种功课，好好学习，就是诸君的职务了。诸君在职务上该阅读的书不是别的，就是学校规定的各种教科书。诸君对于我这番话也许会认为无聊吧，也许有人说，我们每日捧了教科书上课堂、下课堂，本来天天在和教科书做伴侣，何必再要你来嘈杂呢？可是，我说这番话，自信态度是诚恳的。不瞒诸君说，我也曾当过许多年的中学教师，据我所晓得的情形，中学生里面能够好好地阅读教科书的人并不十分多。有些中学生喜欢读小说，随便看杂志，把教科书丢在一边，有些中学生爱读英文或国文，看到理化、算学的书就头痛。这显然是一种偏向的坏现象。一般的中学生虽没有这种偏向的情形，也似乎未能充分地利用教科书。教科书专为学习而编，所记载的只是各种学科的大纲，原并不是什么了不得的著作，但对于学习还是有价值的工具。学习一种功课，应该以教科书为基础，再从各方面加以扩充，加以比较、观察、实验、证明等种种切实的功夫，并非胡乱阅读几遍就可了事。举例来说，国语科的读书，通常是用几篇选文编成的，假定一册国文读本共有三十篇文章，你光是把这三十篇文章读过几遍，还是不够，你应该依据了这些文章做种种进一步的学习，如文法上的习惯咧、修辞上的方式咧、断句和分段的式样咧，诸如此类的事项，你都须依据了这些文章来学习，收得扼要的知识才行。仅仅记牢了文章中所记的几个故事或几种议论，不能算学过国语一科的。再举一个例来说，算学教科书里有许多习题，你得一个一个地演习，这些习题，一方面是定理或原则的实际上的应用，一方面是使你对于已经学过的定理或原则更加明了的。例如四则问题有种种花样，龟鹤算咧、时计算咧、父子年岁算咧，你如果只演习了一个个的习题，而不能发现这些习题中的共通的关系或法则，也不好称为已学会了四则。依照这条件来说，阅读教科书并非容易简单的工作了。中学科目有十几门，每门的教科书先该平均地好好阅读，因为学习这些科目是诸君现在的职务。

次之讲到参考书。如果诸君之中有人问我，关于某一科应看些什么参考书？我老实无法回答。我以为参考书的需要因特种的题目而发生，是临时的，不能预先决定。干脆地说，对于第一种职务的书籍阅读得马马虎虎的人，根本没有阅读参考书的必要。要参考，先得有题目，如果心里并无想查究的题目，随便拿一本书来东翻西翻，是毫无意味的傻事，等于在不想查生字的时候去胡乱翻字典。就国语科举例来说，诸君在国语教科书里读到一篇陶潜的《桃花源记》，如果有不曾明白的词儿，得翻辞典，这时辞典（假定是《辞源》）就成了参考书。这篇文章是晋朝人做的，如果诸君觉得和别时代人所写的情味有些两样，要想知道晋代文的情形，就会去翻中国文学史（假定是谢无量编的《中国文学史》），这时文学史就成了诸君的参考书。这篇文章里所写的是一种乌托邦思想，诸君平日因了师友的指教，知道英国有一位名叫马列斯的社会思想家写过一本《理想乡消息》和陶潜所写的性质相近，拿来比较，这时，《理想乡消息》就成了诸君的参考书。这篇文章是属于记叙一类的，诸君如果想明白记叙文的格式，去翻看《记叙文作法》（假定是孙俍工编的），这时《记叙文作法》就成了诸君的参考书。还有，这篇文章的作者叫陶潜，诸君如果想知道他的为人，去翻《晋书·陶潜传》或《陶集》，这时《晋书》或《陶集》就成了诸君的参考书。这许多参考书是因为有了题目才发生的，没有题目，参考无从做起，学校图书室虽藏着许多的书，诸君自己虽买有许多的书，也毫无用处。国语科如此，别的科目也一样。诸君上历史课听教师讲英国的工业革命一课，如果对于这件历史上的事迹发生了兴趣或问题，就自然会请问教师得到许多的参考书，图书馆里藏着的《英国史》，各种经济书类，以及近来杂志上所发表过的和这事有关系的单篇文字，都成了诸君的参考书了。所以，我以为参考书不能预先开单子，只能照了所想参考的题目临时来决定。在到图书馆去寻参考书以前，我们应该先问自己，我所想参考的题目是什么？有了题目，不知道找什么书好，这是可以问教师、问朋友、查书目的，最怕的是连题目都没有。

上面所讲的是关于参考书的话。再其次要讲第三种关于趣味修养的书了。这类的书可以说是和学校功课无关的，不妨全然照了自己的嗜好和需要来选择。一个人的趣味是会变更的，一时喜欢绘画的人，也许不久会喜欢音乐，喜欢文学的人，也许后来会喜欢宗教。至于修养，方面更广，变动的情形更多。在某时候觉得自己身心上的缺点在甲方面，该补充矫正。过了些时，也许会觉得自己身心上的缺点在乙方面，该补充矫正了。这种自然的变更，原不该勉强拘束，最好在某一时期，勿把目标更动。这一星期读陶诗，下一星期读西洋绘画史，趣味就无法涵养了。这一星期读曾国藩家书，下一星期读程、朱语录，修养就难得效果了。所以，我以为这类的书，在同一时期中，种数不必多，选择却要精。选定一二种，须定了时期来好好地读。假定这学期定好了某一种趣味上的书，某一种修养上的书，不妨只管读去，正课以外，有闲暇就读，星期日读，每日功课完毕后读，旅行的时候在车上、船上读，逛公园的时候坐在草地上读。如果读到学期完了，还不厌倦，下学期依旧再读，读到厌倦了为止。诸君听了我这番话，也许会骇异吧。我自问不敢欺骗诸君，诸君读这类书，目的不在会考通过，也不在毕业迟早，完全为了自己受用，一种书读一年，读半年，全是诸位的自由，但求有益于自己就是，用不着计较时间的长短。把自己欢喜读的书永久地读，是有意义的。赵普读《论语》，是有名的历史故事。日本有一位文学家名叫坪内逍遥的，新近才死，他活了近八十岁，却读了五十多年的莎士比亚剧本。

我的话已完了。现在来一个结束。我以为：书是供给知识的一种工具，读书是改进生活、丰富生活的手段，该读些什么书要依了生活来决定选择。首先该阅读的是关于职务的书，第二是参考书，第三是关于趣味修养的书。中学生先该把教科书好好地阅读，因为中学生的职务就在学习中学校课程。参考书可因了所要参考的题目去决定，最要紧的是发现题目。至于趣味修养的书可自由选择，种数不必多，选择要精，读到厌倦了才更换。

怎样阅读 *

前天我曾对中学生诸君讲过一次话，题目是《阅读什么》。今天所讲的，可以说是前回的连续题目，是《怎样阅读》。前回讲"阅读什么"，是阅读的种类；今天讲"怎样阅读"，是阅读的方法。

"怎样阅读"和"阅读什么"一样，也是一个老问题，从来已有许多人对于这问题说过种种的话。我今天所讲的也并无前人所没有发表过的新意见、新方法，今天的话是对中学生诸君讲的，我只希望我的话能适合于中学生诸君就是了。

我在前回讲"阅读什么"的时候，曾经把阅读的范围划成三个方面：第一是职务上的书，第二是参考的书，第三是趣味修养的书。中学生的职务在学习，中学校的课程，中学校的各科教科书属于第一类；学习功课的时候须有别的书籍做参考，这些参考书属于第二类；在课外选择些合乎自己个人趣味或有关修养的书来阅读，这是第三类。今天讲"怎样阅读"，也仍想依据了这三个方面来说。

先讲第一类关于诸君职务的书，就是教科书。摆在诸君案头的教科书有两种性质可分，一种是有严密的系统的，一种是没有严密的系统的。如算学、理化、地理、历史、植物、动物等科的书，都有一定的章节，一定的前后次序，这是有系统的。如国文读本，如英文读本，就定不出严密的系统，一篇韩愈的《原道》可以收在初中国文第一册，也可以收在高中国文第二册；一篇佛兰克林的传记，可以摆在初中英文第三册，也可以摆在高中英文第二册。诸君如果是对于自己所用着的教科书留心的，想来早已知道这情形。这情形

---

* 本文是向全国中学生作的广播稿，刊《中学生》第六十一期（1936 年 1 月）。

并不是偶然的，可以说和学科的性质有关。有严密的系统的是属于一般的所谓科学，像国文、英文之类是专以语言文字为对象的，除文法、修辞教科书外，一般所谓读本、教本，都是用来做模范做练习的工具的东西，所以本身就没有严密的系统了。教科书既然有这两种分别，阅读的方法就也应该有不同的地方。

如果把阅读分开来说，一般科学的教科书应该偏重于阅，语言文字的教科书应该偏重于读。一般科学的教科书虽也用了文字写着，但我们学习的目标并不在文字上，譬如说，我们学地理、学化学，所当注意的是地理、化学书上所记着的事项本身，这些事项除图表外原用文字记着，但我们不必专从文字上记忆揣摩，只要从文字去求得内容就够了。至于语言文字的学科就不同，我们在国文教科书里读到一篇文章——假定是韩愈的《画记》，这时我们不但该知道韩愈这个人，理解这篇《画记》的内容，还该有别的目标，如文章的结构、词句的式样、描写表现的方法等等，都得加以研究。如果读韩愈的《画记》，只知道当时曾有过这样的画，韩愈曾写过这样的一篇文章，那就等于不曾把这篇文章当作国文功课学习过。我们又在英文教科书里读华盛顿砍樱桃树的故事，目的并不在想知道华盛顿为什么砍樱桃树，砍了樱桃树后来怎样，乃是要把这故事当作学习英文的材料，收得英文上种种的法则。所以"阅读"两个字不妨分开来用，一般科学的教科书应懂它的内容，不必从文字上去瞎费力，只要好好地阅就行，像国文、英文两门是语言文字的功课，应在形式上多用力，只阅不够，该好好地读。

不论是阅或是读，对于教科书该毫不放松，因为这是正式功课，是诸君职务上的工作。有疑难，得去翻字典；有问题，得去查书。这就是所谓参考了。参考书是为用功的人预备的，因为要参考先得有参考的项目或问题，这些项目或问题，要阅读认真的人才会从各方面发生。这理由我在前回已经讲过，诸君听过的想尚还能记忆，不多说了。现在让我来说些阅读参考书的时候该注意的事情。

第一，我劝诸君暂时认定参考的范围，不要把自己所要参考的项目或问题抛荒。我们查字典，大概把所要查的字或典故查出了就满足，不会再分心在字典上的。可是如果是字典以外的参考书，一不小心，往往有辗转跑远的事情。举例来说，你读《桃花源记》，为了"乌托邦思想"的一个项目，去把马列斯的《理想乡消息》来做参考书读，是对的，但你得暂时记住，你所要参考的是"乌托邦思想"，不是别的项目。你不要因读了马列斯的这部《理想乡消息》就把心分到很远的地方去。马列斯是主张美术的，是社会思想家，你如果不留意，也许会把所读的《桃花源记》忘掉，在社会思想咧、美术咧等等的念头上打圈子，从甲方面转到乙方面，再从乙方面转到丙方面，结果会弄得头脑杂乱无章。我们和朋友谈话的时候，常有把话头远远地扯开去，忘记方才所谈的是什么的。这和因为看参考书把本来的题目抛荒，情形很相像。懂得谈话方法的人，碰到这种情形常会提醒对手把话说回来，回到所要谈的事情上去。看参考书的时候，也该有同样的注意，和自己所想参考的题目无直接关系的方面，不该去多分心。

第二，是劝诸君乘参考之便，留意一般书籍的性质和内容大略。除了查检字典和翻阅杂志上的单篇文字以外，所谓参考书者，普通都是一部一部的独立的书籍。一部书有一部书的性质、内容和组织式样，你为了参考，既有机会去见到某一部书，乘便把这一部书的情形知道一些，是并不费事的。诸君在中学里有种种规定要做的工作，课外读书的时间很少，有些书在常识上、将来应用上却非知道不可，例如，我们在中学校里不读"二十五史""十三经"，但"二十五史""十三经"是怎样的东西，却是该知道的常识。我们不做基督教徒，不必读圣书，但《新约》和《旧约》的大略内容，却是该知道的常识。如果你读历史课，对于"汉武帝扩展疆土"的题目，想知道得详细一点，去翻《史记》或是《汉书》，这时候你大概会先翻目录吧；你翻目录，一定会见到"本纪""列传""表""志"或"书"等等的名目，这就是《史记》或《汉书》的组织构造。你读了里面的《汉武帝本纪》一篇，或全篇里的几段，再把这些目录看过，在你就算是对于《史记》或《汉书》发生过关系，《史记》《汉书》是怎样的书，你可懂得大概了。再举一个例来说，你从植物学或动物学教师口头听到"进化论"的话，你如果想对这题目多知道些详细情形，你可到图书馆去找书来看。假定你找到了一本陈兼善著的《进化论纲要》，你可先阅序文，看这部书是讲什么方面的，再查目录，看里面有些什么项目。你目前所参考的也许只是其中的一节或一章，但这全书的概括知识，于你是很有用处的。你能随时留心，一年之中，可以收得许多书籍的概括的大略知识，久而久之，你就知道哪些书里有些什么东西，要查哪些事项，该去找什么书，翻检起来，非常便利。

以上所说的是关于参考书的话。参考书因参考的题目随时决定，阅读参考书的时候，要顾到自己所参考的题目，勿使题目抛荒，还要把那部书的序文、目录留心一下，记个大略情形，预备将来的翻检便利。

以下应该讲的是趣味修养的书，这类的书，我在上回曾经讲过，种数不必多，选择要精。一种书可以只管读，读到厌倦才止。这类的书，也该尽量地利用参考书。例如：你现在正读着杜甫的诗集，那么有时候你得翻翻杜甫的传记、年谱以及别人诗话中对于杜诗的评语等等的书。你如果正读着王阳明的《传习录》，你得翻翻王阳明的集子、他的传记以及后人关于程、朱、陆、王的论争的著作。把自己正在读着的书做中心，再用别的书来做帮助，这样，才能使你读着的书更明白，更切实有味，不至于犯浅陋的毛病。

上面所讲的是三种书的阅读方法。关于"阅读"两个字的本身，尚有几点想说说。我方才曾把教科书分为两种性质：一种是属于一般的科学的，有严密的系统；一种是属于语言文字的，没有严密的系统。我又曾说过，属于一般科学的该偏重在阅，属于语言文字的，只阅不够，该偏重在读。现在让我再进一步来说，凡是书都是用语言文字写成的，照普通的情形看来，一部书可以含有两种性质：书本身有着内容，内容上自有系统可寻，性质属于一般科学；书是用语言文字写着的，从形式上去推究，就属于语言文字了。一部《史记》，从其内容说是历史，但是也可以选出一篇来当作国文科教材。诸君所用的算学教科书，当然是属于科学一类的，但就语言文字看，也未始不可为写作上的参考模范。算学书里的文章，朴实正确，秩序非常完整，实是学术文的好模样。这样看来，任何书籍都可有两种说法，如果就内容说，只阅可以了，如果当作语言文字来看，那么非读不可。

这次播音，教育部托我担任的是中学国语科的讲话，我把我的讲话限在阅读方面。我所讲的只是一般的阅读情形，并未曾专就国语一科讲话。诸君听了也许会说我的讲话不合教育部所定的范围条件吧。我得声明，我不承认有许多独立存在的所谓国语科的书籍，书籍之中除了极少数的文法、修辞等类以外，都可以是不属于国语科的。我们能说《论语》《孟子》《庄子》《左传》是国语吗？能说《红楼梦》《水浒》《三国演义》是国语吗？可是如果从形式上着眼，当作语言文字来研究，那就没有一种不是国语科的材料，不但《论语》《孟子》《庄子》《左传》是国语，《红楼梦》《水浒》《三国演义》是国语，诸君的物理教科书、植物教科书也是国语，甚至于张三的卖田契、李四的家信也是国语了。我以为所谓国语科，就是学习语言文字的一种功课；

把本来用语言文字写着的东西，当作语言文字来研究，来学习，就是国语科的任务。所以我只讲一般的阅读，不把国语科特别提出。这层要请诸位注意。

把任何的书，从语言文字上着眼去学习研究，这种阅读，可以说是属于国语科的工作。阅读通常可分为两种，一是略读，一是精读。略读的目的在理解，在收得内容；精读的目的在揣摩，在鉴赏。我以为要研究语言文字的法则，该注重于精读。分量不必多，要精细地读，好比临帖，我们临某种帖，目的在笔意相合，写字得它的神气，并不在乎抄录它的文字。假定这部帖里共有一千个字，我们与其每日瞎抄一遍，全体写一千个字，倒不如拣选十个或二十个有变化的有趣味的字，每字好好地临几遍，来得有效。诸君读小说，假定是茅盾的《子夜》，如果当作语言文字的学习的话，所当注意的不但该是书里的故事，对于书里面的人物描写、叙事的方法、结构照应以及用词、造句等等也该大加注意。诸君读诗歌，假定是徐志摩的诗集，如果当语言文字学习的话，不但该注意诗里的大意，还该留心它的造句、用韵、音节以及表现、着想、对仗、风格等等的方面。语言文字上的变化技巧，其实并不十分多的，只要能留心，在小部分里也大概可以看得出来。假定一部书有五百页，每一页有一千个字，如果第一页你能看得懂，那么我敢保证，你是能把全书看懂的。因为全书所有的语言文字上的法则在第一页一千字里面大概都已出现。举例来说，文法上的法则，像动词的用法、接续词的用法、形容词的用法、助词的用法，以及几种句子的结合法，都已出现在第一页了。我劝诸君能在精读上多用力。

为了时间关系，我的话就将结束。我所讲的话，乱杂、疏漏的地方自己觉得很多，请诸君代去求教师替我修正。关于中学国语科的阅读，我几年前曾发表过好些意见，所说的话和这回大有些不同。记得有两篇文章，一篇叫作《关于国文的学习》，载在《中学各科学习法》（《开明青年丛书》之一）里，还有一篇叫《国文科课外应读些什么》，载在《读书的艺术》（《中学生杂志丛刊》之一）里，诸君如未曾看到过的，请自己去看看，或者对于我这回的讲话，可以得到一些补充。我这无聊的讲话，费了诸君许多课外的时间，对不起得很。

文章的静境

文章上描写事物，有动的和静的两种境界。这动、静两种境界，通常混合在一处。如：

> 我满腔的愤怒，再有露胸朋友那样的话在路上吧？我向前走去。
> 依然是满街恶魔的乱箭似的急雨。
>
> ——叶圣陶《五月卅一日急雨中》

就这几句文章中来看，前一段是动的，后一段和前一段比较，可以说是静的。"我满腔的愤怒"，"我向前走去"，固然是含有动作的说法，"再有露胸朋友那样的话在路上吧"，是作者的推想，也是一种动作的表现。"依然是满街恶魔的乱箭似的急雨"，所表出的只是当前一时的光景，并无什么动作可言。用电影的用语来说，只是一种特写的场面而已。

以上所述的是动和静的最初步的分别，让我们再来做进一步的考察。

文章中所表现的动作，依性质细分起来可有好几种不同。

（一）文章中事物本身的动作　文章既然是描写事物的，当然有事物，这些事物的动作也就在文章中表现着。如果那文章有一部分是写作者自己的，作者本身就成了文章中的事物，所表现出来的动作，也和这性质相同。如：

> 那日正是黄梅时候，天气烦燥（静）。王冕放牛倦了，在绿草地上坐着（王冕动）。须臾浓云密布（云动）。一阵大雨过了（雨动），那黑云边上镶着白云渐渐散去（云动）。透出一派日光来，照耀着满湖通红（日光动）。湖边上山青一块，紫一块，绿一块，树枝上都像水洗过一番的，

尤其绿的可爱（静）。湖里有十来枝荷花，苞子上清水滴滴，荷叶上水珠滚来滚去（水在荷上动）。王冕看了一回，心里想道："古人说，人在画图中，其实不错。可惜我这里没有一个画工，把这荷花画他几枝，也觉有趣。"又心里想："天下哪有学不会的事，我何不自画几枝？"（王冕动）

——《儒林外史》

于是携酒与鱼，复游于赤壁之下（作者动）。江流有声，断岸千尺，山高月小，水落石出（静）。

——苏轼《后赤壁赋》

（二）作者对于事物的感觉或解释　事物本身并不曾有动作，因了作者的感觉或解释，好像有某种动作的样子，于是把这些动作也在文章上表现出来了。如：

但闻四壁虫声唧唧，如助予之叹息。

——欧阳修《秋声赋》

这里面"闻"的动作为作者所发，是实在的。至于"助"的动作，完全出于作者的感觉或解释，和真正的动作性质不同。这种例子很多，如：

平林漠漠烟如织，寒山一带伤心碧。

——李白《菩萨蛮》

数峰清苦，商略黄昏雨。

——姜夔《点绛唇》

所谓"织""商略"，都是作者的感觉或解释，作者为了要写出某种情感，不但费了许多苦心去选择适当的事物，还给事物加了自己所需要的色彩。这种描写方法在诗词里常常可碰到。

文章中的动的境界，似乎不出上面的两种，一是文章中的事物自己在那里动作；一是事物本身并无动作，作者因了某种感觉或解释，赋给它一种动作。如果分别起来，前一种可以说是动境；后一种可以说是静境，因为事物本身原无动作，那动作是作者故意赋给它的。

上面两种境界，句子里都含有动词，不论那动作是事物本身的或作者赋给的。文章中尚有一种句中只有形容词不见一个动词的描写法。这境界更静了。如前例中的

> 寒山一带伤心碧。
> 数峰清苦。

都没有动词，只有"寒""伤心""碧""清""苦"等类的形容词。这些形容词也是作者的感觉或解释。作者因了自己的情感，任意地把事物来做各种各样的形容修饰。同是对于风，心绪爽朗的时候可以说"飘飘"，阴惨的时候可以说"萧萧"或"飒瑟"，目的就在想借了这些字面来表达自己所要表出的情感。这些加形容的静的景物，在文章中有着烘托的力量，利用得好可以收到画面的效果。如：

> 风萧萧兮易水寒，壮士一去兮不复还。
>
> ——《渡易水歌》
>
> 枯藤老树昏鸦，小桥流水人家，古道西风瘦马，夕阳西下，断肠人在天涯。
>
> ——马致远《天净沙·秋思》

第一例上句没有动词，是静境，第二例前三句没有动词，每句只有三个加了形容的名词叠在一处，也是静境。作者在这些景物上除加形容词外不曾表示什么意见，有什么做作，可是对于文章全体却有很大的效力，从文章全体看来，并不是闲文字。试把这些静的景物除去或更换别的，就会失掉文章原来的情味。

静境之中还有更进一步的，作者不但不依照自己的情感赋给事物以动作，也不给事物擅加形容和修饰，不但没有动词，连形容词也不漫然使用，只照事物本来的名称写在文章中就算，结果所写出的只有寻常的事物名。这种描写的方法在诗词里很多，如：

鸡声茅店月，人迹板桥霜。

——温庭筠《商山早行》

春去也，归来否? 五更楼外月，双燕门前柳。人不见，秋千院落清明后。

——赵闻礼《千秋岁》

这里写景物，完全是景物和景物的排列，把许多景物如"鸡声""茅店""月"摆在一处，"双燕""门前""柳"摆在一处，此外作者并未有什么说明，事物本身的动作也丝毫没有，可以说是静境的极致了。作者赋给事物以动作，或给事物加上合乎自己情感的形容词。在那些文章里，显然露出作者的主观，换句话说，就是从文章里可以找得出作者的影子的。到了只有事物名称的时候，作者的影子已完全躲闪干净，他只选了几种可以暗示某种情感的事物，巧妙地加以排列，用字面写记出来，让读者自己去领略他所发抒的情感。这种技巧是值得注意的。

用静的事物来示唆情感的描写方法，诗歌中最多，小说中也有，普通散文中似乎并不多见。龚自珍的《记王隐君》的末段好像应用这方法。原文不长，把它全录在下面:

于外王父段先生废篝中，见一诗，不能忘。于西湖僧经箱中，见书《心经》，蠹且半，如遇篝中诗也，益不能忘。

春日，出螺师门，与轿夫戚猫语。猫指荒冢外曰:"此中有人家。段翁来杭州，必出城访其处。归，不向人言。段不能步，我舁往。独我与吴轿夫知之。"循冢得木桥，遇九十许人，短褐曝日中。问路焉，告聋。予心动，揖而徐曰:"先生真隐者。"答曰:"我无印章。"盖"隐者"与"印章"声相近。日晡矣，猫促之，怅然归。

明年冬，何布衣来，谈古刻，言:"吾有宋拓李斯琅邪石。吾得心疾，医不救。城外一翁至，言能活之。两剂而愈。曰:'为此拓本来也。'入室，径携去。"他日，见马太常，述布衣言。太常俯而思，仰而掀髯曰:"是矣是矣! 吾甥锁成，尝失步，入一人家。从灶后溲户出，忽见有院宇，满地皆松化石。循读书声速入室，四壁古锦囊，囊中贮金石文字。案有《谢朓集》，借之，不可，曰:'写一本赠汝。'越月往视，其书类虞

世南。曰：'蓄书生乎?'曰：'无之。'指墙下锄地者：'是为我书。'出
门，遇梅一株，方作华，窃负松化石一块归。若两人所遇，其皆是与?"

予不识锁君，太常、布衣皆不言其姓，吴轿夫言仿佛姓王也。西湖
僧之徒取《心经》来，言是王老者写。参互求之，姓王何疑焉？惜不得
锄地能书者姓。

桥外大小两树，依倚立，一杏，一乌柏。

这末尾的"桥外大小两树，依倚立，一杏，一乌柏"数语，很突兀，可是意
境却很丰富。第一，可以窥见作者"不能忘"的依恋情怀，和重来寻访的热
意。第二，可以表出隐士所居地的幽邃自然。第三，文中记着两个异人，一
是"王老者"，一是"锄地能书者"，所谓"大小两树，依倚立"云云，也许
就可作为并耕偕隐的象征。是非常耐人寻味的文字。

依上所说，文章中的描写有动静二境，静境之中又可分为三种：（一）是
作者赋给事物以动作的；（二）是作者给事物加上了形容修饰的；（三）是不
赋给动作，也不任意附加形容修饰，只把事物的名称关联了写记的。这三种
静境，对于文章全体都有背景或画面的效力。描写静境对于表达情感是有效
的手段。在这里，我们碰到了事物和情感的关系的问题了。

我们自有生以来，直接、间接地经验过许多事物，每次和事物接触的时
候，就生一种情感，结果这一种情感就和事物联结在一处，只要一提到那事
物的名称，某种情感就引来了。我们从经验知道"血"是可怕的，一听到
"血"字就会起恐怖之情；知道"花"是美丽的，一提到"花"字就会起美
丽之感。花的谢落，在经验上是觉得可惜的，于是"落花"一语就带了惆怅
的情味。事物可以寄托情感，结果那表达事物的字面也含有寄托情感的力量
了。所以，文字并不只是白纸上的点画撇捺，俨然是个有生命的东西。事物
所寄托的情感因人的感觉锐敏与否，原可有多少的差异，最大的差异倒在经
验（不论直接的或间接的）的多寡。对于荆棘的实物，不论识字的或不识字
的，所发生的情感大概差不多，用字面表示出来，只要是识得这"荆棘"二
字的就会引起同样的情感。可是"荆棘铜驼"，在未从书本上的间接经验懂得
这典故的人，就不会起"荒凉""感慨"等等的情感了。

事物和情感既有如此密切的关系，事物的名称本身就可利用了来暗示情
感，因此之故，文章中在描写一桩事件的时候，常常有牵涉到别的和本文不

大有关的事物的事。本文在说"壮士一去兮不复还"，却先说什么"风萧萧兮易水寒"；本文是要说"有人楼上愁"（李白《菩萨蛮》），却先说什么"平林漠漠烟如织，寒山一带伤心碧"。作者的目的都在利用景物做背景，来烘托自己所描写的情感。

　　文章中利用别的事物做背景的方法有两种，一是选取和自己所想表现的情感一致的，如写悲哀的情感的时候，用可悲的事物来附加进去；一是选取和自己所想表现的情感反对的，如写寂寞的情感的时候，故意兼写热闹的场面。白居易的《长恨歌》写玄宗还宫以后悼亡的悲怀，利用各种各样的事物。试取一节为例：

　　　　归来池苑皆依旧，太液芙蓉未央柳。芙蓉如面柳如眉（以上反用），对此如何不泪垂？春风桃李花开日（反用），秋雨梧桐叶落时（正用）。

以上所述，都是关于静境的。其实，既承认事物可以暗示情感，只要是用到事物的地方，都可用同样的眼光去对付，不必拘泥于是静境不是静境。文章里的字面往往可以决定文章的内容。试观下例：

　　　　海潮东来，气吞江湖。快马斫阵，登高一呼。如波轩然，蛟龙牙须。如怒鹊起，下盘浮图。千里万里，山奔雷驱。元气不死，乃与之俱。
　　　　　　　　　　　　　　　　　　　　——郭麐《词品·雄放》

这是描写"雄放"的情感的，其中有静境，也有动境。如果把里面所有事物的名称一一摘出来，如"海潮""江湖""快马""阵""波""蛟龙"等等，在字面上都能引起雄健奔放之情感。这是当然的，因为作者对于这些事物曾经依了自己的目的严加选择，字面上所发生的效果并非偶然。

　　纯粹静境的描写以诗词中为多，至于不论动、静，用一般事物名称来诱致情感的方法，寻常散文里当然可以普遍应用。例如：

　　　　当时黛玉气绝，正是宝玉娶宝钗的这个时辰。紫鹃等都大哭起来。李纨、探春想他素日的可疼，今日更加可怜，便也伤心痛哭。因潇湘馆离新房子甚远，所以那边并没听见。一时，大家痛哭了一阵，只听得远远一阵音乐之声，侧耳一听，却又没有了。探春、李纨走出院外再听时，惟有竹梢风动，月影移墙，好不凄凉冷淡。

——《红楼梦》第九十八回

这不消说是一段悲哀的文章，从来不知道曾有多少读者下过眼泪。试把其中所用的字面检查起来，可以发现有许多事物名用得很有效果。如"宝玉娶宝钗的这个时辰""素日的可疼""今日""新房子""远远一阵音乐之声""竹梢""月影"，有的正用，有的反用，安排得很好。这段文章的所以能教唆读者引起悲怀，大半的原因恐怕就在于这些字面上。

文章的动态

前回写过一篇《文章的静境》，连类所及，现在讲文章的动态。《文章的静境》里所讲的是文章中不用动词的部分，讲文章的动态，不消说所关涉的是用动词的部分了。

动词原是用来记述事物的动作的，但只是记述动作，并不一定就会有动态。文章的工具是文字语言。文字语言只是一种符号，和事物本身的情形不同。事物的动作如果只用文字语言记述下来，未必就能在读者听者心里引起动作的印象。例如说"花落""鸟啼"，只是一种事物动作的记述，并不就能叫读者听者感觉到"花在怎样落""鸟在怎样啼"的光景，换句话说，记述事物的动作，并不就可算表达了事物的动态。

就许多艺术看来，戏剧以外，真能表达事物的动态的是电影，此外如绘画、雕刻、文章等都不及电影的便利。这是艺术工具各不相同，本身性质使然，无可如何的事。电影的所以能充分表达事物的动态，不外乎连续和展进两个原因。电影本身原是一张张的连续照片，因为转动得相当快速，观者眼里前一张照片的残象尚未消失，第二张照片又映到眼里来了。这样连续进行，于是观者觉得事物在那里动，完全看到了事物的动态。把文章来比电影，究竟望尘莫及。不信，试到电影院去，把看电影和看电影故事说明书的印象双方对照一下就可明白。电影故事说明书是依照了所放映的电影内容编写的，所用的工具就是文字语言，你看比电影相差多远呢？

可是，除了电影以外，比较可以表达事物的动态的还要推文章。绘画、雕刻在这点上更比文章不如。原因是绘画、雕刻是展开在一时的，看去一目了然。文章以文字语言为工具，文字语言虽写在纸上或只是一种声音，却可以叫人一字一句地读去、听去，逐渐理解，保持住若干的连续性、展进性，不像绘画、雕刻的在最初就全体展开在观者眼前，丝毫无连续展进可言。《虬髯客传》是用文字语言写的，读去虽不及看电影，却可以知道事情先是怎样，后来怎样，结果怎样，是连续的、展进的。可是绘画或雕刻呢，只能表达一个场面，如我们常见到的《风尘三侠图》就是。论其位置，在电影里只是一小段中的一张片子罢了。

由此可知，文章是可以表达事物的动态的，表达动态，最便利的是电影，要在文章上表达动态，似乎也可应用电影的原理归纳出几个原则来。

以下把事物的动作分做两类来加以考察，（一）是连续的动作；（二）是片段的动作。凡是动作，原都前后连续着，可是在文章里有只记述一个动作的，也有把两个以上的动作顺次记述的。如"花落""鸟啼"各记述一个动作"落""啼"，属于片断的动作。"举杯邀明月"把"举"和"邀"两种动作连续着，先"举"后"邀"，属于连续的动作。试再看下例：

> 孺人之吴家桥则治木棉，入城则缉纑，灯火荧荧，每至夜分。外祖不二日使人问遗，（孺人不忧米盐，乃劳苦若不谋夕。）冬月炉火炭屑，使婢子为团，累累暴阶下。……儿女大者攀衣，小者乳抱，手中纫缀不辍。
>
> ——归有光《先妣事略》

> 我看见他戴着黑布小帽，穿着黑布大马褂，深青布棉袍，蹒跚地走到铁道边，慢慢探身下去，（尚不大难，可是他穿过铁道要爬上那边月台，就不容易了。）他用两手攀着上面，两脚再向上缩；他肥胖胖的身子向左微倾，显出努力的样子。这时我看见他的背影，我的泪很快地流下来了。我赶紧拭干了泪，（怕他看见，也怕别人看见。）我再向外看时，他已抱了朱红的橘子望回走了。过铁道时，他先将橘子散放在地上，自己慢慢爬下，再抱起橘子走。过这边时，我赶紧去搀他，他和我走到车上，将橘子一股脑儿放在我的皮大衣上，于是扑扑衣上的泥土，心里很轻松似的。
>
> ——朱自清《背影》

上面两段文章，有一部分是作者的解释，不是事物本身的动作，特用括弧为记。除此以外都是记动作的了，第一例各种动作有许多是不连续的、片段的，第二例是连续的。

现在先讲连续的动作。连续在电影里原是一个重要的条件，电影的所以能表达动态，就一半靠有连续。连续越紧凑越能表达动态。平剧《乌盆记》丑角张别古有一段说白，听去很有动态的，现在录在这里：

> 我搁下了盆，放下了罐，拿起钥匙，通开了锁的屁股门，推开了门，拿起了盆，进了门，搁下了盆，放下了罐，关上了门，拿起床来顶上了门。

这段说白的所以有动态，句式构造的流利和用韵，也许亦是原因之一，但最大的原因就是动作连续的紧凑。用电影上的话来说，就是在观者网膜上留着前片残象的时候，再接上一张片子去。

为要保持动作的连续紧凑，文章上常用着种种方法。下面两种是最普通的。

（甲）利用短促的句读。繁长的词句，念去、看去都费时间，接续起来，前动作的残象容易在念头上消去，前印象和后印象的连续，就不紧凑。若用短促的句读，可以免掉这缺陷。所以从来描写动态的文章十之八九都是用短句读的。如：

> 轲既取图奏之，秦王发图，图穷而匕首见。因左手把秦王之袖，而右手持匕首揕之，未至身。秦王惊，自引而起，袖绝。拔剑，剑长，操其室。时惶急，剑坚，故不可立拔。荆轲逐秦王，秦王环柱而走，群臣皆愕。（卒起不意，尽失其度。而秦法：群臣侍殿上者不得持尺寸之兵，诸郎中执兵皆陈殿下，非有诏召不得上。方急时不及召下兵，以故荆轲乃逐秦王，而卒惶急无以击轲，而以手共搏之。）是时侍医夏无且以其所奉药囊提荆轲也。秦王方环柱走，卒惶急不知所为，左右乃曰："王负剑！王负剑！"遂拔以击荆轲，断其左股。荆轲废，乃引其匕首以擿秦王，不中。中铜柱。秦王复击轲，轲被八创。
>
> ——《史记·刺客列传》
>
> 项王至阴陵，迷失道，问一田父。田父绐曰："左。"左，乃陷大泽中。
>
> ——《史记·项羽本纪》

这都是叙述动作的典型的文章，句读何等简洁、迫促。有两三个字成句读的，还有以一个字为句读的。第一例的用"而"字的地方，特别值得注意。上下两种动作用"而"字联结起来的时候很多。如：

> 齐侯游于姑棼，遂田于贝丘，见大豕。从者曰："公子彭生也。"公怒曰："彭生敢见?"射之，豕人立而啼。公惧，坠于车，伤足，丧屦。反，诛屦于徒人费，弗得，鞭之见血。走出，遇贼于门，劫而束之。费曰："我奚御哉?"袒而示之背，信之。费请先入，伏公而出，斗死于门中。

> ——《左传·庄公八年》

这段文章中有四处用着"而"字，"而"字上下的两种动作都是连续的。语体里的"了"字，有时也有这种功用，如说"吃了饭上车"，"吃饭"和"上车"就有连续关系了。用"而"字或"了"字的句读虽较长，其实是两个句读的连合，如"袒而示之背"，可以除去"而"字，分成"袒"、"示之背"两个句读，"吃了饭上车"，可以除去"了"，分成"吃饭"、"上车"两个句读。这种用"而""了"的句读，虽然多加了一个字，仍不失短句读的功用。

（乙）提示短迫的时间。动作和动作间的时间相隔越小，越能表出连续的紧凑。电影里影片的转动可以快慢自由，容易做到任意的时间距离，文章上对于这一点，则有提示时间的办法，声明动作和动作间的时间距离多少。在描绘动态的文章里，这时间往往声明得很短。如：

> 仰视浮云驰，奄忽互相逾。

> ——李陵《答苏武》

> 手执生绡白团扇，扇手一时如玉。

> ——苏轼《贺新郎》

> 应把花卜归期，才簪又重数。

> ——辛弃疾《祝英台近》

> 探春，紫鹃正哭着叫人端水来给黛玉擦洗。李纨赶忙进来了，三个人才见了不及说话，刚擦着猛听黛玉直声叫道："宝玉，宝玉，你

好！……"说到"好"字，便浑身冷汗，不作声了。

——《红楼梦》第九十八回

这类提示时间短迫的方式很多很多。普通文章上用"忽""于是""遂""即""未几""顷之""同时"等字语的地方都在利用这技巧。旧小说里的所谓"正……时""说时迟，那时快"，也是表明时间相隔极短的。此外还有许多限制时间的方法，如"一"字在语体里往往被用到动词上来表达动作经过的快速。例如：

> 那大虫又饥又渴，把两只爪在地上略按一按，和身望上一扑，从半空里撺将下来。武松被那一惊，酒都做冷汗出了。说时迟，那时快，武松见大虫扑来，只一闪，闪在大虫后背。

——《水浒传》第二十三回

诸如此类的方法，说也说不尽，只要在读文字听言语的时候随时留意，自然还可有所发现。要之，文章中所写的动作如果是连续的，应保持它的连续的紧凑。上面所举的各种方法，目的都无非为图动作的连续紧凑而已。

以下再讲片段的动作。连续的动作是有两个以上的动作连续在一处的，这动作和那动作间天然有着前后的时间关系，仅只动作和动作，已呈露出连续和展进的形式，本身就是动的。如说"举杯邀明月"，"举"和"邀"两个动作是连续的，展进的。若只说"举杯"或"邀明月"，就成片段的动作，"举"只是"举"，"邀"只是"邀"，本不连续，更无展进可言。这只能说是动作的记述，不能表达动态。

让我们再来说电影。"举杯""邀明月"这两个动作，在文章里是片段的，在电影里却是连续的。假定从桌上举起杯子来，举到二尺高，电影里就有好几张片子来表达。对于"邀"的动作，亦应有好几个姿势，用好几张片子来表达。如果是有声电影，还可用声音来做表现动作的帮助，动态仍能完全表达的。文章中对于片段的动作要想表达动态，也得应用电影的方法。

（丙）分析动作的顺序步骤。事物的动作虽只有一种，如果分析起来，自有着许多顺序步骤，从这些顺序步骤里也可看出连续和展进来。说"花落"

是片段的动作，说"花片片地落"，是带说着"落"的顺序步骤，是连续的展进的。后者较之前者，容易叫人引起动的幻觉，容易表达动态。这方法被许多文章家运用着，如：

兵入，以戈刺床下，数刺，数抵其隙。

——王猷定《钱烈女墓志铭》

一杯劝一杯，沉沉虎竟醉。……一刀初刺虎犹纵，三刀四刀虎不动。

——袁枚《费官人刺虎歌》

军书十二卷，卷卷有爷名……愿为市鞍马，从此替爷征。东市买骏马，西市买鞍鞯。南市买辔头，北市买长鞭。

——《木兰诗》

见渔人，乃大惊。问所从来，具答之。……村中闻有此人，咸来问讯。……此人一一为具言所闻，皆叹惋。余人各复延至其家，皆出酒食。……既出，得其船，便扶向路，处处志之。

——陶潜《桃花源记》

（丁）摹写从动作得到的感觉。事物在动作的时候对于我们的感官给予各种各样的感觉，把这感觉扼要地记述出来，也是传出动态的一种方法。为了要表达动态，与其说"金鱼在玻璃缸中游行"，不如说"金鱼在玻璃缸中闪烁着红光"；与其说"天打雷了"，不如说"天隆隆地打雷了"，来得动人。前者只是片段的动作的记述，后者比较能表现动态。在我们的感觉当中，文章上最被采用的是视觉和听觉，尤以用听觉为最便利、最直捷。例如：

伐木丁丁，鸟鸣嘤嘤。

——《诗经·伐木》

哗啦啦打罢了头通鼓。

——平剧《珠帘寨》

唧唧复唧唧，木兰当户织。

——《木兰诗》

适有大星，光煜煜自东西流。

——程敏政《夜渡两关记》

船尾跳鱼拨剌鸣。

——杜甫《漫成一绝》

写片段的动作，要想表达动态，上面的两种方法是可用的。这两种方法不但在片段的动作上可用，也可用在连续的动作上。因为在连续动作之中，把某一种动作抽出来看，就是片段的动作了。

（甲）（乙）（丙）（丁）四种方法，并不各自独立的，前面把它分项叙述，只是谋了解上的便利而已。这几种方法在文章里往往被参互夹杂使用。试看下例：

> 那大虫又剪不着，再吼了一声，一兜兜将回来。武松见那大虫复翻身回来，双手轮起哨棒，尽平生气力，只一棒，从半空劈将下来。只听得一声响，簌簌地将那树连枝带叶劈脸劈将下来。定睛看时，一棒打不着大虫，正打在枯树上，把那哨棒折做两截，只拿一半在手里。那大虫咆哮性发起来，翻身又只一扑扑将来。武松又只一跳，却退了十步远。那大虫却好把两只前爪搭在武松面前。武松将半截棒丢在一边，两只手就势把大虫顶花皮胳膊地揪住，一按按将下来。

——《水浒》第二十三回

在这段文章里（甲）（乙）（丙）（丁）四种方法都用到，并不只限定用某一种。

文章的动态，这题目如果从各方面来探讨，当然尚有不少可以发掘的地方。本文所说的，只是我个人的浅陋的考察的结果。

句读和段落

从前的人写文章不加句读，不分段落。假如所写的文章有一万个字，就老老实实把一万个字连写在一起，看去好像黑漆一团。加句读，分段落，都是读者的工作。因此，古来的书有许多很不容易读，并且因了读者的见解，一句句子可以有好几种读法，结果意义大不相同。例如《论语》里的"民可使由之，不可使知之"，可以读作"民可，使由之；不可，使知之"（据梁启超说）。《老子》里的"故常无欲以观其妙，常有欲以观其徼"可以读作"故常无，欲以观其妙，常有，欲以观其徼"（据释德清说）。因为作者自己不加句读，所以发生歧义，这情形和普通所说的笑话，"今年真好，晦气全无，财帛进门"，"今年真好晦气，全无财帛进门"，没有两样。

近来的文章已流行加句读、分段落了，不但自己写的文章要加句读、分段落，并且把前人所写的文章也加了句读、分了段落来重新印行。这不能不说是一种进步。

句读和分段的法则，普通文法书上都讲到，只要是中学程度的青年，大概都已知道了的。不过加句读、分段落，在法则上虽然说来很简单，实际运用的时候颇不容易。如果文章有技巧的话，句读法和分段法也是技巧的一部分，值得好好注意的。

先讲句读。

句读用"、""，""；""。""："等几个记号表出，古来所用的只"、""。"两个，近来喜欢简单的也只用"，""。"两个。这些记号看似没有什么，用在文章中就成了文章的一部分，竟是有生命的会起作用的东西。为说明简单计，姑就最简单的句读记号"，""。"来说。"，"是表示读的，"。"是表示句的。一句完整的句子，"。"只用一个，地位是有一定的；"，"的地位和数目，往往可以不一定。例如朱自清的《背影》，开端一句，就可有几种不同的句读法：

> 我与父亲不相见已二年余了，我最不能忘记的是他的背影。（甲）
> 我与父亲，不相见已二年余了，我最不能忘记的，是他的背影。（乙）
> 我与父亲不相见，已二年余了，我最不能忘记的是他的背影。（丙）
> 我与父亲不相见已二年余了，我最不能忘记的是，他的背影。（丁）

这里面（甲）是依照《背影》原书的，大概是作者朱自清先生的原来的句读样子吧。（乙）以下三式是我试加的句读。这四种句读法都有人用，不过文章的意味在各部分的强弱颇不一样。

依我的经验看来，一句句子做一口气读的时候，断落的部分意味比别部分强。做两口气读的时候，有两个断落的部分，就有两部分意味加强了。现在用简单的句子来做例：

> 仁者人也。
> 仁者，人也。

第一例"仁者人也"做一口气读，"人也"部分较强。第二例"仁者，人也"做两口气读，"仁者"和"人也"两部分意味都强。因为，原来是"仁者人也"四字合成一个单位，分断以后是"仁者"为一个单位，"人也"为一个单位了。凡是断落的地方，意味都会增强，一句句子，断落的地方越多，意味增强的地方也越多。这差不多可以说是一个原则。

根据了这理由，让我们再来吟味上面所举的《背影》的文句。先就上半截说，得三式如下：

> 我与父亲不相见已二年余了，（一）
> 我与父亲，不相见已二年余了，（二）
> 我与父亲不相见，已二年余了，（三）

（一）式只做一口气读，（二）（三）两式都做两口气读。（二）式中的"我与父亲""不相见"因为分断了的缘故，读起来意味都比（一）式中的强。（三）式中的"不相见""已二年余了"，读起来意味也比（一）（二）两式中的强。

再就下半截说，也可得三式：

> 我最不能忘记的是他的背影。（一）
> 我最不能忘记的，是他的背影。（二）
> 我最不能忘记的是，他的背影。（三）

（一）式只做一口气读，（二）（三）两式都做两口气读。（二）式中的"不能忘记的""是"二部分读起来比（一）式中的意味强。（三）式中的"是"字意味特别强，"他的背影"也比（一）（二）两式中的都要强。

就一般文法上的规定说，上面所举的《背影》文句的各种句读法，以第一种（甲）为最适当，最合论理，可是习惯上却也容许有别的句读法，（乙）以下诸式，有时也不妨使用。自古以来，颇有许多句读法不甚合论理的。例如曹孟德的诗句：

> 月明星稀，乌鹊南飞。

普通皆用这句读法，如依照文法上、理论上说来，应该做"月明，星稀，乌鹊南飞"才对。因为句子中包含着"月明"、"星稀"、"乌鹊南飞"三部分的缘故。从来的断作四个字一节，实因它是四言诗的一部分而已。又如苏东坡《念奴娇·赤壁怀古》词句：

> 乱石穿空，惊涛拍岸：卷起千堆雪。

向来都把"乱石穿空，惊涛拍岸"两节作为对偶，把"卷起千堆雪"作为结句。如果依文法和论理来说，"乱石穿空"与"卷起千堆雪"没大关系，和"卷起千堆雪"有关系的只是"惊涛拍岸"四字，句读应该如下：

　　乱石穿空；惊涛拍岸，卷起千堆雪。

可是因为它是词的一部分，有一定的句式，所以即使句读法和文法论理稍有
不合，大家也就不以为怪了。

　　归结起来说，句读法尽可变化活用，不死守文法上、论理上的规矩。但
变化活用要有目的，要合乎情境。我们自己写作的时候不妨依照自己的意思
情感的重点决定文章的句读。平日在谈话上也可应用这法则把语言加以顿挫，
传出自己的心情来。

　　以上只是就"，""。"两个句读符号说的，此外还有许多符号也都值得注
意。符号的使用，在规则以外尚有技巧。这技巧要对于文章有敏感的人才能
体会得到。

　　次讲段落。

　　段落和句读性质相同，都是把文章来分割的一种方法。句读是对于一句
的分割，段落是对于整篇的分割。把整篇的文章分成相当的几个部分，各部
分另行分写，这叫作分段。

　　从前人写文章只分几卷或几章，其他的小部分要读者自己用笔加斜横线
或折钩来隔开。在我们父兄所读过的旧书里尚可看见许多这种笔迹。现在的
作者大概都自己分好段落了。

　　分段的规则，最普通的是依照文章的内容。例如一篇文章，如果有一部
分是总说，那么总说就成一段；一部分是分说，假如分三项，那么每项各成
一段，就成三段；最后如果还有总结，那么也成一段。这样，这篇文章就该
有五个段落，应该分五段来写了。这种分段法最合乎论理，为向来所采用，
现在还大部分沿用着。

　　分段的规则说来虽不过如此，在实际运用上也和句读法一样，可有种种
的变化。有些时候，因了分段的不同，文章的意味和情调也会不同起来。现
在试以归有光的《项脊轩志》为例，说明一二。这篇文章在《归震川集》里
本不分段，收在普通中学国文课本里已分了段了。我所见到的一本国文课本，
《项脊轩志》的分段样式如下：

项脊轩志（甲）

　　项脊轩，旧南阁子也。室仅方丈，可容一人居。百年老屋，尘泥渗

漉，雨泽下注。每移案，顾视无可置者。又北向，不能得日；日过午已昏。余稍为修葺，使不上漏。前辟四窗，垣墙周庭，以当南日；日影反照，室始洞然。又杂植兰桂竹木于庭，旧时栏楯，亦遂增胜。借书满架，偃仰啸歌，冥然兀坐，万籁有声。而庭阶寂寂，小鸟时来啄食，人至不去。三五之夜，明月半墙，桂影斑驳，风移影动，珊珊可爱。然余居于此，多可喜，亦多可悲：

先是，庭中通南北为一。迨诸父异爨，内外多置小门，墙往往而是。东犬西吠；客逾庖而宴；鸡栖于厅。庭中始为篱，已为墙，凡再变矣。家有老妪，尝居于此。妪，先大母婢也，乳二世，先妣抚之甚厚。室西连于中闺，先妣尝一至。妪每谓余曰："某所，而母立于兹。"妪又曰："汝姊在吾怀，呱呱而泣。娘以指叩门扉曰：'儿寒乎？欲食乎？'吾从板外相为应答。"语未毕，余泣，妪亦泣。

余自束发读书轩中。一日大母过余曰："吾儿，久不见若影，何竟日默默在此，大类女郎也？"比去，以手阖门，自语曰："吾家读书久不效，儿之成则可待乎？"顷之，持一象笏至，曰："此吾祖太常公宣德间执此以朝，他日汝当用之。"瞻顾遗迹，如在昨日，令人长号不自禁。

轩东故尝为厨。人往，从轩前过；余扃牖而居，久之，能以足音辨人。轩凡四遭火，得不焚，殆有神护者。项脊生曰："蜀清守丹穴，利甲天下，其后秦皇帝筑女怀清台。刘玄德与曹操争天下，诸葛孔明起陇中。方二人之昧昧于一隅也，世何足以知之？余区区处败屋中，方扬眉瞬目，谓有奇景。人知之者，其谓与坎井之蛙何异。"

余既为此志，后五年，余妻来归，时至轩中从余问古事，或凭几学书。吾妻归宁，述诸小妹语曰："闻姊家有阁子。且何谓阁子也？"其后六年，吾妻死，室坏不修。其后二年，余久卧病无聊，乃使人复葺南阁子，其制稍异于前。然自后余多在外，不常居。庭有枇杷树，吾妻死之年所手植也，今已亭亭如盖矣。

这分段法照一般的规则看来，原也可以通得过，可是如果细加推敲，还可有别的分段法如下：

项脊轩志（乙）

　　项脊轩，旧南阁子也。室仅方丈，可容一人居。百年老屋，尘泥渗漉，雨泽下注。每移案，顾视无可置者。又北向，不能得日；日过午已昏。余稍为修葺，使不上漏。前辟四窗，垣墙周庭，以当南日；日影反照，室始洞然。又杂植兰桂竹木于庭，旧时栏楯，亦遂增胜。借书满架，偃仰啸歌，冥然兀坐，万籁有声。而庭阶寂寂，小鸟时来啄食，人至不去。三五之夜，明月半墙，桂影斑驳，风移影动，珊珊可爱。

　　然余居于此，多可喜，亦多可悲：

　　先是，庭中通南北为一。迨诸父异爨，内外多置小门，墙往往而是。东犬西吠；客逾庖而宴；鸡栖于厅。庭中始为篱，已为墙，凡再变矣。家有老妪，尝居于此。妪，先大母婢也，乳二世，先妣抚之甚厚。室西连于中闺，先妣尝一至。妪每谓余曰："某所，而母立于兹。"妪又曰："汝姊在吾怀，呱呱而泣。娘以指叩门扉曰：'儿寒乎？欲食乎？'吾从板外相为应答。"语未毕，余泣，妪亦泣。

　　余自束发读书轩中。一日大母过余曰："吾儿，久不见若影，何竟日默默在此，大类女郎也？"比去，以手阖门，自语曰："吾家读书久不效，儿之成则可待乎？"顷之，持一象笏至，曰："此吾祖太常公宣德间执此以朝，他日汝当用之。"瞻顾遗迹，如在昨日，令人长号不自禁。

　　轩东故尝为厨。人往，从轩前过；余扃牖而居，久之，能以足音辨人。轩凡四遭火，得不焚，殆有神护者。项脊生曰："蜀清守丹穴，利甲天下，其后秦皇帝筑女怀清台。刘玄德与曹操争天下，诸葛孔明起陇中。方二人之昧昧于一隅也，世何足以知之？余区区处败屋中，方扬眉瞬目，谓有奇景。人知之者，其谓与坎井之蛙何异。"

　　余既为此志，后五年，余妻来归，时至轩中从余问古事，或凭几学书。吾妻归宁，述诸小妹语曰："闻姊家有阁子，且何谓阁子也？"其后六年，吾妻死，室坏不修。其后二年，余久卧病无聊，乃使人复葺南阁子，其制稍异于前。然自后余多在外，不常居。

　　庭有枇杷树，吾妻死之年所手植也，今已亭亭如盖矣。

把（甲）（乙）两种分段法比较起来，有三点不同，（1）是"然余居于此，多可喜亦多可悲"句的位置；（2）是"余既为此志"一段与上文的分隔远近；（3）是"庭有枇杷树，吾妻死之年所手植也，今已亭亭如盖矣"句的位置。大体地说，（乙）比（甲）似乎好些。"然余居于此，多可喜亦多可悲"句是承上文而又总冒下文的，下文关于可悲的记叙既已分两段来写了，那么就不应该附在第一段之末，应该使它独立成一段才系统明白。"余既为此志"以下，是作志以后的追加附记，和前文不应并列，（乙）式空一行排列，是对的。至于"庭有枇杷树，吾妻死之年所手植也，今已亭亭如盖矣"在论理上原不必独立成一段，但独立成一段，情味较强，因为把这寥寥几句占了一单位了。这理由和句子的成分因分割而意味增强一样。

对于一篇《项脊轩志》可有（甲）（乙）两种分段的样式，如果仔细考察起来，当然还可有别的样式。（如"家有老妪"以下诸句和上文全不相关，"家有老妪"就可再另成一段。）足见分段的样式是可以变化的。我们自己写文章任凭怎样分段都可以，只是要根据两个条件：一是文法的论理的法则，二是作者心情的自然流露。有时应注重前者，有时应注重后者。

近来的文章段落逐渐在趋向于短而多的一方面，向来认为不必分段的地方，往往也分段另行写。这实是新闻文字的影响。原来，新闻纸每栏高不过二寸，每行字数不过一二十个，段落如果太长了，就要眉目不清，令人难读，所以段落愈短愈好。只要留心去读每日的新闻记载，就能发现这情形。新闻文字（Journalism）是可以左右文章界的风气的。现代的新闻不但要求文章内容的浅显，同时还要求文章形式的简短。现今的文章在各方面大都脱不掉新闻文字的影响，分段的简短只是一端而已。

意念的表出

　　文章的内容不外乎作者的意念。意念可以从外界的事物收得，如观察某一件东西，经验某一件事情，可以收得许多意念，把这许多意念写出来，就成记叙式的文章。意念又可从内部发生，如眼前并无某一件东西或事情，作者可以对某一件东西或事情发生个人的感想或意见，这感想或意见就是意念，写出来或成感想式、议论式的文章。

　　意念是无形的东西。文字是它的符号，一个意念可有许多符号。我们在辞书里检查字义，常看见一个字用别的字来解释，如《说文》"今"字下说"是时也"，《尔雅·释诂》说"初、哉、首、基、肇、祖、元、胎、俶、落、权舆，始也"。"今"和"是时"同是一个意念符号，"初""哉""首""基""肇""祖""元""胎""俶""落""权舆"和"始"也同是一个意念符号。一个意念符号可随时代演进增加，如依我们今日的用语来说，"今"不止可解作"是时"，还可解作：

　　　　目下　目前　现在　眼前　当代　现代　斯世　并世　我们的时代　这个年头……

"始"字除了那些古义以外，也还可有各种各样的解释。如：

　　　　滥觞　渊源　开端　起头　起源　发生　发端　发轫　起首　开始　开头　开创　开场　揭开序幕　第一步　暴　破题儿第一遭　行剪彩礼……

这些词儿虽有雅有俗，可是都可用作"始"的解释。

一个意念，符号可以多至不遑枚举。"死"的一个字，据我所知，从"崩""薨""卒""亡""物故""物化""即世""逝世"等等起，到"翘辫子""口眼闭""两脚直""见阎王""着木头长衫""呜呼哀哉"等等止，差不多可有近二百种的说法，符号之繁多真是可惊。任何一个意念，只要从多方面去考察，就会发现各式各样的符号，这些符号往往是辞书上所不载的。林语堂先生曾有编纂《义典》的计划，拟将意义相同的词儿或成语，按事类辑在一处，可惜还没有成书。

一个意念有许多符号，我们在写作或说话中，应该怎样去使用这些符号呢？符号好比俳优的服装，要表出一个意念到语言或文章上，好比送一个俳优出舞台去给观众看，这俳优该怎样装束，怎样打扮，是戏剧家所苦心考虑的。文章家也该用和这同样的苦心去驱遣符号。

第一，符号既是意念的服装，服装要收藏得多，才能供给需要，如只有一身，就枯窘可怜了。从前有句老话叫"学文须先识字"，字原是符号。但一个个的方块字是意义不完足的；我们不妨把"字"改作"词儿"或"用语"，对于某一个意念，知道的"词儿"或"用语"越多，运用起来越便当。例如：

> 惠王用张仪之计，拔三川之地，西并巴、蜀，北收上郡，南取汉中，包九夷，制鄢、郢，东据成皋之险，割膏腴之壤，遂散六国之从，使之西面事秦，功施到今。

——李斯《谏逐客书》

这里面的"拔""并""收""取""包""制""据""割"等字，所寄托的意念可以说只是一个。彼此互易，也没有什么不可以。如果老是用其中的一个，毫无变化，就觉得窘态毕露，不好看了。文章家在有变化符号的必要时，常费了心思去求变化，如韩愈《画记》云：

> 牛大小十一头，橐驼三头，驴如橐驼之数而加其一焉。

"橐驼三头"，"如橐驼之数而加其一"等于说"四头"，可是作者不直说"四头"，却应用了算术上 $3+1=4$ 的计算方式，故意做着弯曲的说法。这明明是为了求变化的缘故。

第二，须依照情境，把符号严密选择。"词儿""用语"既认识得多了，选择的功夫更不可忽。选择的标准，积极的只有一个，就是求适合情境。这情境一语包含甚广，说着作者自己的心境，对听者或读者的关系，以及谈话或文章的上下部分等等，都可以包括在情境一语里面。同是一个意念，在不同的情境之下该有不同的说法。如：

> 高皇帝弃群臣，孝惠皇帝即世，高后自临事，不幸有疾，日进不衰，以故暴乎治。
>
> ——汉文帝《赐南粤王赵佗书》
>
> 不上一点钟，差不多先生就一命呜呼了。
>
> ——胡适《差不多先生传》

"弃群臣""即世""一命呜呼"都是死的意思。"弃群臣"是表示君之死的，"即世"可通用于诸侯大夫，现在甚至一般人的死去也可适用了。汉文帝为"高皇帝"的儿子，"孝惠皇帝"之异母弟，所以称"高皇帝"的死叫"弃群臣"，称"孝惠皇帝"的死叫"即世"。至于"一命呜呼"只是一种谐谑的说法，《差不多先生传》原是一篇有谐谑性的文章，所以可用"一命呜呼"的谐谑语。

一串意念相同的符号，普通叫作同义语，其实符号与符号绝不会全然同义的，只是一部分的意义互相共通罢了。例如"人口""人手""人头"都可做"人"解释，但如果说在表达"人"的意念时，任何符号都可通用，这就大错。这些符号各有各的特色。如说：

> 家里人口多，生活就不容易了。（甲）
> 这工作太烦重，怕人手不够。（乙）
> 人头税是一种按人征收的捐税。（丙）

（甲）从食物说，所以用"人口"，（乙）从工作说，所以用"人手"，（丙）从个数说，所以用"人头"。如果彼此互易，就不成话。

还有，言语这东西是会因了时代而变迁生长的。一个符号，本身意味往往会今昔不同。例如，"少爷""小姐"本来是对青年男女的尊称，近来意味已转变许多，含有讥笑、鄙薄的意味，虽生在富贵之家的青年男女，也不愿接受这些称呼了。又如："情人""相好"都是表达未经正式婚姻的相爱的男或女的，但在现今，你如果对在恋爱中的朋友称他或她的对手叫"情人"或"相好"，必会引起不快，于是"恋人""爱人"等新语就应运而生了。政治的纠纷非常微妙，近来报纸上常见到×派与×派间发生"摩擦"的标题，这摩擦是新语。放着"冲突""斗争"等等陈语不用，故意把"摩擦"做如此解释，也是有意义的。诸如此类的变化，只好随时随地去体会，用锐敏的感觉力去辨别，寻常的字典上是翻查不出的。

选择符号的积极的标准是求适合情境。此外还有一个消极的标准，就是求意念明确。选择符号从积极的标准说来，固然要叫它适合情境，如果找不到适合情境的符号，就是创造新符号也不妨。可是消极的方面也须顾到。我们用符号来表示意念，最要紧的是照意念明确表出，不致发生误解。例如：

抗日战争在芦沟桥揭开序幕。

这用"揭开序幕"来表出"始"的意念，是很明确的。如果说：

我整理书籍昨天已揭开序幕了。

这里的"揭开序幕"如果也是表示"始"的意念的，那么就不明确。听到这话的人也许以为"已把藏书室的门幕拉开"哩。又如：

今日是十四天，再过六日就是二十天了。（甲）
今天是十四日，再过六天就是二十日了。（乙）

"天""日"原同是表日子的符号，可是习惯上用法有时有分别，说"今天""明天"和说"今日""明日"原没有两样，说"十四天""二十天"和说"十四日""二十日"是不同的。譬如今天是一月五日，要说"一月五日"，不该说"一月五天"。上面两个例，（甲）只是计算日数，说话的时候不限在某月十四日，（乙）在计数日历上日子，这话正是在某月十四日说的。此种关系如果弄错了，也便会犯不明确的毛病。

不明确的原因大半由于歧义。一个符号可做这样解，又可做那样解，于是就不明确了。这种毛病是容易犯的，甚至文章家也难免。如：

> 世有伯乐，然后有千里马。千里马常有，而伯乐不常有。故虽有名马，只辱于奴隶人之手，骈死于槽枥之间，不以千里称也。
>
> ——韩愈《杂说》

有人批评这里面的两个"千里马"，所代表的并非同一意念。因为上文说"世有伯乐然后有千里马"，"有伯乐"是"有千里马"的条件。下文说，"千里马常有而伯乐不常有"，岂非先后自相矛盾？所以这两个"千里马"，并非同一意念的符号：上面的"千里马"是名实合一的"千里马"，下面的"千里马"，是有"千里马"之实而无"千里马"之名的"千里马"。用譬喻来说，上面的"千里马"犹之"博士"，下面的"千里马"犹之"有学问的人"。如果要明确地说，应该是"世有伯乐然后千里马获有千里马之名……"

以上所说的意念和符号的关系，是全从词儿或用语着眼的。意念的表出还可再把观点扩大，从整串的说话或文句着眼。一串说话或文句，常有可用一二字包括的，例如：

> 吾年未四十而视茫茫而发苍苍而齿牙动摇。
>
> ——韩愈《祭十二郎文》
>
> 今农夫五口之家，其服役者不下二人，其能耕者不过百亩，百亩之收不过百石。春耕夏耘，秋获冬藏，伐薪樵，治官府，给徭役。春不得避风尘，夏不得避暑热，秋不得避阴雨，冬不得避寒冻。四时之间，无日休息。
>
> ——晁错《论贵粟疏》

第一例"而"字以下数句，等于说"衰"。如果说"吾年未四十而衰"，原也足以表出同样的意念的，第二例"春不得避风尘，夏不得避暑热，秋不得避阴雨，冬不得避寒冻"，就是下文"四时之间无日休息"的意念，可以说是一种重复的说法。

"衰"和"视茫茫""发苍苍""齿牙动摇"在一例里是表达同一意念的符号，作者何以不取"衰"而取"视茫茫""发苍苍""齿牙动摇"呢？这是效果上的问题，在这情境中，"视茫茫""发苍苍""齿牙动摇"比只说"衰"具体得多，动人得多。第二例只说"四时之间无日休息"，还是概括的，上面"春不得避风尘，夏不得避暑热，秋不得避阴雨，冬不得避寒冻"是一一列举的诉说，因为这段文章的目的就在诉说农民的苦痛，所以不觉其重复，反觉适合情境，效果增加了许多。

一串说话或文句该怎样说？换句话说，该用什么符号来表出？这标准也可有两个，一是积极的，求适合情境。"不战"和"不费斗粮，未烦一兵，未战一士，未绝一弦，未折一矢"（见《国策·苏秦以连横说秦》）是同一意念的符号，"天下乌鸦一般黑"，"东山老虎要吃人，西山老虎也吃人"（皆俚谚），和"滔滔皆是"也可做同一意念的符号。这些符号有简说的，有详说的，有直说的，有用譬喻的，此外更有各种各样的方式。表示意念的时候，用得合乎情境，用得有效果，就任何符号都好，否则就任何符号都不好。

还有一个是消极的标准，一串说话或文句之中，各句都自占着地位，同时对于上下文也各有关系。逐句的安排要合乎习惯，没有毛病。试用前面举过的韩愈《画记》的例来说：

> 牛大小十一头，橐驼三头，驴如橐驼之数而加其一焉。

不说"驴四头"，前面曾说过为求变化，如果就一串文句看，还有一个理由可说，就是为了要用"驴"来把这一小段结束。如果说"牛大小十一头橐驼三头驴四头"，不但缺乏变化，语气不能完结，全篇的段落就因之不分明了。平心而论，"驴四头"，"四头"就是了，故意说做"如橐驼之数而加其一焉"，原有矫揉、不自然的缺点，但这样改说，在结束上究竟收到了效果，功过利害可以相抵而有余的。又如《杂说》中两次用"千里马"，意念不一致是一个缺点，但在别方面颇获得了奇警的效果。如果改作"世有伯乐然后千里马有千里马之名"就平凡得多了。

要将一句句子摆入一串文句里面去，从一串文句或全篇文章考察起来，问题是很多的。用一个意念来造句，可有各种各样的方式。譬如：一匹马在路上跑过把一只黄犬踏死了，这事可有好几种写法。关于这，从前的文章家曾有好几个人造过句，叫做"黄犬奔马"句法，是很有名的。如下：

> 马逸，有黄犬遇蹄而毙。（穆修）（甲）
>
> 有犬死奔马之下。（张景）（乙）
>
> 适有奔马践死一犬。（沈括）（丙）
>
> 逸马杀犬于道。（欧阳修）（丁）
>
> 有犬卧通衢，逸马蹄而死之。（欧阳修之友）（戊）

（甲）（乙）（丙）见《扪虱新话》，（丁）（戊）见《唐宋八家丛话》，前人对于这些句法，孰优孰劣，批评不一。其实，一句句子的好或不好，要看上下文的情境，单独抽出一句来看是无从批评的。上面五种句法，有观点上的不同，有的从"犬"方面说，有的从"马"方面说，又有繁简上的不同，有的只六个字，有的多至十余字，可是当作表出意念的符号来看，是同一的，犹之"四"是"四"，"三加一"也是"四"。说"四"好呢，说"三加一"好呢？要看情境才能决定。

以上已就词儿、文句两方面略论意念和表出符号的情形，意念的表出方式和符号的运用，还可更进一步扩大范围，从篇章方面来考察。意念可大可小，可以用一个词儿来做符号，可以用一串文句来做符号，也可用一篇文章或一首诗来做符号。有许多文章，全篇可以用一个意念来简单地概括。如：

> 煮豆燃豆萁，豆在釜中泣。本是同根生，相煎何太急？
>
> ——曹植《七步诗》

大家知道这首诗是讽示曹氏兄弟间猜忌的，兄弟间不该猜忌是意念，这首诗就是寄托意念的符号。由此类推起来，《列子·愚公移山》可以说是"精诚感神"或"有志竟成"的意念的符号，柳宗元的《捕蛇者说》可以说是"苛政害民"的意念符号，易卜生的《娜拉》，《镜花缘》的"女儿国"，可以说是"妇女地位应改革"的意念的符号了。表出一个意念，用诗呢，用故事体裁呢，还是用小说或剧本的形式呢？是作家们所苦心考虑的问题。这话牵涉文艺作品全体，和普通的所谓文章法则相去太远，不详说了。

感慨及其发抒的法式

就古今抒情诗文检查起来，最多见的是发抒感慨的文章。抒情文是以情为内容的，所谓情，有喜、怒、哀、乐、恐怖，有崇高、幽美、滑稽、悲壮等等。我曾想按照情的种类，把从来的抒情的诗文来分配辑集，结果除滑稽之情的文章另有专书（如笑话）外，发现最多的是抒写感慨的文章。诗集、词集里最多的要算"伤春""悲秋""怀古""有感"一类的题目，文集里常碰到"噫""呜呼"等类的感叹词。

这类感慨的诗文自古为人传诵，甚至现在中学校的国文教本里也选入若干供学生诵读。影响所及，青年人的笔下也染了感慨的色彩，这是值得注意的现象。怪不得胡适氏在《文学改良刍议》里要把"不作无病呻吟"列在"八不"之中。

本文想就感慨的文章略做考察。先来谈谈感慨之情的本身。

感慨的情绪成立于今昔的对比，"今不如昔"是一个条件。例如：

> 桓公（温）北征，经金城，见前为琅邪时种柳皆已十围。慨然曰：木犹如此，人何以堪？攀枝执条，泫然流涕。
>
> ——《世说新语》

见树之长大而感到种树者自己的年老，今昔对比发生感慨，至于"流涕"。所以感慨的原因，当然不在树之长大而在自己的年老，就是今不如昔。事物的变迁也有今胜于昔的，可是从要感慨的人看来，一定是今不如昔。例如现世的也有比古代进步的事情，但在顽固的老人却对什么都会叹息"世风不古"，"江河日下"，就是这缘故。又例如：一书画家到了老年，就用"人书俱老"

（唐孙过庭《书谱》语）的印章，落款书"时年八十有五"或"年政九十"，在书画家看起来，年老不但不是可悲事，而且是可夸的事（至少在书画的造诣上是这样），所以不致有感慨了。

感慨的成立由于今昔对比，今不如昔是一个条件。此外还有一个条件，感慨的情绪往往是退婴的、消极的，对于今不如昔的事实如果有谋恢复求改进的积极的意志，感慨就不会发生。例如：

> 怒发冲冠，凭栏处、萧萧雨歇。抬望眼、仰天长啸，壮怀激烈。三十功名尘与土，八千里路云和月。莫等闲、白了少年头，空悲切。
>
> 靖康耻，犹未雪。臣子恨，何时灭？驾长车、踏破贺兰山缺。壮志饥餐胡虏肉，笑谈渴饮匈奴血。待从头、收拾旧山河，朝天阙。
>
> ——岳飞《满江红》
>
> 夫难平者事也。昔先帝败军于楚，当此时，曹操拊手，谓天下已定。然后先帝东连吴越，西取巴蜀，举兵北征，夏侯授首；此操之失计而汉事将成也。然后吴更违盟，关羽毁败，秭归蹉跌，曹丕称帝。凡事如是，难可逆料。臣鞠躬尽瘁，死而后已。至于成败利钝，非臣之明所能逆睹也。
>
> ——诸葛亮《后出师表》

这两位作者都在忧患之中，眼前都是"今不如昔"，可是他们的语气中虽有悲愤，却没有感慨。因为他们有积极的意志，"待从头、收拾旧山河"，"鞠躬尽瘁，死而后已"，在有这样意志的人，感慨的情绪是无从乘隙而入的。试再看下例：

《哀江南》

（北新水令）山松野草带花挑，猛抬头秣陵重到。残军留废垒，瘦马卧空壕。村郭萧条，城对着夕阳道。

（驻马听）野火频烧，护墓长楸多半焦。山羊群跑，守陵阿监几时逃？鸽翎蝙粪满堂抛，枯枝败叶当阶罩。谁祭扫？牧儿打碎龙碑帽。

（沉醉东风）横白玉八根柱倒，堕红泥半堵墙高。碎玻璃瓦片多，烂翡翠窗棂少。舞丹墀燕雀常朝。直入宫门一路蒿，住几个乞儿饿殍。

（折桂令）问秦淮旧日窗寮——破纸迎风，坏槛当潮，目断魂消。当年粉黛，何处笙箫？罢灯船，端阳不闹；收酒旗，重九无聊。白鸟飘飘，绿水滔滔。嫩黄花有些蝶飞，新红叶无个人瞧。

（沽美酒）你记得跨青溪半里桥？旧红板没一条。秋水长天人过少。冷清清的落照，剩一树柳弯腰。

（太平令）行到那旧院门，何用轻敲？也不怕小犬哓哓。无非是枯井颓巢，不过些砖苔砌草。手种的花条柳梢，尽意儿采樵。这黑灰是谁家厨灶？

（离亭宴带歇指煞）俺曾见金陵玉殿莺啼晓，秦淮水榭花开早。谁知道容易冰消？眼看他起朱楼，眼看他宴宾客，眼看他楼塌了！这青苔碧瓦堆，俺曾睡风流觉，将五十年兴亡看饱。那乌衣巷不姓王，莫愁湖鬼夜哭，凤凰台栖枭鸟。残山梦最真，旧境丢难掉。不信这舆图换稿。诌一套《哀江南》，放悲声唱到老。

——《桃花扇·余韵》

这是明亡后《桃花扇》的作者借了苏昆生的口唱出来的曲子，是写故国之感的有名的文章。把许多事物今昔对比，都显出着"今不如昔"。全体看不见一些些的积极的意志，只觉得"无可奈何"。明亡以后，谋恢复的人不少，在史可法、郑成功、张苍水等有积极意志的人的笔下，怕不会有这样以感慨始以感慨终的文字吧。

感慨是一种"无可奈何"的情怀，大至兴亡之感，小至时序之感，都一样。关于"春去"，可有两种说法，有人在立夏前一日的深晚，说"未到晓钟犹是春"（贾岛句），有人在春光尚好的时候却说"雨横风狂三月暮，门掩黄昏，无计留春住。泪眼问花花不语，乱红飞过秋千去"（欧阳修词），前者并不感慨，后者才是感慨。

感慨之中有一种，是由把人和大自然相对比而发生的。人和自然的对比，会感到自己渺小，也会觉得无可奈何，抑灭积极的意志，自然发出感慨来。例如：

前不见古人，后不见来者。念天地之悠悠，独怆然而涕下。

——陈子昂《登幽州台歌》

客有吹洞箫者，倚歌而和之。其声呜呜然，如怨如慕，如泣如诉。余音袅袅，不绝如缕。舞幽壑之潜蛟，泣孤舟之嫠妇。苏子愀然，正襟危坐而问客曰："何为其然也？"客曰："'月明星稀，乌鹊南飞'，此非曹孟德之诗乎？西望夏口，东望武昌，山川相缪，郁乎苍苍，此非孟德之困于周郎者乎？方其破荆州，下江陵，顺流而东也，舳舻千里，旌旗蔽空，酾酒临江，横槊赋诗，固一世之雄也，而今安在哉？况吾与子渔樵于江渚之上，侣鱼虾而友麋鹿。驾一叶之扁舟，举匏尊以相属。寄蜉蝣于天地，渺沧海之一粟。哀吾生之须臾，羡长江之无穷。挟飞仙以邀游，抱明月而长终。知不可乎骤得，托遗响于悲风。"

——苏轼《赤壁赋》

这种感慨比较玄妙，在寻常人看来，也许可以说是"事不干己"。如果把自己认作大宇宙大自然的一部分来看，谁也会觉得自己的渺小、孤独，起无可奈何之感。一般所谓"怀古"的文章，那情怀和这颇有相通的地方。如：

六代豪华，春去也，更无消息。空怅望、山川形胜，已非畴昔。王谢堂前双燕子，乌衣巷口曾相识。听夜深、寂寞打孤城，春潮急。

思往事，愁如织。怀故国，空陈迹。但荒烟衰草，乱鸦斜日。《玉树》歌残秋露冷，胭脂井坏寒螀泣。到而今、只有蒋山青，秦淮碧。

——萨都拉《满江红·金陵怀古》

越王勾践破吴归，战士还家尽锦衣。宫女如花满春殿，至今惟有鹧鸪飞。

——李白《越中怀古》

这种感慨也由今昔对比，觉得今不如昔而生。但这所谓"昔"，远在数百年或数千年，对于作者亦可说"事不干己"的。这时作者的情怀另有一种，就是把自己短短的生命投入在无限的时间的大流里，于是数百年、数千年前的盛况，好像和自己也有过关系似的，这才抚今追昔，生出感慨来。

感慨文章中所含有的感情，分析起来似乎就不过上面所说的几种。无论哪一种，其性质都是退婴的、消极的、无意志的。如果以现实的人生为标准评价起来，那种自己觉得渺小、孤独，觉得无可奈何的心情是害多利少的。

感慨的结果原也可引起积极的情怀，如有感于年龄已老，益思效力于国家社会，目睹世事日非，发心改革恢复，悟到人生的无常，就去积极地做宗教上的修证等等，古今原有其人。但这时感慨的情怀已被破坏变质，感慨早已不复存在了。所以就感慨的本质说，完全是退婴的、消极的、无意志的东西。

感慨之情的性质大约如上面所说。次之，再来看看感慨文章中发抒感慨的方法。文章发抒感慨，不消说有种种技巧，种种方式。我觉得归纳起来只有一个法则，就是把时间郑重点出。这法则并不是偶然的，因为感慨之情原由今昔对比觉得"今不如昔"才发生，所以时间观念与感慨之情就有密切的关系。凡是感慨文章，记述事物的变迁，都把时间郑重点出。如：

> 昔我往矣，杨柳依依。今我来思，雨雪霏霏。行道迟迟，载渴载饥。我心伤悲，莫知我哀。
>
> ——《小雅·采薇》
>
> 于我乎，夏屋渠渠，今也每食无余，于嗟乎不承权舆。
>
> ——《秦风·权舆》
>
> 朱雀桥边野草花，乌衣巷口夕阳斜。旧时王谢堂前燕，飞入寻常百姓家。
>
> ——刘禹锡《乌衣巷》
>
> 今日忽开此书，如见故人。因忆侯在东莱静治堂，装卷初就，芸签缥带，束十卷作一帙，每日晚吏散，辄校勘二卷，跋题一卷。此二千卷有题跋者五百二卷耳。今手泽如新而墓木已拱，悲夫！
>
> ——李清照《金石录后序》
>
> 噫！余之手摹也。亡之且二十年矣。余少时尝有志乎兹事，得国本，绝人事而摹得之，游闽中而丧焉。居闲处独，时往来余怀也，以其始为之劳而夙好之笃也。今虽遇之，力不得为已，且命工人存其大都焉。
>
> ——韩愈《画记》

这些例里的"今""昔""旧时"等字，都是用来点出时间的，以前所举的诸例，差不多也都有这类点出时间的字面。偶然有表面上不说出时间的，实际暗中仍有时间观念。如：

夫天地者万物之逆旅，光阴者百代之过客，而浮生若梦，为欢几何？

——李白《春夜宴桃李园序》

寥落古行宫，宫花寂寞红。白头宫女在，闲坐说玄宗。

——元稹《行宫》

"浮生若梦"就是说"人生短促"，"为欢几何"就是说"为欢不久"；"白头宫女"是尚存的"今人"，"说玄宗"是"话旧"。前者是人和宇宙的对比，后者是今昔的对比，时间的观念仍是存在的。

事物的变迁，于时间的关系以外，原还有空间的关系。似乎空间的对比，也可发生感慨，如见"王孙泣路隅"，见名人的藏书摆在摊肆上，都会引起感慨。但细按之，这也可以用时间的关系来说明，仍可以说是"今不如昔"。因为在同一时间中，不会发生空间上的变动，一切空间的举动，就是有时间关系的。用时间可以说明一切的事物变动。有些情形用空间是不能说明的，如前面所引的桓温对柳树流涕的情怀，就不能用空间来说明。所以我只认点明时间为发抒感慨的方式。前人的诗品、词品或文品，大都依情感的种类来品定诗和词的风格，他们也常讲到感慨之情。试举一二则来证明我的话吧。

人生一世，能无感焉？哀来乐往，云浮鸟仙。铜驼巷陌，金人岁年。铅水进泪，鹍鸡裂弦。如有万古，入其肺肝。夫子何叹？唯唯不然。

——郭麟《词品·感慨》

旧地重来，亭台成薮。禾黍秋风，斜阳疏柳。江山今古，日月飞走。鸿雁归来，言念我友。烈士穷途，美人不偶。击碎唾壶，何堪回首！

——许奉恩《文品·悲慨》

第三章 ◎

关于写作

作文论*

一 引 言

人类是社会的动物，从天性上，从生活的实际上，有必要把自己的观察、经验、理想、情绪等等宣示给人们知道，而且希望愈广遍愈好。有的并不是为着实际的需要，而是对于人间的生活、关系、情感，或者一己的遭历、情思、想象等等，发生一种兴趣，同时仿佛感受一种压迫，非把这些表现成为一个完好的定形不可。根据这两个心理，我们就要说话、歌唱，做出种种动作，创造种种艺术；而效果最普遍、使用最利便的，要推写作。不论是愚者或文学家，不论是什么原料什么形式的文字，总之，都是由这两个心理才动手写作，才写作成篇的。当写作的时候，自然起一种希望，就是所写的恰正宣示了所要宣示的，或者所写的确然形成了一个完好的定形。谁能够教我们实现这种希望？只有我们自己，我们自己去思索关于作文的法度、技术等等问题，有所解悟，自然每逢写作，无不如愿了。

但是，我们不能只思索作文的法度、技术等等问题，而不去管文字的原料——思想、情感等等问题，因为我们作文，无非想着这原料是合理，是完好，才动手去作的。而这原科是否合理与完好，倘若不经考定，或竟是属于

---

* 《作文论》，一九二四年四月由商务印书馆印行单行本，列为百科小丛书第四十八种。后收入《万有文库》第一集，于一九二九年十月出版。署名叶绍钧。

按：上海亚细亚书局曾于一九三五年九月出版过一本《作文概说》，也署名叶绍钧。那是出版者借用了"叶绍钧"这个名字，该书作者实际是另一个人。

负面的也未可知，那就尽管在法度、技术上用功夫，也不过虚耗心力，并不能满足写作的初愿。因此，我们论到作文，就必须连带地论到原料的问题。思想构成的径路，情感凝集的训练，都是要讨究的。讨究了这些，才能够得到确是属于正面的原料，不致枉费写作的劳力。

或许有人说："这样讲，把事情讲颠倒了。本来思想情感是目的，而作文是手段，现在因作文而去讨究思想、情感，岂不是把它们看作作文的手段了么？"固然，思想、情感是目的，是全生活里的事情，但是，要有充实的生活，就要有合理与完好的思想、情感；而作文，就拿这些合理与完好的思想、情感来做原料。思想、情感的具体化完成了的时候，一篇文字实在也就已经完成了，余下的只是写下来与写得适当不适当的问题而已。我们知道有了优美的原料可以制成美好的器物，不曾见空恃技巧却造出好的器物来。所以必须探到根本，讨究思想、情感的事，我们这工作才得圆满。顺着自然的法则，应当是这么讨究的，不能说这是目的手段互相颠倒。

所以在这本小书里，想兼论"怎样获得完美的原料"与"怎样把原料写作成文字"这两个步骤。

这个工作不过是一种讨究而已，并不能揭示一种唯一的固定的范式，好像算学的公式那样。它只是探察怎样的道路是应当遵循的，怎样的道路是能够实现我们的希望的；道路也许有几多条，只要可以达到我们的目的地，我们一例认为有遵循的价值。

至于讨究的方法，不外本之于我们平时的经验。自己的，他人的，一样可以用来作根据。自己或他人曾经这样地作文而得到很好的成绩，又曾经那样地作文而失败了，这里边一定有种种的所以然。如能寻出一个所以然，我们就探见一条道路了。所以我们应当寻得些根据（生活里的情况与名作家的篇章一样地需要），作我们讨究的材料。还应当排除一切固执的成见与固袭的教训，运用我们的智慧，很公平地从这些材料里做讨究的功夫，以探见我们的道路。这样，纵使所得微少，不过一点一滴，而因为得诸自己，将永远是我们的财宝，终身用之而不竭；何况我们果能努力，所得未必仅止一点一滴呢？

凡事遇到需求，然后想法去应付，这是通常的自然的法则。准此，关于作文的讨究似应在有了写作需要之后，没有写作需要的人便不用讨究。但是我们决不肯这样迟钝，我们能够机警地应付。凡是生活里重要的事情，我们总喜欢一壁学习一壁应用，非特不嫌多事，而且务求精详。随时是学，也随时是用。各学科的成立以此；作文的所以成为一个题目，引起我们讨究的兴趣，并且鼓动我们练习的努力，也以此。何况"想要写作"真是个最易萌生的欲望，差不多同想吃想喝的欲望一样。今天尚未萌生的，说不定明天就会萌生；有些人早已萌生，蓬蓬勃勃地几乎不可遏止了；又有些人因为不可遏止，已经做了许多回写作这件事了。不论是事先的准备，或是当机的应付，或是过后的衡量，只要是希望满足写作的愿望的，都得去做一番作文的讨究的功夫。可以说这也是生活的一个基本条件。

再有一个应当预先解答的问题，就是："这里所讨究的到底指普通文而言还是指文学而言？"这是一个很容易发生的疑问，又是一个不用提出的疑问。普通文与文学，骤然看来似乎是两件东西；而究实细按，则觉它们的界限很不清楚，不易判然划分。若论它们的原料，都是思想、情感。若论技术，普通文要把原料表达出来，而文学也要把原料表达出来。曾经有许多人给文学下过很细密很周详的界说，但是这些条件未尝不是普通文所期望的。若就成功的程度来分说，"达意达得好，表情表得妙，便是文学"，[①]则是批评者的眼光中才有这程度相差的两类东西。在作者固没有不想竭其所能，写作最满意的文字的；而成功的程度究竟怎样，则须待完篇以后的评衡，又从哪里去定出所作的是什么文而后讨究其作法？况且所谓好与妙又是很含糊的，到什么程度才算得好与妙呢？所以说普通文与文学的界限是很不清楚的。

又有一派的意见，以为普通文指实用的而言。这样说来，从反面着想，文学是非实用的了。可是实用这个词能不能做划分的标准呢？在一般的见解，写作一篇文字，发抒一种情绪，描绘一种景物，往往称之为文学。然而这类文字，在作者可以留迹象，取快慰，在读者可以兴观感，供参考，何尝不是实用？至于议论事情、发表意见的文字，往往被认为应付实际的需用的。然而自古迄今，已有不少这类的文字被认为文学了。实用这个词又怎能做划分的标准呢？

既然普通文与文学的界限不易划分，从作者方面想，更没有划分的必要。所以这本小书，不复在标题上加什么限制，以示讨究的是凡关于作文的事情。不论想讨究普通文或文学的写作，都可以从这里得到一点益处，因为我们始终承认它们的划分是模糊的，泉源只是一个。

二 诚实的自己的话

我们试问自己，最爱说的是哪一类的话？这可以立刻回答，我们爱说必要说的与欢喜说的话。语言的发生本是为着要在人群中表白自我，或者要鸣出内心的感兴。顺着这两个倾向的，自然会不容自遏地高兴地说。如果既不是表白，又无关感兴，那就不必鼓动唇舌了。

作文与说话本是同一目的，只是所用的工具不同而已。所以在说话的经验里可以得到作文的启示。倘若没有什么想要表白，没有什么发生感兴，就不感到必要与欢喜，就不用写什么文字。一定要有所写才写。若不是为着必要与欢喜，而勉强去写，这就是一种无聊又无益的事。

勉强写作的事确然是有的，这或者由于作者的不自觉，或者由于别有利用的心思，并不根据所以要写作的心理的要求。有的人多读了几篇别人的文字，受别人的影响，似乎觉得颇欲有所写了；但是写下来的与别人的文字没有两样。有的人存着利用的心思，一定要写作一些文字，才得达某种目的；可是自己没有什么可写，不得不去采取人家的资料。像这样无意的与有意的勉强写作，犯了一个相同的弊病，就是模仿。这样说，无意而模仿的人固然要出来申辩，说他所写的确然出于必要与欢喜；而有意模仿的人或许也要不承认自己的模仿。但是，有一个尺度在这里，用它一衡量，模仿与否将不辩而自明，这个尺度就是："这文字里的表白与感兴是否确实是作者自己的？"拿这个尺度衡量，就可见前者与后者都只是复制了人家现成的东西，作者自己并不曾拿出什么来。不曾拿出什么来，模仿的讥评当然不能免了。至此，无意而模仿的人就会爽然自失，感到这必要并非真的必要，欢喜其实无可欢喜，又何必定要写作呢？而有意模仿的人想到写作的本意，为葆爱这种工具起见，也将遏抑利用的心思。直到确实有了自己的表白与感兴才动手去写。

像那些著述的文字，是作者潜心研修，竭尽毕生精力，获得了一种见解，创成了一种艺术，然后写下来的，写的自然是自己的东西。但是人间的思想、情感往往不甚相悬；现在定要写出自己的东西，似乎他人既已说过的，就得避去不说，而要去找人家没有说过的来说。这样，在一般人岂不是可说的话很少了么？其实写出自己的东西并不是这个意思；按诸实际，也绝不能像这个样子。我们说话、作文，无非使用那些通用的言词；至于原料，也免不了古人与今人曾经这样那样运用过了的，虽然不能说决没有创新，而也不会全部是创新。但是，我们要说这席话，写这篇文，自有我们的内面的根源，并不是完全被动地受了别人的影响，也不是想利用来达到某种不好的目的。这内面的根源就与著述家所获得的见解、所创成的艺术有同等的价值。它是独立的；即使表达出来恰巧与别人的雷同，或且有意地采用了别人的东西，都不应受到模仿的讥评；因为它自有独立性，正如两人面貌相似、性情相似，无碍彼此的独立，或如生物吸收了种种东西营养自己，却无碍自己的独立。所以我们只须自问有没有话要说，不用问这话是不是人家说过。果真确有要说的话，用以作文，就是写出自己的东西了。

更进一步说，人间的思想、情感诚然不甚相悬，但也决不会全然一致。先天的遗传，后天的教育，师友的熏染，时代的影响，都是酿成大同中的小异的原因。原因这么繁复，又是参伍错综地来的，这就形成了各人小异的思想、情感。那么，所写的东西只要是自己的，实在很难得遇到与人家雷同的情形。试看许多文家一样地吟咏风月，描绘山水，会有不相雷同而各极其妙的文字，就是很显明的例子。原来他们不去依傍别的，只把自己的心去对着风月山水；他们又绝对不肯勉强，必须有所写才写；主观的情思与客观的景物糅和，组织的方式千变万殊，自然每有所作都成独创了。虽然他们所用的大部分也只是通用的言词，也只是古今人这样那样运用过了的，而这些文字的生命是由作者给与的，终竟是唯一的独创的东西。

讨究到这里，可以知道写出自己的东西是什么意义了。

既然要写出自己的东西，就会连带地要求所写的必须是美好的：假若有所表白，这当是有关于人间事情的，则必须合于事理的真际，切乎生活的实况；假若有所感兴，这当是不倾吐不舒快的，则必须本于内心的郁积，发乎情性的自然。这种要求可以称为"求诚"。试想假如只知写出自己的东西而不知求诚，将会有什么事情发生？那时候，臆断的表白与浮浅的感兴，因为无由检验，也将杂出于笔下而不自觉知。如其终于不觉知，徒然多了这番写作，得不到一点效果，已是很可怜悯的。如其随后觉知了，更将引起深深的悔恨，以为背于事理的见解怎能够表白于人间，贻人以谬误，浮荡无着的偶感怎值得表现为定形，耗己之劳思呢？人不愿陷于可怜的境地，也不愿事后有什么悔恨，所以对于自己所写的文字，总希望确是美好的。

虚伪、浮夸、玩戏，都是与诚字正相反对的。在有些人的文字里，却犯着虚伪、浮夸、玩戏的弊病。这个原因同前面所说的一样，有无意的，也有有意的。譬如论事，为才力所限，自以为竭尽智能，还是得不到真际。就此写下来，便成为虚伪或浮夸了。又譬如抒情，为素养所拘，自以为很有价值，但其实近于恶趣。就此写下来，便成为玩戏了。这所谓无意的，都因有所蒙蔽，遂犯了这些弊病。至于所谓有意的，当然也如上文所说的那样怀着利用的心思，借以达某种的目的。或者故意颠倒是非，希望淆惑人家的听闻，便趋于虚伪；或者谀墓、献寿，必须彰善颂美，便涉于浮夸；或者作书牟利，迎合人们的弱点，便流于玩戏。无论无意或有意犯着这些弊病，都是学行上的缺失，生活上的污点。假如他们能想一想是谁作文，作文应当是怎样的，便将汗流被面，无地自容，不愿再担负这种缺失与污点了。

我们从正面与反面看，便可知作文上的求诚实含着以下的意思：从原料讲，要是真实的、深厚的，不说那些不可征验、浮游无着的话；从写作讲，要是诚恳的、严肃的，不取那些油滑、轻薄、卑鄙的态度。

我们作文，要写出诚实的、自己的话。

三　源　头

"要写出诚实的、自己的话"，空口念着是没用的，应该去寻到它的源头，有了源头才会不息地倾注出真实的水来。从上两章里，我们已经得到暗示，知道这源头很密迩，很广大，不用外求，操持由己，就是我们的充实的生活。生活充实，才会表白出、发抒出真实的深厚的情思来。生活充实的含义，应是阅历得广，明白得多，有发现的能力，有推断的方法，情性丰厚，兴趣饶富，内外合一，即知即行，等等。到这地步，会再说虚妄不诚的话么？我们欢喜读司马迁的文，认他是大文家，而他所以致此，全由于修业、游历以及伟大的志操。我们欢喜咏杜甫的诗，称他是大诗家，而他所以致此，全由于热烈的同情与高尚的人格。假若要找反面的例，要找一个生活空虚的真的文家，我们只好说无能了。

生活的充实是没有止境的，因为这并非如一个瓶罐，有一定的容量，而是可以无限地扩大，从不嫌其过大过充实的。若说要待充实到极度之后才得作文，则这个时期将永远不会来到。而写作的欲望却是时时会萌生的，难道悉数遏抑下去么？其实不然。我们既然有了这生活，就当求它充实（这是论理上的话，这里单举断案，不复论证）。在求充实的时候，也正就是生活着的时候，并不分一个先，一个后，一个是预备，一个是实施。从这一点可以推知只要是向着求充实的路的，同时也就不妨作文。作文原是生活的一部分。我们的生活充实到某程度，自然要说某种的话，也自然能说某种的话。譬如孩子，他熟识了人的眨眼，这回又看见星的妙美的闪耀，便高兴地喊道："星在向我眨眼了。"他运用他的观察力、想象力，使生活向着充实的路，这时候自然要倾吐这么一句话，而倾吐出来的又恰好表达了他的想象与欢喜。大文家写出他每一篇名作，也无非是这样的情形。

所以我们只须自问，我们的生活是不是在向着求充实的路上？如其是的，那就可以绝无顾虑，待写作的欲望兴起时，便大胆地、自信地写作。因为欲望的兴起这么自然，原料的来源这么真切，更不用有什么顾虑了。我们最当自戒的就是生活沦没在虚空之中，内心与外界很少发生关系，或者染着不正当的习惯，却要强不知以为知，不能说、不该说而偏要说。这譬如一个干涸的源头，哪里会倾注出真实的水来？假若不知避开，唯有陷入模仿、虚伪、浮夸、玩戏的弊病里罢了。

要使生活向着求充实的路，有两个致力的目标，就是训练思想与培养情感。从实际讲，这二者也是互相联涉，分割不开的。现在为论列的便利，姑且分开来。看它们的性质，本应是一本叫作《做人论》里的章节。但是，因为作文是生活的一部分，所以它们也正是作文的源头，不妨在这里简略地讨究一下。

请先论训练思想。杜威一派的见解以为"思想的起点是实际上的困难，因为要解决这种困难，所以要思想；思想的结果，疑难解决了，实际上的活动照常进行；有了这一番思想作用，经验更丰富一些，以后应付疑难境地的本领就更增长一些。思想起于应用，终于应用；思想是运用从前的经验来帮助现在的生活，更预备将来的生活"。[②]这样的思想当然会使生活的充实性无限地扩大开来。它的进行顺序是这样："（一）疑难的境地；（二）指定疑难之点究竟在什么地方；（三）假定种种解决疑难的方法；（四）把每种假定所涵的结果一一想出来，看哪一个假定能够解决这个困难；（五）证实这种解决使人信用，或证明这种解决的谬误，使人不信用。"[③]在这个顺序里，这第三步的"假设"是最重要的，没有它就得不到什么新东西。而第四、第五步则是给它加上评判和验证，使它真能成为生活里的新东西。所以训练思想的含义，"是要使人有真切的经验来作假设的来源；使人有批评、判断种种假设的能力；使人能造出方法来证明假设的是非真假"。④

至此，就得归根到"多所经验"上边去。所谓经验，不只是零零碎碎地承受种种见闻接触的外物，而是认清楚它们，看出它们之间的关系，使成为我们所有的东西。不论愚者和智者，一样在生活着，所以各有各的自得的经验。各人的经验有深浅广狭的不同。所谓愚者，只有很浅很狭的一部分，仅足维持他们的勉强的生活；除此以外就没有什么了。这个原因当然在少所接触；而接触的多少不在乎外物的来不来，乃在乎主观的有意与无意；无意应接外物，接触也就少了。所以我们要经验丰富，应该有意地应接外物，常常持一种观察的态度。这样，将见环绕于四围的外物非常多，都足以供我们认识、思索，增加我们的财富。我们运用着观察力，明白它们外面的状况以及内面的情形，我们的经验就无限地扩大开来。譬如对于一个人，如其不加观察，摩肩相值，瞬即东西，彼此就不相关涉了。如其一加观察，至少这个人的面貌、姿态在意念中留下一个印象。若进一步与他结识，更可以认识他的性情，品格。这些决不是无益的事，而适足以使我们获得关于人的种种经验，于我们持躬论人都有用处。所以随时随地留意观察，是扩充经验的不二法门。由多所观察，方能达到多所经验。经验愈丰富，则思想进行时假设的来源愈广，批评、判断种种假设的能力愈强，造出方法以证明假设的是非真假也愈有把握。

假如我们作文是从这样的源头而来的，便能表达事物的真际，宣示切实的意思，而且所表达、所宣示的也就是所信从、所实行的，所以内外同致，知行合一。写出诚实的话不是做到了么？

其次，论培养情感。遇悲喜而生情，触佳景而兴感，本来是人人所同的。这差不多是莫能自解的，当情感兴起的时候，浑然地只有这个情这个感，没有功夫再去剖析或说明。待这时候已过，才能回转去想。于是觉得先前的时候悲哀极了或者喜悦极了，或者欣赏了美的东西了。情感与经验有密切的关系。它能引起种种机会，使我们留意观察，设法试证，以获得经验；它又在前面诱导着，使我们勇往直进，全心倾注，去享用经验。它给我们极大的恩惠，使我们这世界各部互相关联而且固结不解地组织起来；使我们深入生活的核心，不再去计较那些为什么而生活的问题。它是粘力，也是热力。我们所以要希求充实的生活，而充实的生活的所以可贵，浅明地说，也就只为我们有情感。

情感的强弱周偏各人不同。有些人对于某一小部分的事物则倾致他们的情感，对其它事物则不然。更有些人对于什么都淡漠，不从这方面倾致，也不从那方面倾致，只是消极地对待，觉得什么东西总辨不出滋味，一切都是无边的空虚，世界是各不相关联的一堆死物，生活是无可奈何的消遣。所以致此的原因，在于与生活的核心向来不曾接近过，永久是离开得远远；而所以离开，又在于不多观察，少具经验，缺乏切实的思想能力。（因此，在前面说思想情感是"互相联涉，分割不开的"，原来是这么如环无端，迭为因果的呵。）于此可见我们如不要陷入这一路，就得从经验、思想上着手。有了真切的经验、思想，必将引起真切的情感；成功则喜悦，失败则痛惜，不特限于一己，对于他人也会兴起深厚的同情。而这喜悦之情的享受与痛惜之后的奋发，都足以使生活愈益充实。人是生来就怀着情感的核的，果能好好培养，自会抽芽舒叶，开出茂美的花，结得丰实的果。生活永远涵濡于情感之中，就觉这生活永远是充实的。

现在回转去论到作文。假如我们的情感是在那里培养着的，则凡有所写，都属真情实感；不是要表现于人前，便是吐其所不得不吐。写出诚实的话不是做到了么？

我们要记着，作文这件事离不开生活，生活充实到什么程度，才会做成什么文字。所以论到根本，除了不间断地向着求充实的路走去，更没有可靠的预备方法。走在这条路上，再加写作的法度、技术等等，就能完成作文这件事了。

必须寻到源头，方有清甘的水喝。

四 组 织

我们平时有这么一种经验：有时觉得神思忽来，情意满腔，自以为这是值得写而且欢喜写的材料了。于是匆匆落笔，希望享受成功的喜悦。孰知成篇以后，却觉这篇文字并不就是我所要写的材料，先前的材料要胜过这成篇的文字百倍呢。因此爽然自失，感到失败的苦闷。刘勰说："方其搦翰，气倍辞前；暨乎篇成，半折心始。何则？意翻空而易奇，言征实而难巧也。"[5]他真能说出这种经验以及它的由来。从他的话来看，可知所以致此，一在材料不尽结实，一在表达未得其道。而前者更重于后者。表达不得当，还可以重行修改；材料空浮，那就根本上不成立了。所以虽然说，如其生活在向着求充实的路上，就可以绝无顾虑，待写作的欲望兴起时，便大胆地、自信地写作，但不得不细心地、周妥地下一番组织的功夫。既经组织，假如这材料确是空浮的，便立刻会觉察出来，因而自愿把写作的欲望打消了。假如并非空浮，只是不很结实，那就可以靠着组织的功能，补充它的缺陷。拿什么来补充呢？这唯有回到源头去，仍旧从生活里寻找，仍旧从思想、情感上着手。

有人说，文字既然源于生活，则写出的时候只须顺着思想、情感之自然就是了。又说组织，岂非多事？这已在前面解答了，材料空浮与否，结实与否，不经组织，将无从知晓，这是一层。更有一层，就是思想、情感之自然未必即与文字的组织相同。我们内蓄情思，往往于一刹那间感其全体；而文字必须一字一句连续而下，仿佛一条线索，直到终篇才会显示出全体。又，蓄于中的情思往往有累复、凌乱等等情形；而形诸文字，必须不多不少、有条有理才行。因此，当写作之初，不得不把材料具体化，使成为可以独立而且可以照样拿出来的一件完美的东西。而组织的功夫就是要达到这种企图。这样才能使写出来的正就是所要写的；不致被"翻空"的意思所引诱，徒然因"半折心始"而兴叹。

所以组织是写作的第一步功夫。经了这一步，材料方是实在的，可以写下来，不仅是笼统地觉得可以写下来。经过组织的材料就譬如建筑的图样，依着兴筑，没有不成恰如图样所示的屋宇的。

组织到怎样才算完成呢？我们可以设一个譬喻，要把材料组成一个圆球，才算到了完成的地步。圆球这东西最是美满，浑凝调合，周遍一致，恰是一篇独立的、有生命的文字的象征。圆球有一个中心，各部分都向中心环拱着。而各部分又必密合无间，不容更动，方得成为圆球。一篇文字的各部分也应环拱于中心（这是指所要写出的总旨，如对于一件事情的论断，蕴蓄于中而非吐不可的情感之类），为着中心而存在。而且各部分应有最适当的定位列次，以期成为一篇圆满的文字。

至此，我们可以知道组织的着手方法了。为要使各部分环拱于中心，就得致力于剪裁。为要使各部分密合妥适，就得致力于排次。把所有的材料逐部审查，而以是否与总旨一致为标准，这时候自然知所去取，于是检定一致的、必要的，去掉不一致的、不切用的，或者还补充上遗漏的、不容少的，这就是剪裁的功夫。经过剪裁的材料方是可以确信的需用的材料。然后把材料排次起来，而以是否合于论理上的顺序为尺度，这时候自然有所觉知。于是让某部居开端，某部居末梢，某部与某部衔接；而某部与某部之间如其有复叠或罅隙，也会发现出来，并且知道应当怎样去修补。到这地步，材料的具体化已经完成了；它不特是成熟于内面的，而且是可以照样宣示于外面的了。

一篇文字的所以独立，不得与别篇合并，也不得剖分为数篇，只因它有一个总旨，它是一件圆满的东西，据此以推，则篇中的每一段虽是全篇的一部分，也必定自有它的总旨与圆满的结构，所以不能合并，不能剖分，而为独立的一段。要希望一段果真达到这样子，当然也得下一番组织的功夫，就一段内加以剪裁与排次。逐段经过组织，逐段充分健全，于是有充分健全的整篇了。

若再缩小范围，每节的对于一段，每句的对于一节，也无非是这样情形。唯恐不能尽量表示所要写出的总旨，所以篇、段、节、句都逐一留意组织。到每句的组织就绪，作文的事情也就完毕了。因此可以说，由既具材料到写作成篇，只是一串组织的功夫。

要实行这种办法，最好先把材料的各部分列举出来，加以剪裁，更为之排次，制定一个全篇的纲要。然后依着写作，同时再注意于每节每句的组织。这样才是有计划有把握的作文；别的且不讲，至少可免"暨乎篇成，半折心始"的弊病。

或以为大作家写作，可无须组织，纯任机缘，便成妙文。其实不然。大作家技术纯熟，能在意念中组织，甚且能不自觉地组织，所谓"腹稿"，所谓"宿构"，便是；而决非不须组织。作文的必须组织，正同作事的必须筹划一样。

五 文 体

写作文字，因所写的材料与要写作的标的不同，就有体制的问题。文字的体制，自来有许多分类的方法。现存的最古的总集要推萧统的《文选》，这部书的分类杂乱而琐碎，不足为据。近代完善的总集要数姚鼐的《古文辞类纂》，分文字为十三类。[⑥]这十三类或以文字写列的地位来立类，[⑦]或以作者与读者的关系来立类，⑧或又以文字的特别形式来立类，⑨标准纷杂，也不能使我们满意。

分类有三端必须注意的：一要包举，二要对等，三要正确。包举是要所分各类能够包含该事物的全部分，没有遗漏；对等是要所分各类性质上彼此平等，绝不能以此涵彼；正确是要所分各类有互排性，绝不能彼此含混。其次须知道要把文字分类，当从作者方面着想，就是看作者所写的材料与要写作的标的是什么，讨究作文，尤其应当如此。我们知道论辨文是说出作者的见解，而序跋文也无非说出作者对于某书的见解，则二者不必判分了。又知道颂赞文是倾致作者的情感，而哀祭文也无非倾致作者对于死者的情感，则二者可以合并了。我们要找到几个本质上的因素，才可确切地定下文字的类别。

要实现上面这企图，可分文字为叙述、议论、抒情三类。这三类所写的材料不同，要写作的标的不同，既可包举一切的文字，又复彼此平等，不相含混，所以可认为本质上的因素。叙述文的材料是客观的事物（有的虽也出自虚构，如陶潜的《桃花源记》之类，但篇中人、物、事实所处的地位实与实有的客观的无异），写作的标的在于传述。议论文的材料是作者的见解，写作的标的在于表示。抒情文的材料是作者的情感，写作的标的在于发抒。

要指定某文属某类，须从它的总旨看。若从一篇的各部分看，则又往往见得一篇而兼具数类的性质。在叙述文里，常有记录人家的言谈的，有时这部分就是议论。⑩在议论文里，常有列举事实作例证的，这等部分就是叙述。⑪在抒情文里，因情感不可无所附丽，常要借述说或推断以达情，这就含有叙述或议论的因素了。⑫像这样参伍错综的情形是常例，一篇纯粹是叙述、议论或抒情的却很少。但只要看全篇的总旨，它的属类立刻可以确定。虽然所记录的人家的言谈是议论，而作者只欲传述这番议论，所以是叙述文。虽然列举许多事实是叙述，而作者却欲借此表示他的见解，所以是议论文。虽然述说事物、推断义理是叙述与议论，而作者却欲因以发抒他的情感，所以是抒情文。

文字既分为上述的三类，从写作方面讲，当然分为叙述、议论、抒情三事。这些留在以后的几篇里去讨究，在这里先论这三事相互间的关系。

第一，叙述是议论的基本，议论是从叙述进一步的功夫。因为议论的全部的历程就是思想的历程，必须有根据，才能产生假设，并且证明假设；所根据的又必须是客观的真实，方属可靠。而叙述的任务就在说出客观的真实。所以议论某项事物，须先有叙述所根据的材料的能力；换一句说，就是对于所根据的材料认识得正确清楚；即使不必把全部写入篇中，而意念中总须能够全部叙述。不然，对于所根据的材料尚且弄不明白，怎能议论呢？不能议论而勉强要议论，所得的见解不是沙滩上的建筑么？写作文字，本乎内面的欲求，有些时候，叙述了一些事物就满足了，固不必再发什么议论。但发议论必须有充分的叙述能力做基本，叙述与议论原来有这样的关系。

第二，叙述、议论二事与抒情，性质上有所不同。叙述或议论一事，意在说出这是这样子或者这应当是这样子。看这类文字的人只要求知道这是这样子或者这应当是这样子。一方面说出，一方面知道，都站在自己的静定的立足点上。这样的性质偏于理知。至于抒情，固然也是说出这是这样子或者这应当是这样子，但里面有作者心理上的感受与变动做灵魂。看这类文字的人便不自主地心理上起一种共鸣作用，也有与作者同样的感受与变动。一方面兴感，一方面被感，都足使自己与所谓这是这样子或者这应当是这样子融合为一。这样的性质偏于情感。若问抒情何以必须借径于叙述、议论而不径直发抒呢？这从心理之自然着想，就可以解答了。我们决没有虚悬无着的情感；事物凑合，境心相应，同时就觉有深浓的情感凝集拢来。所以抒情只须把事物凑合，境心相应的情况说出来。这虽然一样是叙述、议论的事，但已渗入了作者的情感，抒情化了。若说径直发抒，这样就是径直发抒。否则只有去采用那些情感的词语，如哀愁、欢乐之类。就是写上一大串，又怎样发抒出什么呢？

六　叙　述[13]

供给叙述的材料是客观的事物，上章既已说过了。所谓客观的事物包含得很广，凡物件的外形与内容，地方的形势与风景，个人的状貌与性情，事件的原委与因果，总之离开作者而依然存在的，都可以纳入。在这些里面，可以分为外显的与内涵的两部：如外形、形势、状貌等，都是显然可见的；而内容的品德、风景的佳胜、性情的情状、原委因果的关系等都是潜藏于内面的，并不能一望而知。

要叙述事物，必须先认识它们，了知它们。这唯有下功夫去观察。观察的目标在得其真际，就是要观察所得的恰与事物的本身一样。所以当排除一切成见与偏蔽，平心静气地与事物接触。对于事物的外显的部分固然视而可见，察而可知，并不要多大的能耐，对于内涵的部分也要认识得清楚了，了知得明白，就不很容易了。必须审查周遍，致力精密，方得如愿以偿。其中尤以观察个人的性情与事件的原委、因果为最难。

个人的性情，其实就是这个人与别人的不同处；即非大不相同，也应是微异处。粗略地观察，好像人类性情是共通的，尤其在同一时代同一社会的人是这样。但再进一步，将见人与人只相类似而决非共通。因为类似，定有不同之点。不论是大不同或者微异，这就形成各人特有的个性。非常人如此，平常人也如此。所以要观察个人的性情，宜从他与别人不同的个性着手。找到他的个性，然后对于他的思想言动都能举约御繁，得到相当的了解。

简单的事件，一切经过都在我们目前，这与外显的材料不甚相差，尚不难观察。复杂的事件经过悠久的时间，中间包含许多的人，他们分做或合做了许多的动作，这样就成为一组的事，互相牵涉，不可分割。要从这里边观察，寻出正确的原委、因果，岂非难事？但是凡有事件必占着空间与时间。而且凡同一时间所发生的事件，空间必不相同；同一空间所发生的事件，时间必不相同。能够整理空间时间的关系，原委、因果自然会显露出来了。所以要观察复杂的事件，宜从空间时间的关系入手。

我们既做了观察的功夫，客观的事物就为我们所认识、所了知了，如实地写录下来，便是叙述。也有一类叙述的文字是出于作者的想象的，这似乎与叙述必先观察的话不相应了。其实不然。想象不过把许多次数、许多方面观察所得的融和为一，团成一件新的事物罢了。假若不以观察所得的为依据，也就无从起想象作用。所以虚构的叙述也非先之以观察不可。

我们平时所观察的事物是很繁多的。要叙述出来，不可不规定一个范围。至若尚待临时去观察的，尤须划出范围，致力方能精审。划范围的标准就是要写作的总旨：要记下这件东西的全部，便以这件东西的全部为范围；要转述这人所作的某事，便以某事为范围；这是极自然的事，然而也是极重要的事。范围规定之后，才能下组织的功夫，剪裁与排次才有把握。凡是不在这范围以内的，就是不必叙述的，若偶有杂人，便当除去。而在范围以内的，就是必须叙述的，若尚有遗漏，便当补充。至于怎样排次才使这范围以内的事物完满叙出，也可因以决定。假如不先规定范围，材料杂乱，漫无中心，决不能写成一篇完整的文字。犯这样弊病的并不是没有，其故在忘记了要写作的总旨。只须记着总旨，没有不能规定所写材料的范围的。

假若规定以某事物的全部为范围而加以叙述，则可用系统的分类方法。把主从轻重先弄明白；再将主要的部分逐一分门立类，使统率其余的材料。这样叙述，有条有理，细大不遗，就满足了我们的初愿了。[14]使我们起全部叙述的意念的材料，它的性质往往是静定的，没有什么变化；它的范围又出于本然，只待我们认定，不待我们界划。静定而不变化，则观察可以纤屑无遗；范围自成整个，则观察可以不生混淆。既如此，应用系统的分类叙述，自然能够胜任愉快了。

有些时候，虽然也规定以某事物的全部为范围，而不能逐一遍举；则可把它分类，每类提出要领以概其余。只要分类正确，所提出的要领决然可以概括其余的材料。这样，虽不遍举，亦叙述了全部了。[15]

更有些时候，并不要把事物的全部精密地叙述出来，只须有一个大略（但要确实是全部的大略），则可用鸟瞰的眼光把各部分的位置以及相互的关系弄清楚，然后叙述。只要瞻瞩得普遍，提挈得得当，自能得一个全部的影子。[16]

至于性质多变化，范围很广漠的材料，假如也要把全部分纤屑不遗、提纲挈领地叙述下来，就有点不可能了。然而事实上也决不会起这种意念；如欲叙述一个人，决不想把他每天每刻的思想言动叙下来；叙述一件事，绝不想把它时时刻刻的微细经过叙下来；很自然地，只要划出一部分来做叙述的范围，也就满足了。范围既已划定，就认这部分是中心，必须使它十分圆满。至若其余的部分，或者带叙以见关系，或者以其不需要而不加叙述。这是侧重的方法。[17]大部分的叙述文都是用这个方法写成的。这正如画家的一幅画，只能就材料丰富、顷刻迁变的大自然中，因自己的欢喜与选择，描出其中一部分的某一时令间的印象。虽说"只能"但是在画家也满足了。

以上所述，叙述的范围始终只是一个。所以作者的观点也只须一个；或站在旁侧，或升临高处，或精密地观察局部，或大略地观察全体，不须移动，只把从这观点所见的叙述出来就是了。但是有时候我们想叙述一事物的几方面或几时期，那就不能只划定一个范围，须得依着方面或时期划定几个范围。于是我们的观点就跟着移动，必须站在某一个适宜的观点上，才能叙述出某一范围的材料而无遗憾。这犹如要画长江沿途的景物，非移舟前进不可；又如看活动电影，非跟着戏剧的进行，一幕一幕看下去不可。像这样的，可称为复杂的叙述文，分开来就是几篇。但是并不把它们分开，仍旧合为一篇，那是因为它们彼此之间有承接，有影响，而环拱于一个中心之故。[18]

叙述的排次，最常用的是依着自然的次序；如分类观察，自会列出第一类第二类来，集注观察，自会觉着第一层第二层来，依着这些层次叙述，就把作者所认识、了知的事物保留下来了。但也有为了注重起见，并不依着自然的次序的。这就是把最重要的一类或一层排次在先，本应在先的却留在后面补叙。如此，往往增加文字的力量，足以引起读者的注意。但既已颠乱了自然的次序，就非把前后关系接榫处明白且有力地叙出不可，[19]否则成为求工反拙了。

七 议 论

议论的总旨在于表示作者的见解。所谓见解，包括对于事物的主张或评论，以及驳斥别人的主张而申述自己的主张。凡欲达到这些标的，必须自己有一个判断，或说"这是这样的"，或说"这不是那样的"。既有一个判断，它就充当了中心，种种的企图才得有所着力。所以如其没有判断，也就无所谓见解，也就没有议论这回事了。

议论一件事物只能有一个判断。这里所谓一个，是指浑凝美满，像我们前此取为譬喻的圆球而言。在一回议论里固然不妨有好几个判断，但它们总是彼此一致、互相密接的；团结起来，就成为一个圆球似的总判断。因此，它们都是总判断的一部分，各个为着总判断而存在。如其说有两个或两个以上的判断，一定有些部分与这个总判断不相关涉，或竟互相矛盾；彼此团结不成一个圆球，所以须另外分立。不相关涉的，何必要它？互相矛盾的，又何能要它？势必完全割弃，方可免枝蔓、含糊的弊病。因而议论一件事物只有而且只能有一个判断了。[20]

议论的路径就是思想的路径。因为议论之先定有实际上待解决的问题，这就是所谓疑难的境地。而判断就是既已证定的假设。这样，岂不是在同一路径上么？不过思想的结果应用于独自的生活时，所以得到这结果的依据与路径不一定用得到。议论的判断，不论以口或以笔表示于外面时，那就不是这样了。一说到表示，就含有对人的意思，而且目的在使人相信。假若光是给人一个判断，人便将说："判断不会突如其来的，你这个判断何所依据呢？为什么不可以那样而必须这样呢？"这就与相信差得远了。所以发议论的人于表示判断之外，再须担当一种责任：先把这些地方交代明白，不待人发生疑问。换一句说，就是要说出所以得到这判断的依据与路径来。譬如判断是目的地，这一种工作就是说明所走的道路。人家依着道路走，末了果真到了目的地，便见得这确是自然必至的事，疑问无从发生，当然唯有相信了。

议论里所用的依据当然和前面所说思想的依据一样，须是真切的经验，所以无非由观察而得的了知与推断所得的假设。论其性质，或者是事实，或者是事理。非把事实的内部外部剖析得清楚，认识得明白，事理的因果含蕴推阐得正确，审核得得当，就算不得真切的经验，不配做议论的依据。所以前边说过，"叙述是议论的基本"，这就是议论须先有观察功夫的意思。在这里又可以知道这一议论的依据有时就是别一议论（或是不发表出来的思想）的结果，所以随时须好好地议论（或者思想）。

所用的依据既然真切了，还必须使他人也信为真切，才可以供议论的应用。世间的事物，人己共喻的固然很多，用来做依据，自不必多所称论。但也有这事实是他人所不曾观察、没有了知的，这事理是他人所不及注意、未经信从的，假若用作依据，不加称论，就不是指示道路、叫人依着走的办法了。这必得叙述明白，使这事实也为他人所了知；论证如式，使这事理也为他人所信从。这样，所用的依据经过他人的承认，彼此就譬如在一条路上了。依着走去，自然到了目的地。[21]

至于得到判断的路径，其实只是参伍错综使用归纳演绎两个方法而已。什么是归纳的方法？就是审查许多的事实、事理，比较、分析，求得它们的共通之点。于是综合成为通则，这通则就可以包含且解释这些事实或事理。什么是演绎的方法？就是从已知的事实、事理，推及其他的事实、事理。因此所想得的往往是所已知的属类，先已含在所已知之中。关于这些的讨论，有论理学担任。现在单说明议论时得到判断的路径，怎样参伍错综使用这两个方法。假如所用的一个依据是人己共喻的，判断早已含在里边，则只须走一条最简单的路径，应用演绎法就行了。[22]假如依据的是多数的事实事理，得到判断的路径就不这么简单了。要从这些里边定出假设，预备作为判断，就得用归纳的方法。要用事例来证明，使这假设成为确实的判断，就得用演绎的方法。[23]有时，多数的依据尚须从更多数的事实、事理里归纳出来。于是须应用两重的归纳、再跟上演绎的方法，方才算走完了应走的路径。[24]这不是颇极参伍错综之致么？

在这里有一事应得说及，就是议论不很适用譬喻来做依据。通常的意思，似乎依据与譬喻可以相通的。其实不然，它们的性质不同，须得划分清楚。依据是从本质上供给我们以意思的，我们有了这意思，应用归纳或演绎的方法，便得到判断。只须这依据确是真实的，向他人表示，他人自会感觉循此路径达此目的地是自然必至的事，没有什么怀疑。至若譬喻，不过与判断的某一部分的情状略相类似而已，彼此的本质是没有关涉的；明白一点说，无论应用归纳法或演绎法，决不能从譬喻里得到判断。所以议论用譬喻来得出判断，即使这判断极真确，极有用，严格地讲，只能称为偶合的武断，而算不得判断；因为它没有依据，所用的依据是假的。[25]用了假的依据，何能使人家信从呢？又何能自知必真确、必有用呢？我们要知譬喻本是一种修辞的方法（后边要讨究到），用作议论的依据，是不配的。

现在归结前边的意思，就是依据、推论、判断这三者是议论的精魂。这三者明白切实，有可征验，才是确当的议论。把这三者都表示于人，次第井然，才是能够使人相信的议论。但是更有一些事情应得在这些部分以前先给人家：第一，要提示所以要有这番议论的原由，说出实际上的疑难与解决的需要。这才使人家觉得这是值得讨究的问题，很高兴地要听我们下个怎样的判断。第二，要划定议论的范围，说关于某部分是议论所及的；同时也可以撇开以外一切的部分，说那些是不在议论的范围以内的。这才使人家认定了议论的趋向，很公平地听我们对于这趋向所下的判断。第三，要把预想中应有的敌论列举出来，随即加以评驳，以示这些都不足以摇动现在这个判断。这才使人家对于我们的判断固定地相信（在辩论中，这就成为主要的一部分，否则决不会针锋相对）。固然，每一回议论都先说这几件事是不必的，但适当的需要的时候就得完全述说；而先说其中的一事来做发端，几乎是议论文的通例。这本来也是环拱于中心——判断——的部分，所以我们常要用到它来使我们的文字成为浑圆的球体。

还要把议论的态度讨究一下。原来说话、作文都以求诚为归，而议论又专务发现事实、事理的真际，则议论的目标只在求诚，自是当然的事。但是我们如为成见所缚，意气所拘，就会变改议论的态度；虽自以为还准对着求诚，实则已经移易方向了。要完全没有成见是很难的；经验的缺乏，熏染的影响，时代与地域的关系，都足使我们具有成见。至于意气，也难消除净尽；事物当前，利害所关，不能不生好恶之心，这好恶之心譬如有色的眼镜，从此看事物，就不同本来的颜色。我们固然要自己修养，使成见意气离开我们，不致做议论的障碍；一方面更当抱定一种议论的态度，逢到议论总是这样，庶几有切实的把握，可以离开成见与意气。

凡议论夹着成见、意气而得不到切当的判断的，大半由于没有真个认清议论的范围；如论汉字的存废问题，不以使用上的便利与否为范围，而说汉字是中国立国的精华，废汉字就等于废中国，这就是起先没有认清范围，致使成见、意气乘隙而至。所以议论的最当保持的态度，就是认清范围，就事论事，不牵涉到枝节上去。认清范围并不是艰难的功课，一加省察，立刻觉知；如省察文字本是一种工具，便会觉知讨论它的存废，自当以使用上的便利与否为范围。觉知之后，成见、意气更何从搀入呢？

又议论是希望人家信从的，人家愿意信从真实确当的判断，尤愿意信从这判断是恳切诚挚地表达出来的，所以议论宜取积极的诚恳的态度。这与前面所说是一贯的，既能就事论事，就决然积极而诚恳，至少不会有轻薄、骄傲、怒骂等等态度。至于轻薄、骄傲、怒骂等等态度的不适于议论，正同不适于平常的生活一样，在这里也不必说明了。

八　抒　情

抒情就是发抒作者的情感。我们心有所感，总要发抒出来，这是很自然的。小孩子的啼哭，可以说是"原始的"抒情了。小孩子并没有想到把他的不快告诉母亲，只是才一感到，就啼哭起来了。我们作抒情的文字，有时候很像小孩子这样自然倾吐胸中的情感，不一定要告诉人家。所谓"不得其平则鸣"，平是指情感的波澜绝不兴起的时候。只要略微不平，略微兴起一点波澜，就自然会鸣了。从前有许多好诗，署着"无名氏"而被保留下来的，它们的作者何尝一定要告诉人家呢？也只因情动于中，不能自己，所以歌咏出来罢了。

但是，有时我们又别有一种希望，很想把所感的深浓郁抑的情感告诉人，取得人家的同情或安慰。原来人类是群性的，我有欢喜的情感，如得人家的同情，似乎这欢喜的量更见扩大开来；我有悲哀的情感，如得人家的同情，似乎这悲哀不是徒然的孤独的了：这些都足以引起一种快适之感。至于求得安慰，那是怀着深哀至痛的人所切望的。无论如何哀痛，如有一个人，只要一个人，能够了解这种哀痛，而且说："世界虽然不睬你，但是有我在呢；我了解你这哀痛，你也足以自慰了。"这时候，就如见着一线光明，感着一缕暖气，而哀痛转淡了。有许多抒情文字就为着希望取得人家的同情或安慰而写作的。

前面说过，抒情无非是叙述、议论，但里面有作者心理上的感受与变动做灵魂。换一句说，就是于叙述、议论上边加上一重情感的色彩，使它们成为一种抒情的工具。其色彩的属于何种则由情感而定；情感譬如彩光的灯，而叙述、议论是被照的一切。既是被照，虽然质料没有变更，而外貌或许要有所改易。如同一的材料，当叙述它时，应该精密地、完整地写的，而用作抒情的工具，只须有一个粗略的印象已足够了；当议论它时，应该列陈依据、指示论法的，而用作抒情的工具，只须有一个判断已足够了。[26]这等情形在抒情文字里是常有的。怎样选择取舍，实在很难说明；只要情感有蕴蓄，自会有适宜的措置，正如彩光的灯照耀时，自会很适宜地显出改易了外貌的被照的一切一样。

抒情的工作实在是把境界、事物、思想、推断等等，凡是用得到的、足以表出这一种情感的，一一抽出来，融和混合，依情感的波澜的起伏，组成一件新的东西。可见这是一种创造。但从又一方面讲，工具必取之于客观，组织又合于人类心情之自然，可见这不尽是创造，也含着摹写的意味。王国维说："自然中之物互相关系，互相限制。然其写之于文字及美术中也，必遗其关系、限制之处。故虽写实家亦理想家也。又虽如何虚构之境，其材料必求之于自然，而其构造亦必从自然之法则。故虽理想家亦写实家也。"[27]他虽然不是讲抒情的情形，但如其把"自然"一词作广义讲，兼包人的心情在内，则这几句话正好比喻抒情的情形。

从读者方面说，因为抒情文字含着摹写的意味，性质是普遍的，所以能够明白了解；又因它是以作者的情感为灵魂而创造出来的，所以会觉着感动。所谓感动，与听着叙述而了知、听着议论而相信有所不同，乃是不待审度、思想，而恍若身受，竟忘其为作者的情感的意思。人间的情感本是相类似的，这人以为喜乐或哀苦的，那人也以为喜乐或哀苦。作者把自己的情感加上一番融凝烹炼的功夫，很纯粹地拿出来，自然会使人忘却人己之分，同自己感到的一样地感受得深切。这个感动可以说是抒情文的特性。

抒情以什么为适当的限度呢？这不比叙述，有客观的事物可据，又不比议论，有论理的法则可准。各人的情感有广狭、深浅、方向的不同，千差万殊，难定程限，惟有反求诸己，以自己的满足为限度；抒写到某地步，自己觉得所有的情感倾吐出来了，这就是最适当的限度。而要想给人家读的，尤当恰好写到这限度而止。如或不及，便是晦昧，不完全，人家将不能感受其整体；如或太过，便是累赘，不显明，人家也不会感受得深切。

抒情的方法可以分为两种：如一样是哀感，痛哭流涕、摧伤无极地写出来也可以，微献默叹、别有凄心地写出来也可以；一样是愉快，欢呼狂叫、手舞足蹈地写出来也可以，别有会心、淡淡着笔地写出来也可以。一种是强烈的，紧张的；一种是清淡的，弛缓的。紧张的抒写往往直抒所感，不复节制，想到什么就说什么，毫不隐匿，也不改易。这只要内蕴的情感真而且深，自会写成很好的文字。它对人家具有一种近乎压迫似的力量，使人家不得不感动。[20]弛缓的抒写则不然，往往涵蕴的情感很多很深，而从事于敛抑凝集，不给它全部拿出来，只写出似乎平常的一部分。其实呢，这一部分正就摄取了全情感的精魂。这样的东西，对读者的力量是暗示的而不是压迫的。读者读着，受着暗示，同时能动地动起情感来，于是感到作者所有的一切了。所以也可以说，这是留下若干部分使人家自己去想的抒写方法。[21]

刘勰论胜篇秀句："并思合而自逢，非研虑之所求也。或有晦塞为深，虽奥非隐；雕削取巧，虽美非秀矣。"[22]我们可以借这话来说明抒情文怎么才得好。所谓"思合而自逢"，乃是中有至情，必欲宣发，这时候自会觉得应当怎样去抒写；或是一泻无余地写出来，或是敛抑凝集地写出来，都由所感的本身而定；并不是一种后加的做作功夫。这样，才成为胜篇秀句。至于"晦塞为深"、"雕削取巧"则是自己的情感不深厚，或竟是没有什么情感，而要借助于做作功夫。但是既无精魂，又怎么能得佳胜，感动人家呢？于此可知唯情感深厚，抒情文才得好；如其不从根本上求，却去做雕斫藻饰的功夫，只是徒劳而已。

取浑然的情感表现于文字，要使恰相密合，人家能觉此而感彼，差不多全是修辞的效力。这归入第十章中讨究。

九 描 写

描写一事，于叙述、抒情最有关系，这二者大部是描写的功夫；即在议论，关于论调的风格、趣味等等，也是描写的事；所以在这一章里讨究描写。

描写的目的是把作者所知所感密合地活跃地保存于文字中。同时对于读者就发生一种功效，就是读者得以真切了知作者所知，如实感受作者所感，没有误会、晦昧等等缺憾。

我们对于一切事物，自山水之具象以至人心之微妙，时相接触，从此有所觉知，有所感动，都因为有一个印象进入我们的心。既然如此，要密合而且活跃地描写出来，唯有把握住这一个印象来描写。描写这个印象，只有一种最适当的说法，正如照相器摄取景物，镜头只有一个最适当的焦点一样；除了这一种说法，旁的说法就差一点了。所以找到这一种最适当的说法，是描写应当努力的。

先论描写当前可见的境界。当前可见的境界给与我们一个什么印象呢？不是像一幅画图的样子么？画家要把它描写出来，就得相定位置，审视隐现，依光线的明暗、空气的稀密，使用各种彩色，适当地涂在画幅下。如今要用文字来描写它，也得采用绘画的方法，凡是画家所经心的那些条件，也得一样地经心。我们的彩色就只是文字；而文字组合得适当，选用得恰好，也能把位置、隐现等等都描写出来，保存个完美的印象。㉛

史传里边叙述的是以前时代的境界。如小说里边叙述的是出于虚构的境界，都不是当前可见的。但是描写起来也以作者曾有的印象为蓝本。作者把曾有的印象割裂或并合，以就所写的题材，那是有的，而决不能完全脱离印象。完全脱离了便成空虚无物，更从哪里去描写呢？㉜

以上是说以静观境界，也以静写境界。也有些时候，我们对于某种境界起了某种情感，所得的印象就不单是一幅画图了，这画图中还搀和着我们的情感的分子。假如也只像平常绘画这样写出来，那就不能把捉住这个印象。必须融和别一种彩色在原用的彩色里（这就是说把情感融入描写用的文字），才能把它适当地表现出来。㉝

次论描写人物。人有个性，各个不同，我们得自人物的印象也各个不同。就显然的说，男女、老幼、智愚等等各有特殊的印象给我们；就是同是男或女，同是老或幼，同是智或愚，也会给我们特殊的印象。描写人物，假若只就人的共通之点来写，则只能保存人的类型，不能表现出某一个人。要表现出某一个人，须抓住他给予我们的特殊的印象。如容貌、风度、服饰等等，是显然可见的。可同描写境界一样，用绘画的方法来描写。至于内面的性情、理解等等，本是拿不出本体来的，也就不会直接给我们什么印象。必须有所寄托，方才显出来，方才使我们感知。而某一个人的性情、理解等等往往寄托于他的动作和谈话。所以要描写内面，就得着力于这二者。

在这里论描写而说到动作，这动作不是指一个人做的某一件事。在一件事里，固然大可以看出一个人的内面，但保存一件事在文字里是叙述的事情。这里的动作单指人身的活动；如举手、投足、坐、卧、哭、啼之类而言。这些活动都根于内面的活动，所以不可轻易放过，要把它们仔细描写出来。只要抓得住这人的特殊的动态，就把这人的内面也抓住了。^㉞

描写动作，要知道这人有这样的动作时所占的空间与时间。如其当前描写，空间与时间都是明白可知的，那还不十分重要。但是作文里的人物往往不能够当前描写，如历史与小说中的人物，怎么能够当前描写呢？这就非注意空间与时间不可了。关于空间，我们可于意想中划定一处地方，这个地方的方向、设置都要认清楚；譬如布置一个舞台，预备演剧者在上面活动。然后描写主人翁的动作。他若是坐，就有明确的向背，他若是走，就有清楚的踪迹。这还是就最浅的讲呢。总之，唯能先划定一个空间，方使所描写的主人翁的动作——都有着落，内面的活动——与外面的境界相应。关于时间，我们可于意想中先认定一个季节、一个时刻，犹如编作剧本，注明这幕戏发生于什么时候一样。然后描写主人翁的动作。一个动作占了若干时间，一总的动作是怎样的次第，就都可以有个把握。这才合乎自然，所描写的确实表现了被描写的。^㉟

在这里论到的谈话，不是指整篇的谈话，是指语调、语气等等而言。在这些地方正可以表现出各人的内面，所以我们不肯放过，要仔细描写出来。这当儿最要留意的：我们不要用自己谈话的样法来写，要用文中主人翁谈话的样法来写，使他说自己的话，不蒙着作者的色彩。就是描写不是当前的人物，也当想象出他的样法，让他说自己的话。在对话中，尤其用得到这一种经心。果能想象得精，把捉得住，往往在两三语中就把人物的内面活跃地传状出来了。^㊱

至于议论文，那就纯是我们自己说话了。所以又只当用自己的样法来写，正同描写他人一样。

以上是分论描写境界和人物。而在一些叙述文里，特别是在多数的抒情文里，境界与人物往往是分不开的。境界是人物的背景；人物是境界的摄影者，一切都从他的摄取而显现出来。于是描写就得双方兼顾。这大概有两种趋向：一是境界与人物互相调和的，如清明的月夜，写情人的欢爱；苦雨的黄昏，写寄客的离绪。这就见得彼此成个有机的结合，情与境都栩栩有生气。一是境界与人物不相调和的，如狂欢的盛会，中有感愤的独客；肮脏的社会，却有卓拔的佳士。这就见得彼此绝然相反，而人物的性格却反衬得十分明显。这二者原没有优劣之别，我们可就题材之自然，决定从哪一种趋向。描写对应当注意的范围却扩大了；除却人物的个性以外，如自然界的星、月、风、云、气候、光线、声音、动物、植物、人为的建筑、器物，等等，都要出力地描写，才得表现出这个调和或不调和来。

末了，我们要记着把握住印象是描写的根本要义。恰当地把握得住，具体地诉说得出，描写的能事已尽了。从反面看，就可知不求之自己的印象，却从别人的描写法里学习描写，是间接的、寡效的办法。如其这么做，充其量也不过成了一件复制品。而自己的印象仿佛一个无尽的泉源，时时会有新鲜的描写流出来。㊲

十 修 辞

现在要讨究造句用词了。我们所有的情思化成一句句话，从表现的效力讲，从使人家明了且感动的程度讲，就有强弱、适当不适当的差异。有的时候，写作的人并不加什么经心，纯任自然，直觉地感知当怎么写便怎么写，却果真写到刚合恰好的地步。但是有的时候，也可特意地经心去发现更强、更适当的造句用词的方法。不论是出于不自觉的或是出于特意的，凡是使一句句的话达到刚合恰好的地步，我们都称为修辞的功夫。

修辞的功夫所担负的就是要一句话不只是写下来就算，还要成为表达这意思的最适合的一句话。如是说明的话，要使它最显豁；如是指像的话，要使它最妙肖；意在刺激，则使它具有最强的刺激力；意在描摹，则使它含着最好的生动态；……因为要达到这些目的，往往把平常的说法改了，别用一

种变格的说法。㊳

变格的说法有一种叫取譬。拿别一件事物来譬喻所说的事物，拿别一种动态来譬喻所说的动态，就是取譬。因为有时我们所说及的事物是不大容易指示的，所说及的动态是不能直接描绘的，所以只有用别的、不同的事物和动态来譬喻。从此就可以悟出取譬的条件：所取譬的虽然与所说的不同，但从某一方面看，它们定须有极相似处，否则失却譬喻的功用，这是一。㊴所取譬的定须比所说的明显而具体，这才合于取譬的初愿，否则设譬而转入晦昧，只是无益的徒劳而已，这是二。凡能合于这两个条件的就是适合的好譬喻。㊵

怎么能找到这等适合的好譬喻呢？这全恃作者的想象力；而想象力又不是凭空而至的，全恃平时的观察与体味而来。平时多为精密的观察、深入的体味，自会见到两件不同的事物的极相似处、两种不同的动态的可会通处，而且以彼视此，则较为明显而具体。于是找到适合的好譬喻了。

有的时候，我们触事接物，仿佛觉得那些没有知觉。情感的东西都是有知觉、情感的。有的时候，我们描写境界，又觉得环绕我们的境界都被着我们的情感的色彩。有的时候，我们描写人物，同时又给所写的境界被上人物的情感的色彩。这些也都来源于想象力；说出具体的话，写成真实的文句，就改变了平常的法则。㊶从事描写，所谓以境写人、以境写情等等，就在能够适当地使用这类的语句。

更有一种来源于想象的修辞法，可以叫作夸饰，就是言过其实，涉于夸大。这要在作者的意中先存着"差不多这样子"的想象；而把它写下来，又会使文字更具刺激和感动的力量，才适宜用这个方法。尤当注意的，一方面要使读者受到它的刺激和感动，一方面又要使读者明知其并非真实。㊷唯其如此，所以与求诚不相违背，而是修辞上可用的方法。

变格的说法有时是从联想来的。因了这一件，联想到那一件，便不照这一件本来的说，却拿联想到的那一件来说，这是常有的事。但从修辞的观点讲，也得有条件才行。条件无非同前边取譬、夸饰一样，要更明显，更具体，更有刺激和感动的力量，才可以用。㊸唯其得自作者真实的联想，又合于增加效力的条件，就与所谓隶事、砌典不同。因为前者出于自然，后者出于强饰。出于强饰的隶事、砌典并非修辞，只是敷衍说话而已。王国维论作词用代字，说"其所以然者，非意不足，则语不妙也"，又说："果以是为工，则古今类书具在，又安用词为耶？"㊹最是痛切的议论。

要在语句的语气、神情中间达出作者特殊的心情、感觉，往往改变了平常的说法，这也是修辞。如待读者自己去寻思，则出于含蓄，语若此而意更深；不欲直捷地陈说，则出于纡婉，语似淡而意却挚；意在讽刺，则出以反语、舛辞；情感强烈，则出以感叹、叠语。⑤这些都并非出于后添的做作，而是作者认理真确，含情恳切，对于这等处所，都会自然地写出个最适合的说法。

看了上面一些意思，可以知道从事修辞，有两点必须注意。一点是求之于己；因为想象、联想、语句的语气、神情，等等，都是我们自己的事情。又一点是估定效力；假若用了这种修辞而并不见得达到刚合恰好的地步，那就宁可不用。现成的修辞方法很多，在所有的文篇里都含蓄着；但是我们不该采来就用，因为它们是别人的。求之于己，我们就会铸出许多新鲜的为我们所独有的修辞方法；有时求索的结果也许与别人的一样，我们运用它，却与贸然采用他人者异致。更因出于自己，又经了估计，所以也不致有陈腐、不切等等弊病。

作者注：

①见《胡适文存》卷一第二九七页。

②见《胡适文存》卷二第一二六页。

③见《胡适文存》卷二第一二〇页。

④见《胡适文存》卷二第一二七页。

⑤见《文心雕龙·神思》。

⑥十三类是论辨、序跋、奏议、书说、赠序、诏令、传状、碑志、杂记、箴铭、颂赞、辞赋、哀祭。

⑦如序跋、碑志。

⑧如奏议、诏令。

⑨如箴铭、辞赋。

⑩如《史记·鲁仲连列传》仲连折新垣衍的言谈，便是议论文。

⑪如《吕氏春秋·察征》列述许多故事，便是叙述文。

⑫如韩愈《祭十二郎文》差不多全是述说与推断。

⑬此章持论与举例，多数采自梁启超《中学以上作文教学法》，见《改造》第四卷九、十两号。

⑭如韩愈《画记》用分类的方法，把画上人、马及其它动物、杂器物全部叙入，便是一

个适例。教科书也往往用这一种叙述法。

⑮如《史记·西南夷列传》把西南夷分为三大部，用土著、游牧及头发的装束等等做识别。每一大部中复分为若干小部，每小部举出一个或两个部落为代表。代表者的特殊地位固然见出，其余散部落亦并不遗漏。

⑯这可举《史记·货殖列传》为例。此篇从"汉兴海内为一"起，至"燕代田畜而事蚕"止，讲的是当时经济社会的状况。虽然只是一个大概，但物的方面，把各地主要都市所在以及物产的区划、交通的脉络，人的方面，把各地历史的关系，人民性质遗传上好处坏处、习惯怎样养成、职业怎样分布都讲到了。

⑰如《史记·廉颇蔺相如列传》中叙廉颇，只侧重在与蔺相如倾轧而终于交欢的一件事；其余攻城破邑之功，仅是带叙而已。但就从这一件事，我们认识了廉颇了。

⑱如《汉书·西域传》，先叙西域交通的两条大路；再入本文，就依着路线叙去。作者的观点与叙述的范围固然随地变更，但自有一个中心统摄着，就是叙述西域。

⑲如《域外小说集》中《灯台守》一篇，先叙与本篇相关重要的老人应募守灯台事；及老人登台眺望，方追叙他的往事。其由说明他"回念前此飘流忧患，直可付之一笑"，因而追叙往事，由往事的最后，在"心冀安居"，因而接到现在的竟得安居，都是极完美的接榫方法。

⑳如《胡适文存》卷三第四六页一，表示一个总判断，说文言中"凡询问代词用作止词时，都在动词之前"。以上论"何、谁、孰、奚、胡、曷"诸字的判断，都只是总判断的一部分。

㉑如汪荣宝论证歌、戈、鱼、虞、模韵的字，古时读 α 音（见北京大学《国学季刊》第一卷第二号），而列叙日本所译汉字的音、古代西人所译汉字的音、六朝及唐译佛经关于声音的义例以及当时译外国人名地名关于声音的义例，无非因别人不曾观察这些地方，须得详述，才能使人也信为真切。

㉒这就如普通论理学书中所常用的例："凡人必死，故某必死。"岂非最简单么？

㉓如胡适《中国哲学史大纲》第二篇，论中国哲学的发生，先从《诗经》《国语》《左传》几部书中看出当时社会状态的不安，足以引出哲学思想，用的是归纳法；又说在这样的社会状态之下，便有忧时、愤世等等思潮，为哲学的先导，这就是演绎法了。

㉔如⑳例，从许多文篇的摘句归纳出"何"字"谁"字等的用法；又从这些结果归纳出一个总判断，便是两重的归纳。

㉕如《孟子》"饥者易为食，渴者易为饮，德之流行，速于置邮而传命"，不过说"德之流行很快"而已。饥渴的情形，并不是它的依据，因为彼此不相关涉。这只是一种譬喻，作用在使人家易于了解，而且感兴趣。

㉖如李陵《答苏武书》中："凉秋九月，塞外草衰，夜不能寐；侧耳远听，胡笳互动，

牧马悲鸣，吟啸成群，边声四起。"只叙述个粗略的印象，但居此境界中的人情感何似，已可见了。又如同篇中："人之相知，贵相知心"，乃是一个判断。但唯其这样，弥觉彼此之情亲密。

㉗见《人间词话》。

㉘如李陵《答苏武书》、司马迁《报任安书》都属此类。

㉙如曹丕《与吴质书》便属此类。

㉚见《文心雕龙·隐秀》。

㉛我们读柳宗元的《小石潭记》："……伐竹取道。下见小潭，水尤清冽，全石以为底。近岸，卷石底以出，为坻，为屿，为嵁，为岩。青树、翠蔓蒙络摇缀，参差披拂。潭中鱼可百许头，皆若空游无所依。日光下澈，影布石上，佁然不动。俶尔远逝，往来翕忽，似与游者相乐。潭西南而望，斗折蛇行，明灭可见，其岸势犬牙差互，不可知其源。……"哪有不觉得他所得的印象鲜明地展示在我们面前呢？

㉜如《域外小说集》中《月夜》一篇，写月夜郊园，非常妙美，其实是作者曾有的印象："小园浴月，果树成行，小枝无叶，疏影横路。有忍冬一树，攀附墙上，即发清香，仍有花魂——飞舞温和夜气中也……瞻望四野，皎然一白，碧空无云，夜气柔媚。蛙蛤乱鸣，声声相续，如击金石。月光冶美，足移人情……更进，则有小溪曲流，水次列白杨数树。薄雾朦胧，承月光转为银白，上下弥曼，遍罩水曲，若被冰绡。"

㉝如《水经注》描写巫峡这地方，"每至晴初霜旦，林寒涧肃，常有高猿长啸，属引凄异，空谷传响，哀转久绝"。说到"肃、凄异、哀转"，就融入作者的情感了。

㉞如《史记·项羽本纪》写樊哙："哙即带剑拥盾入军门。交戟之卫士欲止不内。樊哙侧其盾以撞，卫士仆地。哙遂入，披帷西向立，嗔目视项王，头发上指，目眦尽裂。"我们读此，就认识了樊哙了。

㉟描写人物也有笼统地写，不划定空间、时间的，那又当别论。

㊱如《史记·平原君列传》写毛遂定从一段："十九人谓毛遂曰：'先生上。'毛遂按剑历阶而上，谓平原君曰：'从之利害，两言而决耳。今日出而言从，日中不决，何也？'楚王谓平原君曰：'客何为者也？'平原君曰：'是胜之舍人也。楚王叱曰：'胡不下？吾乃与而君言，汝何为者也？'毛遂按剑而前曰：'……吾君在前，叱者何也？……吾君在前，叱者何也？"诸人的短语都表现出内面的心情。

㊲如《现代日本小说集》中《金鱼》一篇中"一到街上卖金鱼的这样青的长雨的时节"，这"青的雨"是作者从自己的印象中得来的新鲜的描写。

㊳如"素月流天"一语，这"流"字就是变格的说法。

㊴《史记·刺客列传》载樊於期逃亡到燕国，太子丹容纳了他。鞠武以为不可。当时燕

国这么弱，此事又足以激起秦国欲吞之心，正如投肉引虎，以毛抵火。所以鞠武用"委肉当饿虎之蹊""以鸿毛燎于炉炭之上"两语为喻。

⑩只看上一个例，觉得两句譬喻把危险的情形明显且具体地表达出来了。所以它们是好譬喻。

⑪如说"天容愁惨"，这就把天真当作有情感的东西了。从实际讲，天容哪有愁惨不愁惨呢？又如说"胡笳互动，牧马悲鸣"，李陵把声音被上自己的情感的色彩了。从实际讲，他哪里会知道牧马因悲而鸣、鸣得很悲呢？

⑫如鲁迅《一件小事》，叙述一个车夫扶着受伤的老女人向巡警分驻所去，接着写作者的感想："我这时突然感到一种异样的感觉，觉得他满身灰尘的后影，刹时高大了，而且愈走愈大，须仰视才见。"这是夸大的说法，可使读者感到作者对于这"满身灰尘的后影"的感动，同时又使读者明知其并非真实，所以是好的修辞。

⑬如不说老人而说联想到的"白头"，不说稚子而说联想到的"垂髫"，很可把老和幼的特点明显且具体地表达出来，类此的都可用。

⑭见《人间词话》。

⑮如不说"贵在能行"，而说"非知之艰，行之惟艰"，便是含蓄。弦高不向秦军说"你们将去袭取郑国"，而说"寡君闻吾子将步师出于敝邑……"便是纤婉。《史记·滑稽列传》优孟谏楚庄王以大夫礼葬所爱马，而说"以大夫礼葬之，薄，请以人君礼葬之"，优旃谏秦二世漆其城，而说"佳哉，漆城荡荡，寇来不得上"都是反语。感叹语之例可以不举。

写作什么 *

　　国文科牵涉到的事项很多，这儿只讲一点关于写作的话。分两次讲，这一次的题目是《写作什么》，下一次的题目是《怎样写作》。我的话对于诸位不会有直接的帮助，我只希望能有间接的帮助。就是说，诸位听了我的话，把应该留心的留心起来，把应该避忌的随时避忌，什么方面应该用力就多多用力，什么方面不必措意就不去白费心思。这样经过相当的时候，写作能力自然渐渐增进了。

　　诸位现在写作，大概有以下的几个方面：国文教师按期出题目，教诸位练习，就要写作了；听了各门功课，有的时候要作笔记，做了各种试验，有的时候要作报告，就要写作了；游历一处地方，想把所见所闻以及感想记下来，离开了家属和亲友，想把最近的生活情形告诉他们，就要写作了；有的时候有种种观感凝结成一种意境，觉得要把这种意境化为文字，心里才畅快，也就要写作了。

　　以上几方面的写作材料都是诸位生活里原有的，不是从生活以外去勉强找来的。换句话说，这些写作材料都是自己的经验。我们平时说话，从极简单的日常用语到极繁复的对于一些事情的推断和评论，都无非根据自己的经验。因为根据经验，说起来就头头是道，没有废话，没有瞎七搭八的无聊话。如果超出了经验范围，却去空口说白话，没有一点天文学的知识，偏要讲星辰怎样运行，没有一点国际政治经济的学问，偏要推断意阿战争、海军会议的将来，一定说得牛头不对马嘴，徒然供人家作为嗤笑的资料。一个人如有自知之明，总不肯做这样的傻事，超出了自己的经验范围去瞎说。他一定知

---

　　*原载作者与夏丏尊合著的《阅读与写作》。

道自己有多少经验，什么方面他可以说话，什么方面他不配开口。在不配开口的场合就不开口，这并不是难为情的事，而正是一种诚实的美德。经验范围像波纹一样，越来越扩大。待扩大到相当的时候，本来不配开口的配开口了，那才开口，也并不嫌迟。作文原是说话的延续，用来济说话之穷，在说话所及不到的场合，就作文。因此作文自然应该单把经验范围以内的事物作为材料，不可把经验范围以外的事物勉强拉到笔底下来。照诸位现在写作的几个方面看，所有材料都是自己的经验，这正是非常顺适的事。顺着这个方向走去，是一条写作的平坦大路。

这层意思好像很平常，其实很重要。因为写作的态度就从这上边立定下来。知道写作原是说话的延续，写作材料应该以自己的经验为范围，这就把写作看作极寻常可是极严正的事。人人要写作，正同人人要说话一样，岂不是极寻常？不能超出自己的经验，不能随意乱道，岂不是极严正？这种态度是正常的，抱着这种态度的人，写作对于他是一种有用的技能。另外还有一种态度，把写作看作极特殊可是极随便的事。拿从前书塾里的情形来看，更可以明白。从前书塾里，学生并不个个作文。将来预备学工业、商业的，读了几年书认识一些字也就算了，只有预备应科举的几个才在相当的时候开始作文。开始作文称为"开笔"，那是一件了不得的事，开了笔的学生对先生要加送束修，家长对人家说"我的孩子开笔了"，往往露出得意的笑容。这为什么呢？因为作了文可以应科举，将来的飞黄腾达都种因在这上边，所以大家都认为一件极特殊的事，这特殊的事并且是属于少数人的。再看开了笔作些什么呢？不是《温故而知新说》就是《汉高祖论》之类。新呀故呀翻来覆去缠一阵就算完了篇；随便抓住汉高祖的一件事情，把他恭维一顿，或者唾骂一顿，也就算完了篇。这些材料大部分不是自己的经验，无非仿效别人的腔调，堆砌一些毫不相干的意思，说得坏一点，简直是鹦鹉学舌，文字游戏。从这条路径发展下去，这就来了专门拼凑典故的文章，无病呻吟的诗词。自己的经验是这样，写出来却并不这样，或许竟是相反的那样。写作同实际生活脱离了关系，只成为装点生活的东西，又何贵乎有这种写作的技能呢？所以说，这种态度是极随便的。到现在，科举虽然废掉了，作文虽然从小学初年级就要开始，可是大家对于写作的态度还没有完全脱去从前的那种弊病。现在个个学生要作文，固然不再是少数人的特殊的事，但是往往听见学生说"我没有意思，没有材料，拿起笔简直写不出什么来"，或者说："今天又要作文了，真是讨厌！"这些话表示一种误解，以为作文是学校生活中的特殊的事，而且须离开自己的经验去想意思，去找材料，自己原有的经验好像不配作为意思、不配充当材料似的。再从这里推想开去，又似乎所谓意思、所谓材料是一种说来很好听、写来很漂亮但不和实际生活发生联系的花言巧语。这种花言巧语必须费很大的力气去搜寻，像猎犬去搜寻潜伏在山林中的野兽。搜寻未必就能得到，所以拿起笔写不出什么来，许多次老写不出什么来，就觉得作文真是一件讨厌的事。进一步说，抱着这样的态度作文，即使能够写出什么来，也不是值得欢慰的事。因为作文决不是把一些很好听、很漂亮的花言巧语写在纸上就算完事的，必须根据经验，从实际生活里流注出来，那才合乎所以要作文的本意。离开了自己的经验而去故意搜寻，虽然搜寻的功夫也许很麻烦，但是不能不说他把作文看得太随便了。把作文看得特殊又看得随便的态度使作文成为一种于人生无用的技能。这种态度非改变不可。诸位不妨自己想想：我把作文认作学校生活中的特殊的事吗？我离开了自己的经验故意去搜寻虚浮的材料吗？如果不曾，那就再好没有。如果确曾这样，而且至今还是这样，那就请立刻改变过来，改变为正当的态度，就是把作文看得寻常又看得严正的态度。抱着正当的态度的人决不会说没有意思、没有材料，因为他决不会没有经验，经验就是他的意思和材料。他又决不会说作文真是讨厌的事，因为作文是他生活中的一个项目，好比说话和吃饭各是生活中的一个项目，无论何人决不会说说话和吃饭真是讨厌。

以上说了许多话，无非说明写作材料应以自己的经验为范围。诸位现在写作的几个方面原都不出这个范围，只要抱正当的态度，动一回笔自然得到一回实益。诸位或者要问："教师命题作文，恐怕不属于我们的经验范围以内吧。"我可以这样回答，凡是贤明的国文教师，他出的题目应当不超出学生的经验范围，他应当站在学生的立脚点上替学生设想，什么材料是学生经验范围内的，是学生所能写的、所要写的，经过选择才定下题目来。这样，学生同写一封信、作一篇游记一样，仍然是为着发表自己的经验而写作，同时又得到了练习的益处。我知道现在的国文教师贤明的很多，他们根据实际的经验和平时的研究，断不肯出一些离奇的题目，离开学生的经验十万八千里，教学生搔头摸耳，叹息说没有意思、没有材料的。自然，也难免有一些教师受习惯和环境的影响，出的题目不很适合学生的胃口，我见过的《学而时习之论》就是一个例子。我若是学生，就不明白这个题目应该怎样地论。学而时习之，照常识讲，是不错的。除了说这个话不错以外，还有什么可说呢？这种题目，从前书塾里是常出的，现在升学考试和会考也间或有类似的题目。那位教师出这个题目，大概就由于这两种影响。诸位如果遇见了那样的教师，只得诚诚恳恳地请求他，说现在学会作这样的题目，只有逢到考试也许有点用处，在实际生活中简直没有需要作这样题目的时候。即使您先生认为预备考试的偶尔有用也属必要，可否让我们少作几回这样题目，多作几回发表自己经验的文章？这样的话很有道理，并不是什么非分的请求。有道理的话，谁不愿意听？我想诸位的教师一定会依从你们的。

再说经验有深切和浅薄的不同，有正确和错误的不同。譬如我们走一条街道，约略知道这条街道上有二三十家店铺，这不能不算是经验。但是我们如果仔细考察，知道这二三十家店铺属于哪一些部门，哪一家的资本最雄厚，哪一家的营业最发达，这样的经验比前面的经验深切多了。又譬如我们小时候看见月食，老祖母就告诉我们，这是野月亮要吞家月亮，若不敲锣打鼓来救，家月亮真个要被吃掉的。我们听了记在心里，这也是我们的经验，然而是错误的。后来我们学了地理，懂得星球运行的大概，才知道并没有什么野月亮，更没有吞食家月亮这回事，那遮没了月亮的原来是地球的影子。这才是正确的经验。这不过是两个例子，此外可以依此类推。我们写作，正同说话一样，总希望写出一些深切的正确的经验，不愿意涂满一张纸的全是一些浅薄的错误的经验。不然，就是把写作看得太不严正，和我们所抱的态度违背了。

单是写出自己的经验还嫌不够，要更进一步给经验加一番洗炼的功夫，才真正做到下笔绝不随便，合乎正当的写作态度。不过这就不止是写作方面的事了，而且也不止是国文科和各学科的事，而是我们整个生活里的事。我们每天上课，看书，劳作，游戏，随时随地都在取得经验，而且使经验越来越深切，越来越正确。这并不是为作文才这样做，我们要做一个有用的人，要做一个健全的公民，就不得不这样做。这样做同时给写作开了个活的泉源，从这个泉源去汲取，总可以得到澄清的水。所怕的是上课不肯好好地用功，看书没有选择又没有方法，劳作和游戏也只是随随便便，不用全副精神对付，只图敷衍过去就算，这样，经验就很难达到深切和正确的境界。这样的人做任何事都难做好，当然不能称为有用，当然够不上叫做健全的公民。同时他的写作的泉源干涸了，勉强要去汲取，汲起来的也是一盏半盏混着泥的脏水。

写作材料的来源普遍于整个生活里，整个生活时时在那里向上发展，写作材料自会滔滔汩汩地无穷尽地流注出来，而且常是澄清的。有些人不明白这个道理，以为写作只要伏在桌子上拿起笔来硬干就会得到进步，不顾到经验的积累和洗炼，他们没想到写作原是和经验纠结而不可分的。这样硬干的结果也许会偶尔写成一些海市蜃楼那样很好看的文字，但是这不过一种毫无实用的玩意儿，在实际生活里好比赘瘤。这种技术是毫无实用的技术。希望诸位记着写作材料的来源普遍于整个的生活，写作固然要伏在桌子上，写作材料却不能够单单从伏在桌子上取得。离开了写作的桌子，上课、看书、劳作、游戏，刻刻认真，处处努力，一方面是本来应该这么做，另一方面也就开凿了写作材料的泉源。

现在来一个结束。写作什么呢？要写出自己的经验。经验又必须深切，必须正确，这要从整个生活里去下功夫。有了深切的正确的经验，写作就不愁没有很好的材料了。

怎样写作*

　　这一次讲的题目是《怎样写作》。怎样写作，现在有好些作文法一类的书，讲得很详细。不过写作的时候，如果要临时翻查这些书，一一按照书里说的做去，那就像一手拿着烹饪讲义一手做菜一样，未免是个笑话了。这些书大半从现成文章里归纳出一些法则来，告诉人家怎样怎样写作是合乎法则的，也附带说明怎样怎样写作是不合乎法则的。我们有了这些知识，去看一般文章就有了一把量尺，不但知道某一篇文章好，还说得出好在什么地方，不但知道某一篇文章不好，还说得出不好在什么地方。自然，这些知识也能影响到我们的写作习惯，可是这种影响只在有意无意之间。写文章，往往会在某些地方写得不合法则，有了作文法的知识，就会觉察到那些不合法则的地方。于是特地留心，要把它改变过来。这特地留心未必马上就有成效，或许在三次里头，两次是改变过来了，一次却依然犯了老毛病。必须从特地留心成为不待经意的习惯，才能每一次都合乎法则。所以作文法一类书对于增强我们看文章的眼力有些直接的帮助，对于增强我们写文章的腕力只有间接的帮助。所以光看看这一类书未必就能把文章写好。如果临到作文而去翻查这些书，那更是毫无实益的傻事。

　　诸位现在都写语体文。语体文的最高的境界就是文章同说话一样。写在纸上的一句句的文章，念起来就是口头的一句句的语言，教人家念了听了，不但完全明白文章的意思，还能够领会到那种声调和神气，仿佛当面听那作文的人亲口说话一般。要达到这个境界，不能专在文字方面做功夫，最要紧的还在锻炼语言习惯。因为语言好比物体的本身，文章好比给物体留下一个

---

　　*原载作者与夏丏尊合著的《阅读与写作》。

影像的照片，物体本身完整而有式样，拍成的照片当然完整而有式样。语言周妥而没有毛病，按照语言写下来的文章当然也周妥而没有毛病了。所以锻炼语言习惯是寻到根源去的办法。不过有一句应当声明，语言习惯是本来要锻炼的。一个人生活在人群中间，随时随地都有说话的必要，如果语言习惯上有了缺点，也就是生活技能上有了缺点，那是非常吃亏的。把语言习惯锻炼得良好，至少就有了一种极关重要的生活技能。对于作文，这又是一种最可靠的根源。我们怎能不努力锻炼呢？

现在小学里有说话的科目，又有演讲会、辩论会等的组织，中学里，演讲会和辩论会也常常举行。这些都是锻炼语言习惯的。参加这种集会，仔细听人家说的话，往往会发现以下的几种情形。说了半句话，缩住了，另外换一句来说，和刚才的半句话并没有关系，这是一种。"然而""然而"一连串，"那么""那么"一大堆，照理用一个就够了，因为要延长时间，等待着想下面的话，才说了那么许多，这是一种。应当"然而"的地方不"然而"，应当"那么"的地方不"那么"，只因为这些地方似乎需要一个词，可是想不好该用什么词，无可奈何，就随便拉一个来凑数，这是一种。有一些话听去很不顺耳，仔细辨辨，原来里头有几个词用得不妥当，不然就是多用了或者少用了几个词，这又是一种。这样说话的人，他平时的语言习惯一定不很好，而且极不留心去锻炼，所以在演讲会、辩论会里就把弱点表露出来了。若教他写文章，他自然按照自己的语言习惯写，那就一定比他的口头语言更难使人明白。因为说话有面部的表情和身体的姿势作为帮助，语言虽然差一点，还可以使人家大体明白。写成文章，面部的表情和身体的姿势是写不进去的，让人家看见的只是支离破碎前不搭后的一些文句，岂不教人糊涂？我由于职务上的关系，有机会读到许多中学生的文章，其中有非常出色的，也有不通的，所谓不通，就是除了材料不健全不妥当以外，还犯了前面说的几种毛病，语言习惯上的毛病。这些同学如果平时留心锻炼语言习惯，写起文章来就可以减少一些不通。加上经验方面的洗炼，使写作材料健全而妥当，那就完全通了。所谓"通"原来不是什么高不可攀的境界。

锻炼语言习惯要有恒心，随时随地当一件事做，正像矫正坐立的姿势一样，要随时随地坐得正立得正才可以养成坐得正立得正的习惯。我们要要求自己，无论何时不说一句不完整的话，说一句话一定要表达出一个意思，使人家听了都能够明白；无论何时不把一个不很了解的词硬用在语言里，也不把一个不很适当的词强凑在语言里。我们还要要求自己，无论何时不乱用一个连词，不多用或者少用一个助词。说一句话，一定要在应当"然而"的地方才"然而"，应当"那么"的地方才"那么"，需要"吗"的地方不缺少"吗"，不需要"了"的地方不无谓地"了"。这样锻炼好像很浅近、很可笑，实在是基本的，不可少的。家长对于孩子，小学教师对于小学生，就应该教他们，督促他们，作这样的锻炼。可惜有些家长和小学教师没有留意到这一层，或者留意到而没有收到相当的成效。我们要养成语言这个极关重要的生活技能，就只得自己来留意。留意了相当时间之后，就能取得锻炼的成效。不过要测验成效怎样，从极简短的像"我正在看书""他吃过饭了"这些单句上是看不出来的。我们不妨试说五分钟连续的话，看这一番话里能够不能够每句都符合自己提出的要求。如果能够了，锻炼就已经收了成效。到这地步，作起文来就不觉得费事了，口头该怎样说的笔下就怎样写，把无形的语言写下来成为有形的文章，只要是会写字的人，谁又不会做呢？依据的是没有毛病的语言，文章也就不会不通了。

听人家的语言，读人家的文章，对于锻炼语言习惯也有帮助。只是要特地留意，如果只大概了解了人家的意思就算数，对于锻炼我们的语言就不会有什么帮助了。必须特地留意人家怎样用词，怎样表达意思，留意考察怎样把一篇长长的语言顺次地说下去。这样，就能得到有用的资料，人家的长处我们可以汲取，人家的短处我们可以避免。

写语体文只是十几年来的事。好些文章，哪怕是有名的文章家写的，都还不纯粹是口头的语言。写语体文的技术还没有练到极纯熟的地步。不少人为了省事起见，往往凑进一些文言的调子和语汇去，成为一种不尴不尬的文体。刚才说过，语体文的最高境界就是文章同说话一样。所以这种不尴不尬的文体只能认为过渡时期的产物，不能认为十分完善的标准范本。这一点认清楚了，才可以不受现在文章的坏影响。但是这些文章也有长处，当然应该摹仿；至于不很纯粹的短处，就努力避免。如果全国中学生都向这方面用功夫，不但自己的语言习惯可以锻炼得非常好，还可以把语体文的文体加速地推进到纯粹的境界。

从前的人学作文章都注重诵读，往往说，只要把几十篇文章读得烂熟，自然而然就能够下笔成文了。这个话好像含有神秘性，说穿了道理也很平常，原来这就是锻炼语言习惯的意思。文言不同于口头语言，非但好多词不同，一部分语句组织也不同。要学不同于口头语言的文言，除了学这种特殊的语言习惯以外，没有别的方法。而诵读就是学这种特殊的语言习惯的一种锻炼。所以前人从诵读学作文章的方法是不错的。诸位若要作文言，也应该从熟读文言入手。不过我以为诸位实在没有作文言的必要。说语体浅文言深，先习语体，后习文言，正是由浅入深，这种说法也没有道理。文章的浅深该从内容和技术来决定，不在乎文体的是语体还是文言。况且我们既是现代人，要表达我们的思想情感，在口头既然用现代的语言，在笔下当然用按照口头语言写下来的语体。能写语体，已经有了最便利的工具，为什么还要去学一种不切实用的文言？若说升学考试或者其他考试，出的国文题目往往有限用文言的，不得不事前预备，这实在由于主持考试的人太不明白。希望他们通达起来，再不要做这种故意同学生为难而毫没有实际意义的事。而在这种事还没有绝迹以前，诸位为升学计，为通过其他考试计，就只得分出一部分功夫来，勉力去学作文言。

以上说了许多话，无非说明要写通顺的文章，最要紧的是锻炼语言习惯。因为文章就是语言的记录，二者本是同一的东西。可是还得进一步，还不能不知道文章和语言两样的地方。前面说过，说话有面部的表情和身体的姿势作为帮助，但是文章没有这样的帮助，这就是两样的地方。写文章得特别留意，怎样适当地写才可以不靠这种帮助而同样可以使人家明白。两样的地方还有一些。如两个人闲谈，往往天南地北，结尾和开头竟可以毫不相关。就是正式讨论一个问题，商量一件事情，有时也会在中间加入一段插话，像藤蔓一样爬开去，完全离开了本题。直到一个人省悟了，说："我们还是谈正经话吧。"这才一刀截断，重又回到本题。作文章不能这样。文章大部分是预备给人家看的，小部分是留给自己将来查考的，每一篇都有一个中心，没有中心就没有写作的必要。所以写作只该把有关中心的话写进去，而且要配列得周妥，使中心显露出来。那些漫无限制的随意话，像藤蔓一样爬开去的枝节话，都该剔除得干干净净，不让它浪费我们的笔墨。又如用语言讲述一件事情，往往噜噜苏苏，细大不涓；传述一场对话，更是照样述说，甲说什么，乙说什么，甲又说什么，乙又说什么。作文章不能这样。文章为求写作和阅读双方的省事，最要讲究经济。一篇文章，把紧要的话都漏掉，没有显露出什么中心来，这算不得经济。必须把紧要的话都写进去，此外再没有一句噜苏的话。正像善于用钱的人一样，不该省钱的地方决不妄省一个钱，不该费钱的地方决不妄费一个钱，这才够得上称为经济。叙述一件事情，得注意详略。对于事情的经过不做同等分量的叙述，必须教人家详细明白的部分不惜费许多笔墨，不必教人家详细明白的部分就一笔带过。如果记人家的对话，就得注意选择。对于人家的语言不做照单全收的记载，足以显示其人的思想、识见、性情等等的才入选，否则无妨丢开。又如说话往往用本土的方言以及本土语言的特殊调子。作文章不能这样。文章得让大家懂，得预备给各地的人看，应当用各地通行的语汇和语调。本土的语汇和语调必须淘汰，才可以不发生隔阂的弊病。以上说的是文章和语言两样的地方。知道了这几层，也就知道作文技术的大概。由知识渐渐成为习惯，作起文来就有记录语言的便利而没有死板地记录语言的缺点了。

现在来一个结束。怎样写作呢？最要紧的是锻炼我们的语言习惯。语言习惯好，写的文章就通顺了。其次要辨明白文章和语言两样的地方，辨得明白，能知能行，写的文章就不但通顺，而且是完整而无可指摘的了。

开头和结尾*

　　写一篇文章，预备给人家看，这和当众演说很相像，和信口漫谈却不同。当众演说，无论是发一番议论或者讲一个故事，总得认定中心，凡是和中心有关系的才容纳进去，没有关系的，即使是好意思、好想象、好描摹、好比喻，也得丢掉。一场演说必须是一件独立的东西。信口漫谈可就不同。几个人的漫谈，说话像藤蔓一样爬开来，一忽儿谈这个，一忽儿谈那个，全体没有中心，每段都不能独立。这种漫谈本来没有什么目的，话说过了也就完事了。若是抱有目的，要把自己的情意告诉人家，用口演说也好，用笔写文章也好，总得对准中心用功夫，总得说成或者写成一件独立的东西。不然，人家就会弄不清楚你在说什么写什么，因而你的目的就难达到。

　　中心认定了，一件独立的东西在意想中形成了，怎样开头怎样结尾原是很自然的事，不用费什么矫揉造作的功夫了。开头和结尾也是和中心有关系的材料，也是那独立的东西的一部分，并不是另外加添上去的。然而有许多人往往因为习惯不良或者少加思考，就在开头和结尾的地方出了毛病。在会场里，我们时常听见演说者这么说："兄弟今天不曾预备，实在没有什么可以说的。"演说完了，又说："兄弟这一番话只是随便说说的，实在没有什么意思，请诸位原谅。"谁也明白，这些都是谦虚的话。可是，在说出来之前，演说者未免少了一点思考。你说不曾预备，没有什么可以说的，那么为什么要踏上演说台呢？随后说出来的，无论是三言两语或者长篇大论，又算不算"可以说的"呢？你说随便说说，没有什么意思，那么刚才的一本正经，是不是逢场作戏呢？自己都相信不过的话，却要说给人家听，又算是一种什么态

＊原载夏丏尊与作者合著的《文章讲话》，开明书店一九三九年五月出版。

度呢？如果这样询问，演说者一定会爽然自失，回答不出来。其实他受的习惯的累，他听见人家都这么说，自己也就这么说，说成了习惯，不知道这样的头尾对于演说是没有帮助反而有损害的。不要这种无谓的谦虚，删去这种有害的头尾，岂不干净而有效得多？还有，演说者每每说："兄弟能在这里说几句话，十分荣幸。"这是通常的含有礼貌的开头，不能说有什么毛病。然而听众听到，总不免想："又是那老套来了。"听众这么一想，自然而然把注意力放松，于是演说者的演说效果就跟着打了折扣。什么事都如此，一回两回见得新鲜，成为老套就嫌乏味。所以老套以能够避免为妙。演说的开头要有礼貌，应该找一些新鲜而又适宜的话来说。原不必按照着公式，说什么"兄弟能在这里说几句话，十分荣幸"。

各种体裁的文章里头，书信的开头和结尾差不多是规定的。书信的构造通常分做三部分；除第二部分叙述事务，为书信的主要部分外，第一部分叫作"前文"，就是开头，内容是寻常的招呼和寒暄，第三部分叫作"后文"，就是结尾，内容也是招呼和寒暄。这样构造原本于人情，终于成为格式。从前的书信往往有前文后文非常繁复，竟至超过了叙述事务的主要部分的。近来流行简单的了，大概还保存着前文后文的痕迹。有一些书信完全略去前文后文，使人读了感到一种隽妙的趣味。不过这样的书信宜于寄给亲密的朋友。如果寄给尊长或者客气一点的朋友，还是依从格式，具备前文后文，才见得合乎礼意。

记述文记述一件事物，必得先提出该事物，然后把各部分分项写下去。如果一开头就写各部分，人家就不明白你在说什么了。我曾经记述一位朋友赠我的一张华山风景片。开头说："贺昌群先生游罢华山，寄给我一张十二寸的放大片。"又如魏学洢的《核舟记》，开头说："明有奇巧人曰王叔远，能以径寸之木为宫室、器皿、人物以至鸟、兽、木、石，罔不因势象形，各具情态，尝贻余核舟一，盖大苏泛赤壁云。"不先提出"寄给我一张十二寸的放大片"以及"尝贻余核舟一"，以下的文字事实上没法写的。各部分记述过了，自然要来个结尾。像《核舟记》统计了核舟所有人物器具的数目，接着说"而计其长曾不盈寸，盖简桃核修狭者为之"。这已非常完整，把核舟的精巧表达得很明显的了。可是作者还要加上另外一个结尾，说：

魏子详瞩既毕，诒曰：嘻，技亦灵怪矣哉！《庄》《列》所载称惊犹鬼神者良多，然谁有游削于不寸之质而须麋了然者？假有人焉，举我言以复于我，亦必疑其诳，乃今亲睹之。繇斯以观，棘刺之端未必不可为母猴也。嘻，技亦灵怪矣哉！

这实在是画蛇添足的勾当。从前人往往欢喜这么做，以为有了这一发挥，虽然记述小东西，也可以即小见大。不知道这么一个结尾以后的结尾无非说明那个桃核极小而雕刻极精，至可惊异罢了。而这是不必特别说明的，因为全篇的记述都暗示着这层意思。作者偏要格外讨好，反而教人起一种不统一的感觉。我那篇记述华山风景片的文字，没有写这种"结尾以后的结尾"，在写过了照片的各部分之后，结尾说："这里叫作长空栈，是华山有名的险峻处所。"用点明来收场，不离乎全篇的中心。

叙述文叙述一件事情，事情的经过必然占着一段时间，依照时间的顺序来写，大致不会发生错误。这就是说，把事情的开端作为文章的开头，把事情的收梢作为文章的结尾。多数的叙述文都用这种方式，也不必举什么例子。又有为要叙明开端所写的事情的来历和原因，不得不回上去写以前时间所发生的事情。这样把时间倒错了来叙述，也是常见的。如丰子恺的《从孩子得到的启示》，开头写晚上和孩子随意谈话，问他最欢喜什么事，孩子回答说是逃难。在继续了一回问答之后，才悟出孩子所以欢喜逃难的缘故。如果就此为止，作者固然明白了，读者还没有明白。作者要使读者也明白孩子为什么欢喜逃难，就不得不用倒错的叙述方式，回上去写一个月以前的逃难情形了。在近代小说里，倒错叙述的例子很多，往往有开头写今天的事情，而接下去却写几天前几月前几年前的经过的。这不是故意弄什么花巧，大概由于今天这事情来得重要，占着主位，而从前的经过处于旁位，只供点明脉络之用的缘故。

说明文大体也有一定的方式。开头往往把所要说明的事物下一个诠释，立一个定义。例如说明"自由"，就先从"什么叫作自由"入手。这正同小学生作"房屋"的题目用"房屋是用砖头木材建筑起来的"来开头一样。平凡固然平凡，然而是文章的常轨，不能说这有什么毛病。从下诠释、立定义开了头，接下去把诠释和定义里的语义和内容推阐明白，然后来一个结尾，这样就是一篇有条有理的说明文。蔡元培的《我的新生活观》可以说是适当的例子。那篇文章开头说：

> 什么叫作旧生活？是枯燥的，是退化的。什么叫作新生活？是丰富的，是进步的。

这就是下诠释、立定义。接着说旧生活的人不做工又不求学，所以他们的生活是枯燥的、退化的，新生活的人既要做工又要求学，所以他们的生活是丰富的、进步的。结尾说如果一个人能够天天做工求学，就是新生活的人，一个团体里的人能够天天做工求学，就是新生活的团体，全世界的人能够天天做工求学，就是新生活的世界。这见得做工求学的可贵，新生活的不可不追求。而写作这一篇的本旨也就在这里表达出来了。

再讲到议论文。议论文虽有各种，总之是提出自己的一种主张。现在略去那些细节且不说，单说怎样把主张提出来，这大概只有两种开头方式。如果所论的题目是大家周知的，开头就把自己的主张提出来，这是一种方式。譬如今年长江、黄河流域都闹水灾，报纸上每天用很多篇幅记载各处的灾况，这可以说是大家周知的了。在这时候要主张怎样救灾、怎样治水，尽不妨开头就提出来，更不用累累赘赘先叙述那灾况怎样地严重。如果所论的题目在一般人意想中还不很熟悉，那就先把它述说明白，让大家有一个考量的范围，不至于茫然无知，全不接头，然后把自己的主张提出来，使大家心悦诚服地接受，这是又一种方式。胡适的《不朽》是这种方式的适当的例子。"不朽"含有怎样的意义，一般人未必十分了然，所以那篇文章的开头说：

> 不朽有种种说法，但是总括看来，只有两种说法是真有区别的。一种是把"不朽"解作灵魂不灭的意思。一种就是《春秋左传》上说的"三不朽"。

这就是指明从来对于不朽的认识。以下分头揭出这两种不朽论的缺点，认为对于一般的人生行为上没有什么重大的影响。到这里，读者一定盼望知道不朽论应该怎样才算得完善。于是作者提出他的主张所谓"社会的不朽论"来。在列举了一些例证，又和以前的不朽论比较了一番之后，他用下面的一段文字作结尾：

我这个现在的"小我",对于那永远不朽的"大我"的无穷过去,须负重大的责任;对于那永远不朽的"大我"的无穷未来,也须负重大的责任。我须要时时想着,我应该如何努力利用现在的"小我",方才可以不辜负了那"大我"的无穷过去,方才可以不遗害那"大我"的无穷未来?

这是作者的"社会的不朽论"的扼要说明,放在末了,有引人注意、促人深省的效果。所以,就构造说,这实在是一篇完整的议论文。

普通文的开头和结尾大略说过了,再来说感想文、描写文、抒情文、纪游文以及小说等所谓文学的文章。这类文章的开头,大别有冒头法和破题法两种。冒头法是不就触到本题,开头先来一个发端的方式。如茅盾的《都市文学》,把"中国第一大都市,'东方的巴黎',——上海,一天比一天'发展'了"作为冒头,然后叙述上海的现况,渐渐引到都市文学上去。破题法开头不用什么发端,马上就触到本题。如朱自清的《背影》,开头说"我与父亲不相见已二年余了,我最不能忘记的是他的背影",就是一个适当的例子。

曾经有人说过,一篇文章的开头极难,好比画家对着一幅白纸,总得费许多踌躇,去考量应该在什么地方下第一笔。这个话其实也不尽然。有修养的画家并不是画了第一笔再斟酌第二笔的,在一笔也不曾下之前,对着白纸已经考量停当,心目中早就有了全幅的布置了。布置既定,什么地方该下第一笔原是摆好在那里的事。作文也是一样。作者在一个字也不曾写之前,整篇文章已经活现在胸中了。这时候,该用什么方法开头,开头该用怎样的话,也都派定注就,再不必特地用什么搜寻的功夫。不过这是指有修养的人而言。如果是不能预先统筹全局的人,开头的确是一件难事。而且,岂止开头而已,他一句句一段段写下去将无处不难。他简直是盲人骑瞎马,哪里会知道一路前去撞着些什么?

文章的开头犹如一幕戏剧刚开幕的一刹那的情景,选择得适当,足以奠定全幕的情调,笼罩全幕的空气,使人家立刻把纷乱的杂念放下,专心一志看那下文的发展。如鲁迅的《秋夜》,描写秋夜对景的一些奇幻峭拔的心情,用如下的文句来开头:

在我的后园,可以看见墙外有两株树。一株是枣树,还有一株也是枣树。

"还有一株也是枣树"是并不寻常的说法，拗强而特异，足以引起人家的注意，而以下文章的情调差不多都和这一句一致。又如茅盾的《雾》，用"雾遮没了正对着后窗的一带山峰"来开头，全篇的空气就给这一句凝聚起来了。以上两例都属于显出力量的一类。另有一种开头，淡淡着笔，并不觉得有什么力量，可是同样可以传出全篇的情调，范围全篇的空气。如龚自珍的《记王隐君》，开头说：

> 于外王父段先生废簏中见一诗，不能忘。于西湖僧经箱中见书《心经》，蠹且半，如遇簏中诗也，益不能忘。

这个开头只觉得轻松随便，然而平淡而有韵味，一来可以暗示下文所记王隐君的生活，二来先行提出书法，可以作为下文访知王隐君的关键。仔细吟味，真有说不尽的妙趣。

现在再来说结尾。略知文章甘苦的人一定有这么一种经验：找到适当的结尾好像行路的人遇到了一处适合的休息场所，在这里他可以安心歇脚，舒舒服服地停止他的进程。若是找不到适当的结尾而勉强作结，就像行路的人歇脚在日晒风吹的路旁，总觉得不是个妥当的地方。至于这所谓"找"，当然要在计划全篇的时候做，结尾和开头和中部都得在动笔之前有了成竹。如果待临时再找，也不免有盲人骑瞎马的危险。

结尾是文章完了的地方，但结尾最忌的却是真个完了。要文字虽完了而意义还没有尽，使读者好像嚼橄榄，已经咽了下去而嘴里还有余味，又好像听音乐，已经到了末拍而耳朵里还有余音，那才是好的结尾。归有光《项脊轩志》的跋尾既已叙述了他的妻子与项脊轩的因缘，又说了修葺该轩的事，末了说：

> 庭有枇杷树，吾妻死之年所手植也，今已亭亭如盖矣。

这个结尾很好。骤然看去，也只是记叙庭中的那株枇杷树罢了，但是仔细吟味起来，这里头有物在人亡的感慨，有死者渺远的惆怅。虽则不过一句话，可是含蓄的意义很多，所谓"余味""余音"就指这样的情形而言。我曾经作过一篇题名《遗腹子》的小说，叙述一对夫妇只生女孩不生男孩，在绝望而纳妾之后，大太太居然生了一个男孩；不久那个男孩就病死了；于是丈夫伤心得很，一晚上喝醉了酒，跌在河里淹死了；大太太发了神经病，只说自己肚皮里又怀了孕，然而遗腹子总是不见产生。到这里，故事已经完毕，结句说：

> 这时候，颇有些人来为大小姐二小姐说亲了。

这句话有点冷隽，见得后一代又将踏上前一代的道路，生男育女，盼男嫌女，重演那一套把戏，这样传递下去，真不知何年何代才休歇呢。我又有一篇小说叫作《风潮》，叙述中学学生因为对一个教师的反感，做了点越规行动，就有一个学生被除了名；大家的义愤和好奇心就此不可遏制，捣毁校具，联名退学，个个人都自视为英雄。到这里，我的结尾是：

> 路上遇见相识的人问他们做什么时，他们用夸耀的声气回答道："我们起风潮了！"

这样结尾把全篇停止在最热闹的情态上，很有点儿力量，"我们起风潮了"这句话如闻其声，这里头含蓄着一群学生在极度兴奋时种种的心情。以上是我所写的两篇小说的结尾，现在附带提起，作为带有"余味""余音"的例子。

结尾有回顾开头的一式，往往使读者起一种快感：好像登山涉水之后，重又回到原来的出发点，坐定下来，得以转过头去温习一番刚才经历的山水一般。极端的例子是开头用的什么话结尾也用同样的话。如林嗣环的《口技》，开头说：

> 京中有善口技者。会宾客大宴，于厅事之东北隅施八尺屏幛，口技人坐屏幛中，一桌、一椅、一扇、一抚尺而已。

结尾说：

　　忽然抚尺一下，众响毕绝。撤屏视之，一人、一桌、一椅、一扇、一抚尺而已。

前后同用"一桌、一椅、一扇、一抚尺而已"，用设备的简单冷落反衬口技表演的繁杂热闹，使人读罢了还得凝神去想。如果只写到"忽然抚尺一下，众响毕绝"，虽没有什么不通，然而总觉得这样还不是了局呢。

句子的安排

　　句子是文章的较大的单位。文章的研究，方面很多，从一句句的句子来考察，也是重要的着手方法。

　　句子的构造，大家从小学时代就学习。只要是懂得文法 ABC 的人，即会知道句子的成分和构造的式样。可是文法上讲句子是以独立的句子为对象的。从文章中把一句句的句子提了出来，说明它构造怎样，属于什么句式，合乎哪些律令，哪一部分是主语，哪一部分是述语，诸如此类，是文法所讨论的项目。至于一句句子摆入文章里面去是否妥当，在什么条件之下才合拍，是一概不管的。原来，文法上的句子和文章中的句子，研究目标彼此不同。从文法上看来毫无毛病的句子，摆入文章中去并不一定就妥帖。例如这里有两句句子：

　　　　三月廿九日七十二烈士在广州殉难。
　　　　革命军于十月十日起义于武昌。

这两句句子，在文法上是毫不犯律令的，我们如果在文章里把它联结起来，照一般的情形看，却不免有问题。

　　　　三月廿九日七十二烈士在广州殉难；
　　　　革命军于十月十日起义于武昌。……（甲）

连读起来，觉得两句句子各自独立，并未串成一气。本来有关系、相类似的事情，也像互相龃龉格格不相入了。如果把句子的式样改变，安排像下面各式，就不会有原来的毛病。例如：

> 三月廿九日七十二烈士在广州殉难；
> 十月十日革命军在武昌起义……（乙）
> 七十二烈士于三月廿九日在广州殉难；
> 革命军于十月十日在武昌起义……（丙）

乙丙两式比甲式调和，是显而易见的。由此可知，文法上通得过的句子，摆入文章中去看，因上文下文的情形，也许会通不过。要补救这毛病，唯一的方法是改变句式，使它合乎上文或下文的情形。

同是一句话，可有好几种的说法，所以一句句子可有种种的构造式样。越是成分复杂的句子，可变化的式样也越多。例如：

> 人来　　⎫
> 来的是人⎭甲

> 猫捉老鼠　　　⎫
> 猫是捉老鼠的　│
> 老鼠是猫捉的　│
> 猫所捉的是老鼠⎬乙
> 老鼠被猫捉　　│
> 捉老鼠的是猫　⎭

甲组句子的成分简单，可成两种句式，乙组就比较复杂，句式加多了。一组里面的句子，如果严密地吟味起来，意义并不完全一样，"人来"句是就了"人"而说他"来"，"来的是人"句是就了"来的"事物而说他"是人"。说话的方向、观点彼此不同，这是应该首先知道的。

依照这方法，把开端所引的两个例句改变种种的式样来看：

> 七十二烈士于三月廿九日殉难于广州。……（甲）
> 三月廿九日是七十二烈士在广州殉难的日子。……（乙）

广州是三月廿九日七十二烈士殉难的地方。……（丙）

三月廿九日在广州殉难的是七十二烈士。……（丁）

七十二烈士在广州殉难是三月廿九日。……（戊）

革命军于十月十日在武昌起义。……（甲）

十月十日是革命军在武昌起义的日子。……（乙）

武昌是十月十日革命军起义的地方。……（丙）

十月十日在武昌起义的是革命军。……（丁）

革命军在武昌起义是十月十日。……（戊）

为避繁计，上面只各写出五种句式。就这两组的句子加以吟味，彼此结合起来的时候，最自然最便当的是甲和甲，乙和乙，丙和丙，丁和丁，戊和戊的格式。此外尚有各种错综的结合方式，如甲和乙，戊和乙等等。这些错综的句式，在平常的情形之下颇不自然妥帖，在相当的条件下才适当。例如：戊和乙的结合：

七十二烈士在广州殉难是三月廿九日；十月十日是革命军在武昌起义的日子。

这结合照平常的情形看来是很不自然的。如果前面尚有文句，情形像下面的时候，也并不会觉得不自然。例如：

"十月十日是七十二烈士在广州殉难的日子吗？"

"七十二烈士在广州殉难是三月廿九日；十月十日是革命军在武昌起义的日子。"

在这段对话里，本来不大适当的句子，居然也可以通得过去，并不觉得有什么勉强的地方了。从此类推开去，只要情形条件相当，任何结合方式都可用，反之，便任何结合方式都不对。换句话来说，一句句子在文章里安排得好不好，问题不只在句子本身，还要看上下文的情形或条件。

写作文章，句子的安排是一种值得留意的功夫。要句子安排得适当，第一步是各种句式的熟习。一句句子摆上去，如果觉得不对，就得变更别种样式的句子来试，再不对，就得再变更样式来再试，直到和上下文适合才止。越是熟习句式的人越能应用这方法。犹之下棋的名手能用有限的棋子布出各种各样的阵势，去应付各种各样的局面。

句式熟习以后，能自由把句子改变种种形状了，才可以讲到安排。安排的原则是谐和。一句句子和全篇文章许多句子能不冲突，尤其和上下文能合拍，这就是谐和的现象。要分别谐和不谐和，最好的方法是读。不论是别人所写的文章或是自己所写的文章，句子上如有毛病，只用眼睛来看不容易看出来，读下去才会自然发现。我所谓读，不一定要高声唱念，低声读或在心里默读也可以。就普通人的读书习惯来说，看和默读的两种工作是在同时进行的。古人练习写作，唯一的功夫就是读，读和写有密切的关系。文章的秘奥要用读的功夫才能发掘。"吟"字的对于诗有伟大的效用是颠扑不破的事实。所谓"吟"，无非最讲究最仔细的读法而已。

句子的安排以谐和为原则，谐和与否的识别方法是读。结果，所谓安排者就是调子问题。一句句子摆入文章里去，和上下文联结了读起来，调子适合的就是谐和，否则就是不谐和。关于句子的安排，自古未曾有人说过具体的方法。写文章的人在推敲时所依据的，只是笼统的个人的经验和习惯罢了。以下试就我个人平日所关心的方面，来提出几件可注意的事项。

第一，留心于句子的"单""排"。文章之中，有些是句句独立的，这句和那句并无关涉，每句可以读断，自成一个起讫，这叫单句。有些是几句成为一串，不句句独立，读起来几句成为一个起讫，这叫排句。例如：

> 睡了一夜，爸爸清早就跑出去。我不到学校，帮助妈妈理东西。一会儿爸爸回来了，说租定了朋友人家一间楼面，同时把搬运夫也雇了来。
>
> ——叶圣陶《邻家》

依照圈点来计算，上例共三句。句句可以独立，和旁的句子并无对待的关系。这是单句。又如：

> 他有一双眼睛，但看的不很清楚；有两只耳朵，但听的不很分明；有鼻子和嘴，但他对于气味和口味都不很讲究；他的脑子也不小，但他

的记性却不很精明，他的思想也不很细密。

——胡适《差不多先生传》

这一串句子，情形就和前例不同，不能每句独立，要连读到底才能成一段落。所以中间不用"。"分割，只用"；"来隔开。这就是排句。一篇文章全部是单句或排句的并不多见，普通的文章里，往往有单句也有排句。又有一种句子，性质上只是一句，可是其中有一部分的成分却包含着许多同调子的分子。例如：

> 岸上四围的橘叶，绿的，红的，黄的，白的，一丛一丛的倒影到水中来。

——冰心《给小读者·通讯七》

> 你发愁时并不一定要著书，你就读几篇哀歌，听一幕悲剧，借酒浇愁，也可大畅胸怀。

——朱光潜《谈动》

> 我的生活曾是悲苦的黑暗的。然而朋友们把多量的同情，多量的爱，多量的眼泪都分给了我。

——巴金《朋友》

这种句子，原是由排句转变来的，如果把其中的成排的成分抽出来使它一一独立，就可造成一串的排句，如"朋友们把多量的同情，多量的爱，多量的眼泪都分给了我"一句分解起来，就得下面的排句了：

> 朋友们把多量的同情分给了我；把多量的爱分给了我；把多量的眼泪分给了我。

所以形式上虽然是单句，也可做排句看。

就普通的情形说，单句间忌用同一的字面，同一的句调。整篇文章之中，要全然避去同字面、同句调，原是不可能。不过，在同一行内或附近的地方，最好不使有同字面、同句调出现，否则就不容易谐和。例如：

烟酒都是要中毒的。我们吸烟饮酒，如果不加节制，我们的血液就要中毒的。这是非注意不可的。

×君××乡人，是一个很聪明的人。他的父亲是一个工人，对他期望很殷，苦心培植他，期望他将来是一个有出息的人。

上面两个例都是逐句在文法上并无毛病，而实际不谐和的。第一例"要中毒的"见两处，句末用"的"字见三处。第二例句末用"人"字见四处，"是一个……人"见三处。只要全体通读起来，就会发现重复隔阂的缺点，补救的方法，唯有把原来重复的字面、句法改换数处。改换的方式是多种多样的，下面所列的只是其中的一种改换法：删节原文处加括弧，换字处加黑点标出：

烟酒都是要中毒的。我们吸烟饮酒如果不加节制，（我们的）血液就要中毒（的）。这是非注意不可的事情。

×君，××乡人，（是一个）很聪明（的人）。他的父亲是一个工人，对他期望很殷，苦心培植他，（期）希望他（将来是）成为（一个）有出息的人物。

经过这样改换，原来的毛病已经除去，比较谐和得多了。

同字面、同句调在单句里应该力避，因了上面的引例已很明白了。可是在排句里，却不必忌用同字面或同句调。排句里面的同字面、同句调，读去并不会觉得不谐和。例如：

我们同住的三五个人就把白鲁威当作一个深山道院，巴黎是绝迹不去的，客人是一个不见的，镇日坐在一间开方丈把的屋子里头，傍着一个不生不灭的火炉，围着一张亦圆亦方的桌子，各人埋头埋脑做各自的功课。

——梁启超《欧游心影录楔子》

朋友，闲愁最苦。愁来愁去，人生还是那么样一个人生，世界也还是那么样一个世界。假如把你自己看得伟大，你对于烦恼当有不屑的看待，假如把你自己看得渺小，你对于烦恼当有不值得的看待。我劝你多打网球，多弹钢琴，多栽花，多搬弄砖瓦。

——朱光潜《谈动》

上面两个例里，各有同字面、同句调，我们读起来并不觉得有什么阻碍，仍是很谐和的。这种例子，从来的名文里可常见到，欧阳修的《醉翁亭记》每节末句都用"也"字结尾，屈原的《离骚》，结尾都用"兮"字，就是好例。总之，成排的句子，字面、句调可以不嫌重复。所谓成排有各种的排法，上面所举的例都是排成一处，排句叠在上下的，其实，相隔若干距离也可成排，这时字面、句调相同也无损于谐和。例如《旧约·创世记》开端叙上帝创造万物共分六节，每节的起句都是"上帝说"，结末都用"这是第×日"就是。排句里不但不忌同字面、同句调，而且还以用同字面、同句调为宜，上面所引各例如果依了单句的办法，把同字面、同句调改换，反不谐和了。

一篇文章不能全用一种样式的排句来写，有时须转换成单句或别种样式的排句。换句话说，排句也得有完结改变的时候。冗长的呆板的排列，如果不在相当的地方加以变化，读起来也很不便，有碍于谐和。从来的作者对这种方面都很注意。例如前面所引胡适的《差不多先生传》里的一段：

> 他有一双眼睛，但看的不很清楚；有两只耳朵，但听的不很分明；有鼻子和嘴，但他对于气味和口味都不很讲究；他的脑子也不小，但他的记性却不很精明，思想也不很细密。

这里面写"眼睛"和"耳朵"是同调子的，写"鼻子"和"嘴"是改变句法了，写"脑子"又改变了一次句法。倘若照开始的句法一直写下去，也并非不可以，不过究竟没有原文样的谐和。这里面有着作者的技巧。又如：

> 通计一舟，为人五，为窗八，为箬篷，为楫，为炉，为壶，为手卷，为念珠各一；对联，题名并篆文，为字共三十有四。
>
> ——魏学洢《核舟记》

这一段句子，成排而不呆板，锤炼的苦心历历可见。韩愈的那一篇《画记》，在句子安排上是向被推为典型的作品的，可以参看。

句子的安排，因句子"单"、"排"而不同。这是就句子本身的性质说的。第二，应当注意的是句中所用的辞类的字数。我们的文字是方块字，可以用一个字来作一个辞儿，也可以用两个或三个、四个字来作一个辞儿，就一个

"书"字说吧，英文里只有 book 一语，我们就有"书""书籍""书本"等等的说法。为了句调关系，有时可以通用，有时这里用着的，那里用了就读起来不便。例如：

> 你在读书吗？
> 书店是以刊行书籍为业的。
> 书本知识一出校门就无用处。

这三句话里的"书""书籍""书本"如果彼此互换，不是句调不顺，就是意义不合。这在文法上毫无理由可说，只可委之于习惯。在我国文字语言的习惯上，字数的奇偶很有问题。不论动词或名词，用在句子里，有时一个字就可以了，有时非加上一字拼成两个字就不合拍。例如：

> 笔砚精良，人生一乐。
> 闺房乐事有甚于画眉者。

"人生一乐"改作"人生一乐事"，"闺房乐事"改作"闺房乐"，读起来都不谐和，但倘若变更字数，改成：

> 笔砚精良，人生乐事。
> 闺房之乐有甚于画眉者。

似乎就通得过去了。由此可知，每个辞儿所含的字数，和句的谐和不谐和有重大关系。我国的辞类有许多是双字的，如：

> 聪明　正直　房屋　衣服　器具　事情　行为　议论　快乐　归还
> 嗜好

这些辞类，都把同义字凑成双数，大部分是古来的人为了谈话和写作上的便宜制成的。

除上面所举的同义字以外，为了调节句调起见，还有别种加字的方法。

介词"之""的",是常被用来作这调节的工具的。例如"王道",读去很顺口,"先王道"就不顺口了,这时一般就加一个"之"字变成"先王之道"。"我家"是顺口的,"我家庭"就不顺口了,这时一般就加一个"的"字,变成"我的家庭"。此外还有种种加字的式样,如:

    鞋子　帽子　刀子　　（加子字）
    鞋儿　帽儿　刀儿　　（加儿字）
    斧头　件头　话头　　（加头字）
    船只　纸张　银两　　（加单位字）
    看看　走走　谈谈　　（加叠字）

这些双字的辞儿,若论意义,和单字的无大不同,可是在字数上却有奇偶的分别,因了句子的情形,有时应用单字,有时应用双字。例如:

    请到我家里去坐坐。
    我有事想和你谈谈。
    关吏检查船只。
    防止私运银两。

倘若把附加的字除去,念起来都不如原文谐和。反之,应该用单字的时候,用双字的辞儿也不妥当。

辞儿的字数可以影响到整句的字数,一句句子的字数,除诗歌韵文等外,原不必有一定的限制,但求念去读去谐和就够了。懂得字数的增减法,在造句的时候比较便宜得多。至于句的字数应怎样增减,到了怎样程度才算适当,这也说不出什么标准,唯一的方法仍是读。欧阳修的《昼锦堂记》的开端是"仕宦而至将相,富贵而归故乡"。据说当时写成的时候,是"仕宦至将相,富贵归故乡"。稿子已差人骑马送出了,经过了一会,忽然叫人用快马把那人追回,在开端两句里加添两个"而"字。这是相传的一个轶事,从来文章家对于一字增损的苦心,由此可以想见了。试取句调很好的名文一篇,逐句在文法许可的范围内,增加一字或减去一字,诵读起来就会觉得不若原来的谐和,可知原来的句子都是经过推敲,并非偶然的。

关于句子的安排，除上面所说的句式、字面和字数诸项以外，可考究的方面当然还有。并且对于这诸项，我所提出的都很粗显，并未涉及精密的探讨。有志写作文章的读者如果因了我这小小的示唆，引起兴味，留心到这些方面，也许在文章的阅读和写作上是一件有益的事。

句子的安排以谐和为原则，只合文法上的律令还是不够。话虽如此，文法上的律令究竟不失为起码的条件。凡是句子，第一步该合乎文法。古人尽有为了谐和而牺牲文法上的律令的事，如因为字须取偶数，把"司马迁""诸葛亮"无理地腰斩，改为"马迁"、"葛亮"（见刘知几《史通》）。明明应该说"孤臣坠涕，孽子危心"的，因为怕平仄不谐，硬把它改作"孤臣危涕，孽子坠心"（见江淹《恨赋》）。此外如杜甫的"香稻啄残鹦鹉粒，碧梧栖老凤凰枝"（照理应是"鹦鹉啄残香稻粒，凤凰栖老碧梧枝"）之类，也是为了谐和而牺牲文法的律令的好例。这种情形近乎矫揉造作，在从前的骈文和诗里也许可以原谅，依现代人的眼光看来，究竟是魔道，不足为法。这是应该注意的。

谈叙事*

照理说，凭着可见可知的事物说话作文，只要你认得清楚，辨得明白，说来写来该不会有错。

所谓可见可知的事物是已经存在的，或是已经发生的。好比一件东西摆在你面前，不用你自己创造什么东西，可说可写的全在它自己身上。

虽说事物摆在面前，但是不一定就说得成写得成。事物两字是总称，分开来是两项，一项是经历一段时间的"事"，一项是占据一块空间的"物"。要把"事"与"物"化为语言文字说出来写出来，使人家闻而可知，见而可晓，说话作文的人先得下"化"的功夫。如果"化"不来或者"化"不好，虽然事物摆在面前，现成不过，还是说不成写不成。把经历一段时间的"事"化为语言文字，叫作叙事，这功夫并不艰难。语言文字从头一句到末了一句也经历一段时间，经历一段时间就有个先后次序，这个先后次序如果按照着"事"的先后次序，这就"化"过来了。

叙事的语言文字怎样才算好，起码的条件是使人家明白那"事"的先后次序。在先的先说先写，在后的后说后写，固然可以使人家明白；尤其要紧的，对于表明时间的语句一毫不可马虎。如果漏说漏写了，或者说得含糊，写得游移，就教听的人看的人迷糊了。这儿不举例，请读者自己找几篇叙事文字来看，看那几篇文字怎样点明先后次序，怎样运用表明时间的语句。

按照"事"的先后次序叙事，那是常规。为着需要，有时候常规不能适用。譬如，叙事叙到某一个阶段，必须追叙从前的事方始明白。又如，一件事头绪纷繁，两方面三方面同时在那里进展，必须把几方面一一叙明。遇到

---

*原载一九四六年七月一日《中学生》第一七七期。

这种情形，就不能死守着按照先后次序了。试举个例子（从茅盾所译的《人民是不朽的》录出）。

　　马利亚·铁木菲也芙娜·乞列特尼成科，师委员的母亲，七十岁的黑脸的女人，准备离开她的故乡。邻人们邀她在白天和他们同走，但是马利亚·铁木菲也芙娜正在烘烤那路上用的面包，要到晚上才能烤好。集体农场的主席却是预定次日一早走的，马利亚就决定和他同走。

若照次序先后叙下去，以下就该叙马利亚当夜怎样准备，次日怎样动身。但是读者还不知道马利亚带谁同走，她的已往经历怎么样，她舍不得离开故乡的心情怎么样。这些都有叙明的需要，于是非追叙不可了。

　　她的十一岁的孙子辽尼亚本来在基辅读书，战争爆发前三星期学校放假，辽尼亚从基辅来看望祖母，现在还没回去。开战以后，马利亚就得不到儿子的消息，现在决定带了孙子到喀山去，投奔她的儿媳妇的一个亲戚，儿媳妇是早三年就故世了。

辽尼亚回来看望马利亚，马利亚得不到儿子的消息，儿媳妇已经故世，都是马利亚准备离开故乡以前的事。请注意"现在还没回去""现在决定带了孙子到喀山去""儿媳妇是早三年就故世了"这些语句。如果不用这些语句表明时间，非但次序先后搞不清楚，连事情的本身也弄不明白。以下叙马利亚到基辅去的情形。

　　从前，她的儿子常常请她到基辅和他同住在那大的公寓里……

叙她怎样在基辅各处游览，怎样因为儿子受到人们的尊敬。请注意"从前"两字，明明标明那是追叙。随后是：

　　一九四零那一年，马利亚·铁木菲也芙娜生了一场病，不曾到儿子那里去。但在七月，儿子随军演习，顺路到母亲这里住了两天。这一次，儿子又请母亲搬到基辅去住……

于是在父亲的坟园里，母亲对儿子说了如下的话：

> "你想想，我能够离开这里吗？我打算老死在这里了。你原谅我吧，
> 我的儿。"

这里见出她是万万舍不得离开故乡的。请注意"一九四零那一年"和"这一
次"，也明明标明那是追叙。接下去是：

> 而现在，她准备离开她这故乡了。动身的前夕，她去拜访她所熟识
> 的一位老太太。辽尼亚和她一同去……

直到这里，在时间先后上才接上那头一节。其间追叙的部分计有七百字光景。
那"而现在"三字仿佛一个符号，表示追叙的那部分已经完毕，直接头一节
的叙写从此开始。现在再举个例子（从《水浒》武松打虎那一回录出）：

> ……跳出一只吊睛白额大虫来。武松见了，叫声："啊呀！"从青石
> 上翻将下来，便拿那条哨棒在手里，闪在青石边。那大虫又饥又渴，把
> 两只爪在地下略按一按，和身望上一扑，从半空里蹿将下来。武松被那
> 一惊，酒都做冷汗出了。说时迟，那时快，武松见大虫扑来，只一闪，
> 闪在大虫背后。那大虫背后看人最难，便把前爪搭在地下，把肥胯一掀，
> 掀将起来。武松只一闪，闪在一旁。大虫见掀他不着，吼一声，却似半
> 天里起个霹雳，震得那山冈也动，把这铁棒也似虎尾倒竖起来，只一剪。
> 武松欲又闪在一旁。

这里大虫的一扑和武松的第一个一闪同时，大虫的一掀和武松的第二个一闪
同时，大虫的一剪和武松的第三个一闪同时。同时发生的事情不能同时说出
写出，自然只得叙了大虫又叙武松。单就大虫方面顺次叙，或是单就武松方
面顺次叙，都无法叙明。叙述头绪更繁的事情，也只该如此。
  以上说的不是什么人为的作文方法，实在是说话想心思的自然规律。世
间如果有所谓作文方法，也不过顺着说话想心思的自然规律加以说明而已。

以画为喻*

　　咱们画图，有时候为的实用。编撰关于动物植物的书籍，要让读者明白动物植物外面的形态跟内部的构造，就得画种种动物植物的图。修建一所房子或者布置一个花园，要让住在别地的朋友知道房屋花园是怎么个光景，就得画关于这所房屋这个花园的图。这类的图，绘画动机都在实用。读者看了，明白了，住在别地的朋友看了，知道了，就体现了它的功能。

　　这类图决不能随便乱画，首先要把画的东西看得明白，认得确切。譬如画猫罢，它的耳朵怎么样，它的眼睛怎么样。你如果没有看得明白，认得确切，怎么能下手？随便画上猪的耳朵，马的眼睛，那是个怪东西，绝不是猫；人家看了那怪东西的图，决不能明白猫是怎样的动物。所以，要画猫就得先认清猫。其次，画图得先练成熟习的手腕，心里想画猫，手上就得画成一只猫。像猫这种动物，咱们中间谁还没有认清，可是咱们不能人人都画得成一只猫；画不成的原因，就在乎熟习的手腕没有练成。明知道猫的耳朵是怎样的，眼睛是怎样的，可是手不应心，画出来的跟知道的不相一致，这就成猪的耳朵马的眼睛，或者什么也不像了。所以，要画猫又得练成从心所欲的手腕。

　　咱们画图，有时候并不为实用。看见一个老头儿，觉得他的躯干，他的面部的器官，他的蓬松的头发跟胡子，线条都非常之美，配合起来，是一个美的和谐，咱们要把那美的和谐表现出来，就动手画那个老头儿的像。走到一处地方，看见三棵老柏树，那高高向上的气派，那倔强矫健的姿态，那苍然蔼然的颜色，都仿佛是超然不群的人格的象征，咱们要把这一点感兴表现

---

　　*原载作者的《西川集》。

出来，就动手画那三棵老柏树的图。这类的图，绘画的动机不为实用，可以说无所为。但是也可以说有所为，为的是表出咱们所见到的一点东西，从老头儿跟三棵老柏树所见到的一点东西——"美的和谐"、"仿佛是超然不群的人格的象征"。

这样的图也不能随便乱画。第一，见到须是真切的见到。人家说那个老头儿很美，你自己不加辨认，也就跟着说那个老头儿很美，这就不是真切的见到。人家都画柏树，认为柏树的挺拔之概值得画，你就跟着画柏树，认为柏树的挺拔之概值得画，这就不是真切的见到。见到不真切，实际就是无所见，无所见可是还要画，结果只画了个老头儿，画不出那"美的和谐"来；只画了三棵老柏树，画不出那"仿佛是超然不群的人格的象征"来。必须要整个的心跟事物相对，又把整个的心深入事物之中，不仅认识它的表面，并且透达它的精蕴，才能够真切地见到些什么。有了这种真切的见到，咱们的图才有了根本，才真个值得动起手来。第二，咱们的图既以咱们所见到的一点东西为根本，就跟前一类的图有了不同之处：前一类的图只须见什么画什么，画得准确就算尽了能事；这一类的图要表现出咱们所见到的一点东西，就得以此为中心，对材料加一番选择取舍的功夫；这种功夫如果做得不到家，那么虽然确有见到，也还不成一幅好图。那老头儿一把胡子，工细的画来，不如粗粗的几笔来得好；那三棵老柏树交结着的桠枝，照样的画来，不如删去了来得好；这样的考虑就是所谓选择取舍的功夫。做这种功夫有个标准，标准就是咱们所见到的一点东西。跟这一点东西没有关系的，完全不要；足以表出这一点东西的，不容放弃；有时为了要增加表出的效果，还得以意创造，而这种功夫的到家不到家，关系于所见的真切不真切；所见越真切，选择取舍越有把握；有时几乎可以到不须思索的境界。第三，跟前边说的一样，得练成熟习的手腕。所见在心，表出在手腕，手腕不熟习，根本就画不成图，更不用说好图。这个很明白，无须多说。

以上两类图，次序有先后，程度有浅深。如果画一件东西不会画得像，画得准确，怎么能在一幅画中表出咱们所见到的一点东西？必须能画前一类图，才可以画后一类图。这就是次序有先后。前一类图只凭外界的事物，认得清楚，手腕又熟，就成。后一类图也凭外界的事物，根本却是咱们内心之所见；凭这一点，它才成为艺术。这就是程度有浅深。这两类图咱们都要画，看动机如何而定。咱们要记载物象，就画前一类图；咱们要表出感兴，就画后一类图。

　　我的题目"以画为喻"，就是借画图的情形，来比喻文字。前一类图好比普通文字，后一类图好比文艺。普通文字跟文艺，咱们都要写，看动机如何而定。为应付实际需要，咱们得写普通文字；如果咱们有感兴，有真切的见到，就得写文艺。普通文字跟文艺次序有先后，程度有浅深。写不来普通文字的人决写不成文艺；文艺跟普通文字原来是同类的东西，不过多了咱们内心之所见。至于熟习的手腕，两方面同样重要；手腕不熟，普通文字跟文艺都写不好。手腕要怎样才算熟？要让手跟心相应，自由驱遣语言文字，想写个什么，笔下就写得出个什么，这才算是熟。我的话即此为止。

木炭习作和短小文字*

有些美术学生喜欢作整幅的画，尤其喜欢给涂上彩色，红一大块，绿一大块，对于油彩毫不吝惜。涂满了，自己看看，觉得跟名画集里的画幅有点儿相近，就十分满意；遇到展览会，当然非送去陈列不可。因此，你如果去看什么美术学校的展览会，红红绿绿的画幅简直叫你眼花；你也许会疑心看见了一个新的宗派——红红绿绿派。

整幅的彩色画所以被这些学生喜欢，并不是没有理由的。从效用上说，这可以表示作者从人生、社会窥见的一种意义；譬如灵肉冲突啊，意志难得自由啊，都会的罪恶啊，黄包车夫的痛苦啊，都是常见的题材。从技巧上说，这可以表示作者对于光跟色彩的研究功夫；人的脸上一搭青一搭黄，花瓶里的一朵大的花单是一团红，都是研究的结果。人谁不乐意把自己见到的、研究出来的告诉人家？美术学生会的是画画，当然用画来代替语言，于是拿起画笔来一幅又一幅地涂他们的彩色画。

但是从参观展览会的人这方面说，这红红绿绿派往往像一大批的谜。骤然看去，不知道画的什么，仔细看了一会，才约略猜得透大概是什么，不放心，再对准了号数检查手里的展品目录，也有猜中的，也有猜不中的。明明是一幅一幅挂在墙上的画，为什么看了还得猜？这因为画得不很像的缘故。画人不很像人，也许是远远的一簇树木；画花不很像花，也许是桌子上堆着几个绒线球。怎叫人不要猜？

像，在美术学生看来，真是不值得齿数的一个条件。他们会说，你要像，去看照相好了，不用来看画，画画的终极的目标就不在乎像。话是不错。然

---

*原载一九三五年三月一日《中学生》第五三号。

而照相也有两种：一种是普通照相；另一种是艺术照相。普通照相就只是个像；艺术照相却还有旁的什么，可是也离开不了像。把画画得跟普通照相一样，那就近乎"匠"了，自然不好；但是跟艺术照相一样，除了旁的什么以外，还有一个条件叫作像，并没有辱没绘画艺术。并且，丢开了像，还画什么画呢？画画的终极的目标固然不在像，而画画的基础的条件不能不是这个像。

照相靠着机械的帮助，无论普通的、艺术的，你要它不像也办不到。画画全由于心思跟手腕的运用，你没有练习到像的地步，画出来就不像。不像，好比造房子没有打下基础，你却要造起高堂大厦来，怎得不一塌糊涂，完全失败？基础先打下了，然后高堂大厦凭你造。这必需的功夫就是木炭习作。

但是，听说美术学生最不感兴味的就是木炭习作。一个石膏人头，一朵假花，要一回又一回地描画，谁耐烦？马马虎虎敷衍一下，总算学过了这一门就是了。回头就嚷着弄彩色，画整幅。这是好胜的心肠，巴望自己创造出几幅有价值的画来，不能说不应该。然而未免把画画的基础看得太轻忽了。并且木炭习作不只使你落笔画得像，更能够叫你渐渐明白，画一件东西，哪一些烦琐的线条可以省掉，哪一些主要的线条一丝一毫随便不得。不但叫你明白，又叫你的手腕渐渐熟练起来，可以省掉的简直不画，随便不得的决不随便。这对于你极有益处，将来你能画出不同于照相可是也像的画来，基础就在乎此。

情形正相同，一个文学青年也得下一番跟木炭习作同类的功夫，那目标也在乎像而不仅在乎像。

文学的木炭习作就是短小文字，有种种名称，小品，随笔，杂感，速写，特写，杂文，此外大概还有。照编撰文学概念的说起来，这些门类各有各的定义跟范围，不能混同；但是，不多啰嗦，少有枝叶，有什么说什么，说完了就搁笔，差不多是这些门类的共通点，所以不妨并为一谈。若说应付实际生活的需要，惟有这些门类才真个当得起"应用文"三个字；章程、契券、公文之类实在只是"公式文"而已。同时，这些门类质地单纯，写作起来比较便于照顾，借此训练手腕，最容易达到熟能生巧的境界。

训练的目标在乎像。这话怎么说呢？原来简单得很：你眼前有什么，心中有什么，把它写下来，没有走样；拿给人家看，能使人家明白你眼前的、心中的是什么：这就行了。若把画画的功夫来比拟，不就是做到了一个像字吗？这可不能够三脚两步就达到。连篇累牍写了许多，结果自觉并没有把眼前的、心中的写下来，人家也不大清楚作者到底写的什么：这样的事情往往有之。所以，虽说是类乎木炭习作的短小文字，也非郑重从事不可。譬如写一间房间，你得注意各种陈设的位置，辨认外来光线的方向，更得捉住你从那房间得到的印象。譬如写一个人物，你得认清他的状貌，观察他的举动，更得发现他的由种种因缘而熔铸成功的性情。又譬如写一点感想，你得把握那感想的中心，让所有的语言都环拱着它，为着它而存在。能够这样当一回事做，写下来的成绩总会离像不远；渐渐进步到纯熟，那就无有不像——就是说，你要写什么，写下来的一定是什么了。

到了纯熟的时候，跟画画一样，你能放弃那些烦琐的线条，你能用简要的几笔画出生动的形象来，你能通体没有一笔败笔。你即使不去作什么长篇大品，这短小文字也就是文学作品了。文学作品跟普通文字本没有划然的界限，至多像整幅彩色画跟木炭习作一样而已。

画画不像，写作写不出所要写的，那就根本不成，别再提艺术啊文学啊那些好听的字眼。在基础上下了功夫，逐渐发展开去，却就成了艺术跟文学。舍此以外，没有什么捷径。谁自问是个忠实的美术学生或者文学青年的话，先在基础上下一番刻苦的功夫吧。

第四章◎

语 言 之 艺 术

关于使用语言*

文艺作者动脑筋，搞创作，这是一种思维活动。这种思维活动要塑造一些人物，布置一些情节，描写一些景象，目的在反映生活的实际——虽然写成的小说戏剧之类是假设虚构，可是比记载实在的事情还要真实。

有人以为思维活动是空无依傍的，这种想法并不切合实际。空无依傍就没法想。就说想一个人的高矮吧，不是高个子，就是矮身材，或者是不高不矮，刚刚合度，反正适合那想到的对象就成。要是不许你想高个子，矮身材，不高不矮，刚刚合度，等等，你又怎么能想一个人的高矮呢？

高个子，矮身材，不高不矮，刚刚合度，等等，全都是语言材料。各种东西的性状，各种活动的情态，这个，那个，这样，那样，不依傍语言材料全都没法想。因此，咱们可以相信，思维活动绝不是空无依傍的，必须依傍语言材料才能想。

必须依傍语言材料才能想，所以思维活动的过程同时就是语言形成的过程。不是先有个空无依傍的想头然后找些语言把它描写出来，是一边在想一边就在说话，两回事其实是一回事。

两回事既然是一回事，那么，想的对头，说的也必然对头；说的有些不到家，就表示想的有些不到家。

要是说，"我想的倒挺好，只是说出来的语言走了样"，人家怎么会相信呢？人家会问："你是依傍语言材料想的，想的挺好，形成的语言当然也不错，怎么说出来会走了样呢？"人家这个问话是没法回答的。其实这儿所谓想的挺好只是一种幻觉，语言走样就证明你还没想得丝丝入扣。

---

*原载《人民文学》一九五六年三月号。

再拿文艺作品来说。文艺作品是作者思维活动的成果，思维活动的固定形式，也就是写在纸面上的语言——文字。作者给读者的，仅仅是这些写在纸面上的语言，这以外再没有别的。读者认识作者所反映的生活的实际，了解作者的世界观和人生观，也仅仅靠这些写在纸面上的语言，这以外再没有别的。因此，这些写在纸面上的语言是作者读者心心相通的唯一的桥梁。读者不能脱离作品的语言理解作品，要是那样，势必是胡思乱想。作者也不能要求读者理解没提到的东西，搞清楚没说清楚的东西，要是那样，就不免宽容了自己，苛待了读者。固然，文艺作品里常常有所谓"言外之意"，话没明说，只要读者想得深些透些，也就能够体会。可是言外之意总得含蓄在明说出来的话里头，读者才能够体会。要是根本没有含蓄在里头，怎么能叫读者无中生有地去体会呢？所以言外之意还是靠语言来传达的。

以上的话无非要说明这么个意思：思维和语言密切地联系着，咱们不能把想的和说的分开来看待。实际上思维和语言是分不开的。可见分开来看待是主观方面的态度。分开来看待就出毛病，主要的毛病是走上这么一条路：想得朦胧模糊，说得潦草随便。所谓想得朦胧模糊，就是头脑里只有一些跳荡的没有秩序的语言材料，语言的固定形式还没有形成，在这时候就以为是够了，想得差不多了——其实还得好好地继续想。所谓说得潦草随便，就是赶紧要把还没形成固定形式的东西说出来，这其实是说不出来的，说不出来的硬要说，硬要说又非取一种固定形式不可，非说成一串语言不可——这就免不了潦草随便。

不把想的和说的分开来看待，情形就完全不同了。头脑里只有一些跳荡的没有秩序的语言材料的时候，决不就此停止，非想到形成了语言的固定形式不可。这固定形式并不是随便形成的，它的形成是有原则的，就是跟所想的符合。一边在想，一边就是在说，当然只能取这么个原则。为什么用这个词，不用那个词；为什么用这样的句式，不用那样的句式；为什么先说这个，后说那个；为什么这一部分说得那么多，那一部分说得那么少，诸如此类，全都根据这么个原则而来。这样的固定形式不保证一定是好作品，那还得看作者的世界观和人生观怎样，作者对生活的实际认识得怎样。可是作者这一番思维活动是认真的，着实的，那是可以肯定的。凡是好作品大概都具备这样的基础。

不把想的和说的分开来看待，就不会像有些人那样，说"语言只是小节罢了"——言外颇有尽可以不管或者少管的意思。要是听见人家在那里说"语言只是小节罢了",一定会毫不放松,跟人家争辩,哪怕争得面红耳赤。语言是作者可能使用的唯一的工具,成败利钝全在乎此,怎么能是小节?咱们能对读者说"不要光看我的作品,你得连带看我的头脑"吗?咱们能对读者说"我的头脑比作品高妙得多"吗?不能。头脑,藏在里面,怎么能看呢?而且读者就要看咱们的作品,就要通过作品看咱们的头脑。而作品呢,从头到尾全都是写在纸面上的语言,就靠这些写在纸面上的语言,咱们的头脑才跟读者相见。语言怎么能是小节?

　　不把想的和说的分开来看待,对作品的修改的看法也就正确了。有人说自己的或者人家的作品还得修改,往往接着说"不过这是文字问题"(所谓文字问题就是语言问题)。咱们在开会讨论什么文件章则的时候,也常常听见这样的话:"大体差不多了,余下的只是文字问题了。"单就"文字问题"四个字着想,就知道说话的人是相信内容实质可以脱离语言而独立存在的,是相信语言的改动不影响内容实质的。实际上哪有这回事呢?内容实质凭空拿不出来,它要通过语言形式才拿得出来。语言形式有改动,内容实质不能不改动。而且,正因为内容实质要改动,才改动语言形式。不然,为什么要改动语言形式呢?这么想,就可以知道所谓修改,实际上是把内容实质重新想过,同时就是把话重新说过。一大段话的增补或者删掉,这一段和那一段的对调,一句话一个词的增删改动,全都是重新想过重新说过的结果,绝不仅仅是"文字问题"。这是个正确的看法。这个看法的好处在注重内容实质,所做的修改必能比先前提高一步。

　　就语言的使用说,大概跟经济工作一样,节约很重要。经济工作里头所谓节约,并不是一味地省,死扣住物力财力尽量少用的意思。节约是该用的地方才用,才有计划地用,用得挺多也要用;不该用的地方就绝对不用,哪怕用一点也是浪费。关键在乎该用不该用。咱们写个作品,在语言的使用上也该遵守节约的原则。

　　就说描写一个人的状貌吧,五官四肢,肥瘦高矮,坐着怎样,站着怎样,跑路又怎样,诸如此类,可以写个无穷无尽。再说写几个人的对话吧,说东道西,天南地北,头绪像藤本植物那样蔓延开来,也可以写个无穷无尽。此外如描写一个乡村的景物,叙述一间屋子里的陈设,要是把想得到的实际上可能有的全都搬出来,也就漫无限制。像这样无穷无尽,漫无限制,就违反了节约的原则。要讲节约，就得考虑该用不该用。怎么知道哪些该用哪些不该用呢？写个作品总有个中心思想，跟中心思想有关系的就该用，而且非用不可，没有关系的就不该用，用了就是累赘。这只是抽象地说。某个作品的中心思想是什么，认真的作者自然心中有数。心中有数，哪些该用哪些不该用就有了把握。于是，譬如说吧，描写一个人的状貌，不写别的，光写他的浓眉毛和高颧骨。写几个人的对话，绝不啰嗦，只让甲说这么三句，乙说这么五句，丙呢，让他说半句不完整的话。乡村景物可以描写的很多，可是只写几棵新栽的树和射到树上的阳光。房间里的陈设该不止一个收音机，可是就只写那个收音机，再不提旁的。为什么只挑中这些个呢？一句话回答：这些个跟中心思想有关系，适应中心思想的要求。这就叫厉行节约。

再就一句话来说。一句话里的一个名词，加得上去的修饰语或者限制语绝不止一个，一个动词或者形容词，加得上去的修饰语绝不止一个。要是把加得上去的都给加上去，大概也会违反节约的原则。怎么办呢？只有看必要不必要。必要的才给加上去，不必要的全丢开。或者一个必要的也没有，就一个也不给加上去。必要不必要怎么断定呢？还是看中心思想。一句话的作用不是写人就是写物，不是写事情就是写光景……这些个全跟中心思想有关系。所以每句话全跟中心思想有关系，全该适应中心思想的要求。凡是适应要求的就是必要的。

语言里像"虽然""那么""固然""但是""因为""所以"之类的词好比门窗上的铰链，木器上的榫头。这些词用起来也有必要不必要的分别。譬如说"因为怕下雨，所以我带着把伞出门"，这交代得挺明白，不能说有什么错。可是咱们大都不取这么个说法，只说"怕下雨，我带着把伞出门"。为什么呢？因为不用"因为""所以"，这里头的因果关系已经够明白了。已经够明白，还给加上榫头，那就不必要，就不合节约的原则。

咱们评论语言的使用，往往用上"干净"这个词，说某人的话很干净，某篇东西的语言不怎么干净。所谓干净不干净，其实就是节约不节约。从一节一段到一个词一个句子，全都使用得恰如其分，不多也不少，就做到了节约，换个说法，这就叫干净。

语言的节约仅仅是语言问题吗？或者仅仅是某些人惯说的"文字问题"吗？只要领会到语言跟思维的密切联系，就知道不仅仅是语言问题或者"文字问题"。语言要求节约跟思维要求节约是分不开的。在思维过程中，必须把那些啰啰嗦嗦的不必要的东西去掉，同时非把那些必要的东西抓住不可，这是思维的节约。表现在语言方面，就是语言的节约。

就语言的使用说，还有很重要的一点必须特别注意，就是语言的社会性。语言是社会的产物，是大家公用的东西，用起来不能不要求彼此一致。你这么说，我就这么了解；你那么说，我就那么了解；你说个什么，我就了解个什么；切实明确，不发生一点儿误会，这全在乎双方使用语言的一致。

绝不可能有个人的语言，与众不同，自成一套，那是办不到的，那样的语言（要是也可以叫语言的话）非但不能叫人家了解，自己也没法依傍着来思维。所以一个人生在这个社会里，就注定使用这个社会的共同的语言。

使用共同的语言，可是跟人家不怎么一致，这种情形是可能有的。或者是学习不到家，养成了不正确的习惯，或者是一时疏忽，应该这样说的那样说了，这就跟人家不一致了。跟人家不一致总是不好的，即使差得有限，也叫人家了解不真切，有朦胧之感，要是差得很远，就叫人家发生误会，或者完全不了解。因此，凡是使用语言的人，包括文艺作者，都得随时注意，自己在使用上有没有跟人家不一致的地方，要是有，赶快纠正。

注意可以分三个方面——语音，语法，词汇。单就写在纸面上的语言说，作者的语音准确不准确无从分辨，因此，可以撇开语音，只谈语法和词汇两个方面。

语法是联词成句的规律，每种语言有它的语法，没有语法就不成其为语言。咱们从小学语言，逐渐能叫人家了解，正因为不但学会了些词，同时也学会了语法。有些人觉得没有什么语法似的，这跟咱们生活在空气里，仿佛觉得没有什么空气一样。中小学要教语法，理由就在此。自发地学会了语法，并不意识到有什么语法，难保十回使用不出一两回错。在学校里学了语法，自觉地掌握住语法的规律，就能保证每回使用都不错。怎样叫掌握住规律？怎样叫不错？也无非跟使用这种语言的人的语法完全一致罢了。

谁要是说"语法不能拘束我，我自用我法"，这好比说脱离了空气也可以生活，当然是个不切实际的想法。现在这样想的人并不太多了，大家知道语法的重要性。知道语法重要就得研究语法。依靠一些语法书来研究，或者不看什么语法书，单就平时的语言实践来研究，都可以。一般说来，文艺作者对语言的敏感胜过其他的人，文艺作者只要随时留心，即使不看什么语法书，发现规律掌握规律也是容易的。譬如说吧，同样是疑问语气，为什么有的用

"吗"，有的用"呢"，有的任何助词都不需要呢？又如同样是假设语气，为什么有的需要用"如果"或是"要是"，有的不必用这些词，假设语气也显然可辨呢？又如同样是重叠，为什么："研究研究"不能作"研研究究"，"清清楚楚"不能作"清楚清楚"，并且，重叠跟不重叠的不同作用在哪儿呢？又如最平常的一个"的"字，为什么有的地方必不可少，少了就使词跟词的关系不明，有的地方尽可不用，用了反而见得累赘呢？诸如此类，只要一归纳，一比较，就把所以然看出来了。这样看出来的是最巩固的，不仅能永远记住，而且能在语言实践里永远掌握住。

无论是谁，说话写文章大致是合乎语法的。偶尔有些地方不合语法也是难免的，原因不外乎前边说过的两点——习惯不良，一时疏忽。文艺作者笔下的东西，按道理说不应该有这个偶尔。只要随时留心，把语法放在心上，当一回事儿，就能够纠正不良的习惯，防止疏忽的毛病，就能够避免这个偶尔。

现在再就词汇说一说。各人的词汇的范围并不完全相同，可是谁都在那里逐渐扩大词汇的范围。单就一个人说，了解的词汇必然大于使用的词汇。因为使用的非了解不可，而了解的未必全拿来使用。譬如咱们了解一些文言的词，咱们大都不拿来使用。

在思维活动的时候，咱们随时挑选适当的词。什么叫适当的词呢？一，切合咱们所想的对象；二，用得跟社会上一致。譬如想的是一种颜色，这种颜色是"红"，社会上确实叫它"红"，那么"红"就是适当的词。又如想的是一种动作，这种动作是"推"，社会上确实叫它"推"，那么"推"就是适当的词。切合对象，跟社会上一致，这两点是联系着的。正因为约定俗成，这种颜色大家都叫它"红"，这种动作大家都叫它"推"，"红"和"推"才是切合对象的词。要是换成"绿"和"拉"，那就跟社会上完全不一致了，也就是跟对象完全不切合了。

像"红"和"推"那样的词还会用得不适当吗？当然不会。可是大多数的词不像"红"和"推"那么简单，往往要下功夫挑选，才能找着那个最适当的。譬如"美丽""美""艳丽""漂亮"，粗看好像差不多。这几个词的分别到底在哪儿，当前该用哪一个才切合所想的对象，才跟社会上一致，这是挑选的时候必须解决的。求解决可以查词典，一部好的词典就在乎告诉人家每个词的确切的本义和引申义，明确地指出它能用在某种场合，不能用在某种场合。要是平时做过归纳比较的功夫，能够辨别得很明确，那就无须查什么词典，因为词典也是经过这样的功夫编出来的。说到这儿又要提起文艺作者对语言的敏感了。文艺作者凭他的敏感，平时在这方面多多注意，也是"工欲善其事，必先利其器"的准备工作。在目前还没有一部叫人满意的词典，这种准备工作尤其需要。要是平时不做这种准备工作，连勉强可用的词典也不查一查，那么临到选用的时候就有用得不适当的可能——本该用"美"的，用了"美丽"了，或者本该用"美丽"的，用了"漂亮"了。咱们对每一个词，不能透彻地了解它，就不能适当地使用它。严格一点儿说，只有咱们透彻地了解的那些词，才该归入咱们"使用的词汇"的范围。

咱们要随时吸收先前不曾了解不会使用的词，扩大"使用的词汇"，扩大了再扩大，永远没有止境。不是说从广大群众方面，从种种书刊方面，都可以学习语言吗？这不仅指扩大词汇而言，可是扩大词汇也包括在内。平时积蓄了财富，需用的时候就见得宽裕，尽可以广泛地衡量、挑选最适当的来使用。要是吸收不广，积蓄不多，就可能发生两种情形。一种情形是一时找不着适当的词，随便用上一个对付过去。另一种情形是生造一个词用上，出门不认货，不管人家领会不领会。譬如某一部作品里说大风"抨击"在脸上，这就是前一种情形。"抨击"不是普通话的词，是文言的词，意义是攻击人家的短处，拿来说大风，牛头不对马嘴。同一部作品里又说声音"飘失"在空中，这就是后一种情形。"飘失"是作者生造的词，用方块汉字写在纸面上，人家认得"飘"字"失"字还可以猜详，要是口头说出来，人家就听不懂，或者用拼音字母写下来，人家就看不懂。可见这两种情形都是不好的。

新事物不断地出现，新词就陆续地产生。凡是新词，总有人在口头或是笔下首先使用。可是仅仅一个人使用一两次，这个新词不一定就能成立，必须多数人跟上来，也在口头或是笔下使用它，它才能成立。多数人使用它就好比对它投了同意票。至于并非新事物的事物，既然有现成的词在那里，就无须另外造什么新词。固然，另外造新词也是一种自由，谁也不能禁止谁，然而享受这种自由的结果，无非给自己的语言蒙上一层朦胧的阴影，给人家添点儿猜详的麻烦罢了。

咱们还应该注意辨别普通话和方言土语。要依照普通话的语法，使用普通话的词，不要依照方言土语的语法，使用方言土语的词。推广普通话，汉民族使用统一的语言，在社会主义建设高潮的今天，是作为一种严肃的政治任务提出来的。文艺作者跟其他文化工作者一样，应该而且必须担当这个任务。普通话和方言土语，就语法说，差别不太大，可并不是没有种种微小的差别。就词和熟语成语说，那就差别很大，各地的方言土语之间差别也很大。在文艺作品里，方言土语的成分搀用在普通话里的情形大致有两种：一种情形是只搀用某一地区方言土语的成分，如只搀用东北话或者河南话的成分。这在某一地区的人读起来方便，对其他地区的人可就是不小的障碍。另一种情形是搀用某几个地区方言土语的成分，南腔北调，兼收并蓄。这对各地区的人都是不小的障碍。而作者搀用那些方言土语的成分，又有有意识和无意识的分别。有的是故意要用上那些成分，有的是没有下功夫辨别，不知不觉地用上那些成分了。现在咱们的目标是使用纯粹的普通话，那当然不该故意用上些方言土语的成分了。为要避免不知不觉地用上，就得养成习惯，哪些是普通话的成分，哪些是方言土语的成分，要能够敏感地辨别，恰当地取舍。

还可以这么考虑，方言土语的成分也不是绝对不用，只是限制在特定的情况下使用。譬如作品是某个人物的对话，要是用了某地区的方言土语，确实可以增加描写和表现的效果，这就是个特定的情况，这时候就不妨使用。又如作者觉得方言土语的某一个成分的表现力特别强，普通话里简直没有跟它相当的，因此愿意推荐它，让它转成普通话的成分，这就是个特定的情况，这时候就不妨使用。——到底能不能转成普通话的成分，那还得看群众同意不同意。

到这儿，关于语言的社会性说得差不多了。要讲究语法，要注意选词，要避免使用方言土语的成分，这些并不是什么清规戒律，全都为的语言的一致。大家的语言一致，语言才真正是心心相通的桥梁。不要以为这样未免太不自由了，要知道在这点上讲自由，势必造成语言的混乱。不要以为这样就限制得很严，再没有用武之地了，要知道这些要求只是语言的基本要求，在达到基本要求的基础上，作者凭他的世界观人生观和才能，尽可以千变万化地运用，完成他的语言的艺术。

谈文章的修改*

　　有人说，写文章只该顺其自然，不要在一字一语的小节上太多留意。只要通体看来没有错，即使带着些小毛病也没关系。如果留意了那些小节，医治了那些小毛病，那就像个规矩人似的，四平八稳，无可非议，然而也只成个规矩人，缺乏活力，少有生气。文章的活力和生气全仗信笔挥洒，没有拘忌，才能表现出来。你下笔，多所拘忌，就把这些东西赶得一干二净了。

　　这个话当然有道理，可是不能一概而论。至少学习写作的人不该把这个话作为根据，因而纵容自己，下笔任它马马虎虎。

　　写文章就是说话，也就是想心思。思想，语言，文字，三样其实是一样。若说写文章不妨马虎，那就等于说想心思不妨马虎。想心思怎么马虎得？养成了习惯，随时随地都马虎地想，非但自己吃亏，甚至影响到社会，把种种事情弄糟。向来看重"修辞立其诚"，目的不在乎写成什么好文章，却在乎决不马虎地想。想得认真，是一层。运用相当的语言文字，把那想得认真的心思表达出来，又是一层。两层功夫合起来，就叫作"修辞立其诚"。

　　学习写作的人应该记住，学习写作不单是在空白的稿纸上涂上一些字句，重要的还在乎学习思想。那些把小节小毛病看得无关紧要的人大概写文章已经有了把握，也就是说，想心思已经有了训练，偶尔疏忽一点，也不至于出什么大错。学习写作的人可不能与他们相比。正在学习思想，怎么能稍有疏忽？把那思想表达出来，正靠着一个字都不乱用，一句话都不乱说，怎么能不留意一字一语的小节？一字一语的错误就表示你的思想没有想好，或者虽然想好了，可是偷懒，没有找着那相当的语言文字：这样说来，其实也不能

―――――――――

　　*原载一九四六年五月一日《中学生》第一七五期。

称为"小节"。说毛病也一样，毛病就是毛病，语言文字上的毛病就是思想上的毛病，无所谓"小毛病"。

修改文章不是什么雕虫小技，其实就是修改思想，要它想得更正确，更完美。想对了，写对了，才可以一字不易。光是个一字不易，那不值得夸耀。翻开手头一本杂志，看见这样的话："上海的住旅馆确是一件很困难的事，廉价的房间更难找到，高贵的比较容易，我们不敢问津的。"什么叫作"上海的住旅馆"？就字面看，表明住旅馆这件事属于上海。可是上海是一处地方，决不会有住旅馆的事，住旅馆的原来是人。从此可见这个话不是想错就是写错。如果这样想："在上海，住旅馆确是一件很困难的事，"那就想对了。把想对的照样写下来："在上海，住旅馆确是一件很困难的事，"那就写对了。不要说加上个"在"字去掉个"的"字没有多大关系，只凭一个字的增减，就把错的改成对的了。推广开来，几句几行甚至整篇的修改也无非要把错的改成对的，或者把差一些的改得更正确，更完美。这样的修改，除了不相信"修辞立其诚"的人，谁还肯放过？

思想不能空无依傍，思想依傍语言。思想是脑子里在说话——说那不出声的话，如果说出来，就是语言，如果写出来，就是文字。朦胧的思想是零零碎碎不成片段的语言，清明的思想是有条有理组织完密的语言。常有人说，心中有个很好的思想，只是说不出来，写不出来。又有人说，起初觉得那思想很好，待说了出来，写了出来，却变了样儿，完全不是那回事了。其实他们所谓很好的思想还只是朦胧的思想，就语言方面说，还只是零零碎碎不成片段的语言，怎么说得出来，写得出来？勉强说了写了，又怎么能使自己满意？那些说出来写出来有条有理组织完密的文章，原来在脑子里已经是有条有理组织完密的语言——也就是清明的思想了。说他说得好写得好，不如说他想得好尤其贴切。

因为思想依傍语言，一个人的语言习惯不能不求其好。坏的语言习惯会牵累了思想，同时牵累了说出来的语言，写出来的文字。举个最浅显的例子。有些人把"的时候"用在一切提冒的场合，如谈到物价，就说"物价的时候，目前恐怕难以平抑"，谈到马歇尔，就说"马歇尔的时候，他未必真个能成功吧"。试问这成什么思想，什么语言，什么文字？那毛病就在于沾染了坏的语言习惯，滥用了"的时候"三字。语言习惯好，思想就有了好的依傍，好到极点，写出来的文字就可以一字不易。我们普通人难免有些坏的语言习惯，只是不自觉察，在文章中带了出来。修改的时候加一番检查，如有发现就可以改掉。这又是主张修改的一个理由。

"通"与"不通"*

　　讲到一篇文章，我们常常用"通"或"不通"的字眼来估量。在教师批改习作的评语里，这些字眼也极易遇见。我们既具有意思情感，提笔写作文章，到底要达到怎样的境界才算得"通"？不给这"通"字限定一个界域，徒然"通"啊"不通"啊大嚷一通，实在等于空说。假若限定了"通"字的界域，就如作其他事情一样定下了标准，练习的人既有用功的趋向，评判的人也有客观的依据。同时，凡不合乎这限定的界域的，当然便是"不通"。评判的人即不至单凭浑然的感觉，便冤说人家"不通"；而练习的人如果犯了"不通"的弊病，自家要重复省察，也不至茫无头绪。

　　从前有一些骄傲的文人，放眼当世文坛，觉得很少值得称数的人，便说当世"通"人少极了，只有三五个；或者说得更少，就只有一个——这一个当然是自己了。这些骄傲的文人把个"通"字抬得那么博大高深，绝不是我们中学生作文的标准。我们只须从一般人着想，从一般人对自己的写作能力的期望着想来限定"通"字的界域，这样的界域就很够我们应用。我们中学生不一定要做文人，尤其不要做骄傲的文人。

　　我们期望于我们的写作能力，最初步而又最切要的，是在乎能够找到那些适合的"字眼"也就是适合的"词"。怎样叫作适合呢？我们内面所想的是这样一件东西，所感的是这样一种情况，而所用的"词"刚好代表这样一件东西，这样一种情况，让别人看了不至感到两歧的意义，这就叫作适合。同时，我们还期望能够组成调顺的"语句"，调顺的"篇章"。怎样叫作调顺呢？内面的意思情感是浑凝的，有如球，在同一瞬间可以感知整个的含蕴；而语

＊原载中学生杂志社编的《写作的健康与疾病》。

言文字是连续的，有如线，须一贯而下，方能表达全体的内容。作文同说话一样，是将线表球的功夫，能够经营到通体妥帖，让别人看了便感知我们内面的意思情感，这就叫作调顺。适合的"词"犹如材料，用这些材料，结构为调顺的"篇章"，这才成功一件东西。

动笔写作之前，谁不抱着上面所说的期望呢？这种期望是跟着写作的欲望一同萌生的。惟有"词"适合，"篇章"调顺，方才真个写出了我们所想写的。否则只给我们的意思情感铸了个模糊甚至矛盾的模型而已。这违反所以要写作的初意，绝非我们所甘愿的。

在这里，所谓"通"的界域便可限定了。一篇文章怎样才算得"通"？"词"使用得适合，"篇章"组织得调顺，便是"通"。反过来，"词"使用得乖谬，"篇章"组织得错乱，便是"不通"。从一般人讲，只用这么平淡的两句话就够了。这样的"通"没有骄傲的文人所说的那样博大高深，所以是不论何人都可能达到的，并且是必须达到的。

既已限定了"通"的界域，我们写成一篇文章，就无妨自家来考核，不必待教师的批订。我们先自问，使用的"词"都适合了么？要回答这个问题，先得知道不适合的"词"怎样会参加到我们的文章里来。我们想到天，写下"天"字，想到汹涌的海洋，写下"汹涌的海洋"几个字，这其间，所写与所想一致，绝不会有不适合的"词"闯入。但在整篇的文章里，情形并不全是这么简单。譬如我们要形容某一晚所见的月光，该说"各处都像涂上了白蜡"呢还是说"各处都浸在碧水一般的月光里"？或者我们要叙述足球比赛，对于球员们奔驰冲突的情形，该说"拼死斗争"呢还是说"奋勇竞胜"？这当儿就有了斟酌的余地。如果我们漫不斟酌，或是斟酌而决定得不得当，不合适的"词"便溜进我们的文章来了。漫不斟酌是疏忽，疏忽常常是贻误事情的因由，这里且不去说它。而斟酌过了何以又会决定得不得当呢？这一半源于平时体认事物未能真切，一半源于对使用的"词"未能确实了知它们的意蕴。就拿上面的例来讲，"涂上白蜡"不及"浸在碧水里"能传月光的神态，假若决定的却是"涂上白蜡"，那就是体认月光的神态尚欠功夫；"拼死斗争"不及"奋勇竞胜"合乎足球比赛的事实，假若决定的却是"拼死斗争"，那就是了知"拼死斗争"的意蕴尚有未尽。我们作文，"词"不能使用得适合，病因全在这两端。关于体认的一点，只有逐渐训练我们的思致和观察力。这是一步进一步的，在尚不曾进一步的当儿，不能够觉察现在一步的未能真切。关于意蕴的一点，那是眼前能多用一些功夫就可避免毛病的。曾见有人用"聊寞"二字，他以为"无聊"和"寂寞"意义相近，拼合起来大概也就是这么一类的意义，不知这是使人不解的。其实他如果翻检过字典辞书，明白了"无聊"和"寂寞"的意蕴就不至写下这新铸而不通的"聊寞"来了。所以勤于翻检字典辞书，可使我们觉察哪些"词"在我们的文章里是适合的而哪些是不适合的。他人的文章也足供我们比照。在同样情形之下，他人为什么使用这个"词"不使用那个"词"呢？这样问，自会找出所以然，同时也就可以判定我们自己所使用的适合或否了。还有个消极的办法，凡意蕴和用法尚不能确切了知的"词"，宁可避而不用。不论什么事情，在审慎中间往往避去了不少的毛病。

其次，我们对自己的文章还要问，组织的"语句"和"篇章"都调顺了么？我们略习过一点文法，就知道在语言文字中间表示关系神情等，是"介词""连词""助词"等的重要职务。这些"词"使用得不称其职，大则会违反所要表达的意思情感，或者竟什么也不曾表达出来，只在白纸上涂了些黑字；小也使一篇文章琐碎涩拗，不得完整。从前讲作文，最要紧"虚字"用得通，这确不错；所谓"虚字"就是上面说的几类"词"。我们要明白它们的用法，要自己检查使用它们得当与否，当然依靠文法。文法能告诉我们这一切的所以然。我们还得留意我们每天每时的说话。说话是不留痕迹在纸面的文章。发声成语，声尽语即消逝，如其不经训练，没养成正确的习惯，随时会发生错误。听人家演说，往往"那么，那么""这个，这个"特别听见得多，颇觉刺耳。仔细考察，这些大半是不得当的，不该用的。只因口说不妨重复说，先说的错了再说个不错的，又有人身的姿态作帮助，所以仍能使听的人了解。不过错误终究是错误。说话常带错误，影响到作文，可以写得教人莫明所以。蹩脚的测字先生给人代写的信便是个适宜的例子；一样也是"然而""所以"地写满在信笺上，可是你只能当它神签一般猜详，却不能确切断定它说的什么。说话常能正确，那就是对于文法所告诉我们的所以然不单是知，并且有了遵而行之的习惯。仅靠文法上的知足呆板的，临到作文，逐处按照，求其不错，结果不过不错而已。遵行文法成为说话的习惯，那时候，怎么恰当地使用一些"虚字"，使一篇文章刚好表达出我们的意思情感，几乎如灵感自来，不假思索。从前教人作文，别的不讲，只教把若干篇文章读得烂熟。我们且不问其它，这读得烂熟的办法并不能算坏。读熟就是要把一些成例化为习惯。现在我们写的是"今话文",假若说话不养成正确的习惯,虽讲求文法,也难收十分的效果。一方讲求文法,了知所以然,同时把了知的化为说话的习惯,平时说话总不与之相违背,这才于作文上大有帮助。我们写成一篇文章,只消把它诵读几遍,有不调顺的所在自然会发现,而且知道应该怎样去修改了。

"词"适合了,"篇章"调顺了,那就可以无愧地说,我们的文章"通"了。

这里说的"通"与"不通",专就文字而言,是假定内面的思想情感没有什么毛病了的。其实思想情感方面的毛病尤其要避免。曾见小学生的练习簿,说到鸦片,便是"中国的不强皆由于鸦片",说到赌博,便是"中国的不强皆由于赌博"。中国不强的原由这样简单么?中国不强果真"皆由"所论到的一件事物么?这样一反省,便将自觉意思上有了毛病。要避免这样的毛病在于整个的生活内容的充实,所以本篇里说不到。

"好" 与 "不好"*

　　提笔作文，如果存心这将是"天地间之至文"，或者将取得"文学家"的荣誉，就未免犯了虚夸的毛病。"天地间之至文"历来就有限得很，而且须经时间的淘汰才会被评定下来。岂是写作者动笔的时候自己可以判定的？"文学家"呢，依严格说，也并不是随便写一两篇文章可以取得的——只有不注重批评的社会里才到处可以遇见"文学家"，这样的"文学家"等于能作文完篇的人而已。并且，这些预期与写作这件事情有什么关系呢？存着这些预期，文章的本身不会便增高了若干的价值。所以"至文"呀，"文学家"呀，简直不用去想。临到作文，一心一意作文就是了。作文是我们生活里的一件事情。我们作其他事情总愿望作得很好，作文当然也不愿望平平而止。前此所说的"通"，只是作文最低度的条件。文而"不通"，犹如一件没制造完成的东西，拿不出去的。"通"了，这其间又可以分作两路：一是仅仅"通"而已，这像一件平常的东西，虽没毛病，却不出色；一是"通"而且"好"，这才像一件精美的物品，能引起观赏者的感兴，并给制作者以创造的喜悦。认真不肯苟且的人，写一篇文章必求它"通"，又望它能"好"，是极自然的心理。自己的力量能够做到的，假若不去做到，不是会感到像偷工减料一般的抱歉心情么？

　　怎样才能使文章"好"呢？或者怎样是"不好"的文章呢？我不想举那些玄虚的字眼如"超妙""浑厚"等等来说，因为那些字眼同时可以拟想得很多，拿来讲得天花乱坠，结果把握不定它们的真切意义。我只想提出两点，说一篇文章里如果具有这两点，大概是可以称为"好"的了；不具有呢，那

＊原载中学生杂志社编的《写作的健康与疾病》。

便是"不好"。这两点是"诚实"与"精密"。

在写作上,"诚实"是"有什么说什么",或者是"内面怎样想怎样感,笔下便怎样写"。这个解释虽浅显,对于写作者却有一种深切的要求,就是文字须与写作者的思想、性情、环境等一致。杜甫的感慨悲凉的诗是"好"的,陶渊明的闲适自足的诗是"好"的,正因为他们所作各与他们的思想、性情、环境等一致,具有充分的"诚实"。记得十五六岁的时候,有一个同学死了,动手作挽文。这是难得遇到的题目。不知怎样写滑了手,竟写下了"恨不与君同死"这样意思的句子来。父亲看过,抬一抬眼镜问道:"你真这样想么?"哪里是真?不过从一般哀挽文字里看到这样的意思,随便取来填充篇幅罢了。这些句子如果用词适合,造语调顺,不能说"不通"。然而"不好"是无疑的,因为内面并非真有这样的情感,而纸面却这样说,这就缺少了"诚实"。我又想到有一些青年写的文章。"人生没有意义"啊,"空虚包围着我的全身"啊,在写下这些语句的时候,未尝不自以为直抒胸臆。但是试进一步自问:什么是"人生"?什么是"有意义"?什么是"空虚"?不将踌躇疑虑,难以作答么?然而他们已经那么写下来了。这其间"诚实"的程度很低,未必"不通"而难免于"不好"。

也有人说,文章的"好""不好",只消从它的本身评论,不必问写作者的"诚实"与否;换一句说,就是写作者无妨"不诚实"地写作,只要写来得法,同样可以承认他所写是"好"的文章。这也不是没有理由。古人是去得遥遥了,传记又多简略,且未能尽信;便是并世的人,我们又怎能尽知他们的心情身世于先,然后去读他们的文章呢?我们当然是就文论文;以为"好",以为"不好",全凭着我们的批评知识与鉴赏能力。可是要注意,这样的说法是从阅读者的观点说的。如果转到写作者的观点,并不能因为有这样的说法就宽恕自己,说写作无需乎一定要"诚实"。这其间的因由很明显,只要这样一想就可了然。我们作文,即使不想给别人看,也总是出于这样的要求:自己有这么一个意思情感,觉得非把它铸成个定型不可,否则便会爽然若失,心里不舒服。这样提笔作文,当然要"诚实"地按照内面的意思情感来写才行。假若虚矫地搀入些旁的东西,写成的便不是原来那意思情感的定型,岂非仍然会爽然若失么?再讲到另一些文章,我们写来预备日后自己复按,或是给别人看的。如或容许"不诚实"的成分在里边,便是欺己欺人,那内心的愧疚将永远是洗刷不去的。爽然若失同内心愧疚纵使丢开不说,还有一点很使我们感觉无聊的，便是"不诚实"的文章难以写得"好"。我们不论做什么事情，发于自己的，切近于自己的，容易做得"好"；虚构悬揣，往往劳而少功。我们愿望文字写得"好"，而离开了自己的思想、性情、环境等，却向毫无根据和把握的方面乱写，怎能够达到我们的愿望呢？

到这里，或许有人要这样问：上面所说，专论自己发抒的文章是不错的，"不诚实"便违反发抒的本意，而且难以写得"好"；但是自己发抒的文章以外还有从旁描叙的一类，如有些小说写强盗和妓女的，若依上说，便须由强盗妓女自己动手才写得"好"，为什么实际上并不然呢？回答并不难。从旁描叙的文章少不了观察的功夫，观察得周至时，已把外面的一切收纳到我们内面。然后写出来，这是另一意义的"诚实"；同样可以写成"好"的文章。若不先观察，却要写从旁描叙的文章，就只好全凭冥想来应付，这是另一意义的"不诚实"。这样写成的文章，仅是缺乏亲切之感这一点，阅读者便将一致评为"不好"了。

所以，自己发抒的文字以与自己的思想、性情、环境等一致为"诚实"，从旁描叙的文章以观察得周至为"诚实"。

其次说到"精密"。"精密"的反面是粗疏平常。同样是"通"的文章，却有"精密"和粗疏平常的分别。写一封信给朋友，约他明天一同往图书馆看书，如果把这意思写了，用词造句又没毛病，不能不说这是一封"通"的信，但"好"是无法加上去的，因为它只是平常。或者作一篇游记，叙述到某地方去的经历，如果把所到的各地列举了，所见的风俗、人情也记上了，用词造句又没毛病，不能不说这是一篇"通"的游记，但"好"与否尚未能断定，因为它或许粗疏。文字里要有由写作者深至地发现出的、亲切地感受到的意思情感，而写出时又能不漏失它们的本真，这才当得起"精密"二字，同时这便是"好"的文章。有些人写到春景，总是说"桃红柳绿，水碧山青"，无聊的报馆访员写到集会，总是说"有某人某人演说，阐发无遗，听者动容"。单想敷衍完篇，这样地写固是个办法；若想写成"好"的文章，那是无论如何做不到的。必须走向"精密"的路，文章才会见得"好"。譬如柳宗元《小石潭记》写鱼的几句："潭中鱼可百许头，皆若空游无所依。日光下澈，影布石上，怡然不动，俶尔远逝，往来翕忽，似与游者相乐。"是他细玩潭中的鱼，看了它们动定的情态，然后写下来的。大家称赞这几句是"好"文字。何以"好"呢？因为能传潭鱼的神。而所以能传神，就在乎"精密"。

　　不独全篇整段，便是用一个字也有"精密"与否的分别。文学家往往教人家发现那唯一适当的字用入文章里。说"唯一"固未免言之过甚，带一点文学家的矜夸；但同样可"通"的几个字，若选定那"精密"的一个，文章便觉更好，这是确然无疑的。以前曾论过陶渊明《和刘柴桑》诗里"良辰入奇怀"的"入"字，正可抄在这里，以代申说。

　　　这个"入"字下得突兀。但是仔细体味，却下得非常好。——除开"入"换个什么字好呢？"良辰感奇怀"吧，太浅显太平常了；"良辰动奇怀"吧，也不见得高明了多少。而且用"感"字用"动"字固然也是说出"良辰"同"奇怀"的关系，可是不及用"入"字来得圆融，来得深至。所谓"良辰"包举外界景物而言，如山的苍翠，水的潺湲，晴空的晶耀，田畴的欣荣，飞鸟的鸣叫，游鱼的往来，都在里头；换个说法，这就是"美景"，"良辰美景"本来是连在一起的。不过这"良辰美景"，它自己是冥无所知的：它固不曾自谦道"在下蹩脚得很，丑陋得很"，却也不曾一声声勾引人们说"此地有良辰美景，你们切莫错过"。所以有许多人对于它简直没有动一点心：山苍翠吧，水潺湲吧，苍翠你的，潺湲你的，我自耕我的田，钓我的鱼，走我的路，或者打我的算盘。试问，如果世人全属此辈，"良辰美景"还在什么地方？不过，全属此辈是没有的事，自然会有些人给苍翠的山色、潺湲的水声移了情的。说到移情，真是个不易描摹的境界。勉强述说，仿佛那个东西迎我而来，倾注入我心中，又仿佛我迎那个东西而去，倾注入它的底里；我与它之外不复有旁的了。而且浑忘了我与它了：这样的时候，似乎可以说我给那个东西移了情了。山也移情，水也移情，晴空也移情，田畴也移情，游鱼也移情，一切景物融和成一整个而移我们的情时，我们就不禁脱口而出："好个良辰美景呵！"这"良辰美景"，在有些人原是视若无睹的；而另有些人竟至于移情，真是"嗜好与人异酸咸"，这种襟怀所以叫作"奇怀"。到这里，"良辰"同"奇怀"的关系已很了然。"良辰"不自"良"，"良"于人之襟怀；寻常的襟怀未必能发现"良辰"，这须得是"奇怀"；中间缀一个"入"字，于是这些意思都含蓄在里头了。如其用"感"字或者"动"字，除开不曾把"良辰"所以成立之故表达外，还有把"良辰"同"奇怀"分隔成离立的两个之嫌。这就成一是感动者，一是被感动者；虽也是个诗的意境，但多少总有点索然。现在用的是"入"字。看字面，"良辰"是活泼泼地流溢于"奇怀"了。翻过来，不就是"奇怀"沉浸在"良辰"之中么？这样，又不就是浑泯"辰"与"怀"的一种超妙的境界么？所以前面说用"入"字来得圆融而深至。

从这一段话看，"良辰入奇怀"的所以"好"，在乎用字的"精密"。文章里凡能这般"精密"地用字的地方，常常是很"好"的地方。

要求"诚实"地发抒自己，是生活习惯里的事情，不仅限于作文一端。要求"诚实"地观察外物，"精密"地表出情意，也不是临作文时"抱佛脚"可以济事的。我们要求整个生活的充实，虽不为着预备作文，但"诚实"的"精密"的"好"文章必导源于充实的生活，那是无疑的。

谈语法修辞*

我今天同做新闻工作的同志谈谈语法修辞问题。

什么是语法呢？语法不是谁造出来的，它是语言在发展中自然形成的规律。每一个民族的语言都有它自然形成的规律。比如我们说"吃饭"，"吃"一定在"饭"前面，"饭"一定在"吃"后面；"我吃饭"或"你吃饭"，"我""你"一定在"吃"前面，这个次序就属于汉语语法的规律。这个次序是不是所有的语言都一样呢？不是的。比如日语，就说"我饭吃"。

学语法不一定到学校去学，不一定从书本上学。小孩子开始学话，同时就在学语法。说这是"妈妈"，这叫"茶"，这样叫"喝茶"。小孩子说"茶喝"，大人就告诉他，不说"茶喝"，说"喝茶"。这就是在学语法了。

小孩子一进小学，语法就可以得四分五分（假如按五分制），因为先生的话，学生懂；学生的话，先生懂；同学的话，彼此也懂。既然说话能让人懂，就是合乎语法，就可以得四分五分。

一九五一年，《人民日报》发表社论，号召大家："正确地使用祖国的语言，为语言的纯洁和健康而斗争！"还登了有关语法的文章，曾经引起大家的注意。其实，大家对语法，老早就会了，只是平常注意不够，现在自觉地揣摩一下，研究一下，就能很好地掌握了。一个人对语法，如果仅仅是自发地学，说十句话，八九句是对的，一两句还不免有错，经过揣摩、研究以后，说十句，写十句，就可以十句不错；说百句，写百句，就可以百句不错。抓住规律，按照规律说话写文章，就可以保证不错。语法所以要学，原因就在

---

*这篇文章是作者一次报告的记录，原载一九五七年三月三日《新闻与出版》（中国人民大学新闻系编）第四版。编入本书，经过整理。

这里。

什么是修辞呢？我国有句古话"修辞立其诚"。修辞，就是把话说得很正确，很有道理，很完善。"修"并不是修饰的意思，白茶碗不好看，画朵花来修饰一下，修辞不是这样。

比如说："英法入侵埃及，毫无理由，毫无根据，这是大家理解的。"这是正面的说法。如果说："英法入侵埃及，毫无理由，毫无根据，这不是大家都理解的吗？"这是反诘的说法。两种说法都对，说出来人家都了解，到底用哪种说法好呢？要看说话当时的情况来挑选。这就是修辞。又比如说"这件事情叫人怒发冲冠"，也就是说"这件事情叫人生气极了"。说"生气极了"也行，但是听起来印象不怎么深，说"怒发冲冠"就不同。当然，哪有头发把帽子顶起来的？这是夸张的说法。这也是修辞。

总起来说，什么叫语法呢？语法就是教人如何把话说得对。什么叫修辞呢？修辞就是教人如何把话说得好。自觉地研究语法，说话就可以不出错误；自觉地研究修辞，就可以把话说得更好。要很好地运用语言，就要研究语法和修辞。这不是说不研究话就说不好，不研究也可以说得好，但是有时可能说不好，研究以后，可以自觉地把话说好。

语法和修辞都是语言方面的事。做新闻工作的同志同语言有什么关系呢？第一，语言是新闻工作者的工具，也可以说是武器。

新闻工作者是靠语言来工作的。新闻工作无非是宣传、鼓动、说服、教育。比如这几天报纸上登载纪念孙中山先生的文章，说孙中山先生是伟大的革命先行者，说他怎样怎样，这许多意思，怎么拿出来呢？要靠语言。人和人当着面，有什么意思要告诉人，必须说出来，而不能把脑袋打开给人看；不当面，就得写出来。说出来是什么？是语言。写出来是什么？是用文字表达出来的语言。

新闻工作者既然靠语言工作，那就专门学语言好了。这对不对呢？当然不对，还要学习理论，学习政策法令，学习各种科学知识。世间没有不牵涉理论、政策法令和各种科学知识的空洞的语言。语言一定有内容。用"空洞的语言"来做新闻工作是不行的。

反过来，理论、政策法令和各种科学知识都学好了，但是语言差，有内容拿不出来，这也不行。学语言如果学得认真，学得好，就容易把宣传的内容拿出来。如果学得囫囵吞枣，乱七八糟，那就不能很清楚地拿出来了。

所以，新闻工作者要学语言，而且要学好。不把语言学好，就等于砍柴的没有把刀磨好。

第二，新闻工作者同时又是语言教育工作者。

新闻工作者要对群众进行语言教育，认识这一点是很重要的。群众不但从报刊上知道事情，而且从报刊上学习语言。不仅报刊这样，学生用的教材，无论是历史、地理、化学、物理……同时也都是语文教材，从这些教材中都可以学习语言。做出版工作的是把编成的书拿出去，同时也就是对读者进行语言教育。这样一想，我们就感到责任重大，应当很谨慎从事。假如道理讲错了，就有坏的影响，道理讲得不错，但是话说得乱七八糟，废话很多，也有坏的影响。人家学了，还要认为好，说这是某报某刊说的，这是某书说的。为什么前几年《人民日报》特地为使用语言发表社论呢？就是这个道理。大家不注意语言，说话、做报告乱讲一气；写文章、写书乱写一气，这个影响很大。

一方面，我们要做好工作，需要善于运用语言；一方面，我们给人家做语言教师，需要给广大读者做善于运用语言的榜样。要善于运用语言，就必须熟悉语法和修辞。

运用语言还有个普通话的问题。

一九五五年十月，开了文字改革会议，后来又开了汉语规范问题学术会议，都提出了推广普通话。

什么是普通话呢？以北京语音为标准音，以北方话为基础方言，以典范的现代白话文著作为语法规范的语言，就是普通话。

为什么要推广普通话呢？汉语方言分歧，例如，一样东西有许多名称，玉米，有的叫棒子，有的叫包谷，有的叫玉蜀黍……有二十来种。你说你的，我说我的，这有什么好处呢？没有好处。要定一个规范，大家都叫玉米，或者都叫包谷。

语言分歧，在实际工作中产生很多困难，对社会主义建设是很不利的。建设社会主义要全体人民通力合作，这就要多数人说一致的话。说话不一致，勉强可以了解，可是要打折扣。如果完全一致，彼此就能彻底了解了。

推广普通话，不能由政府下个命令要大家非说不可，必须从各方面用各种方式进行语言教育，使大家运用语言逐渐趋于一致；也不能限到某年某月为止，而要逐渐推广。推广普通话要从各方面进行，新闻工作者当然负有重要的责任。

新闻工作者运用语言有几个特点：

第一个特点，时间性很强。昨天的事，今天报上就登出来了。写小说就没有这个特点，今天写不成明天写，明天写不成后天写，没有时间限制。别的写文章的人也可以从容考虑，可以今天打腹稿，明天整理一下后天写稿，过几天再看看，修改修改，还可以请朋友看看。

第二个特点，篇幅有限制。就是说不能太长，大概是愈短愈好，要短到不能再短。当然，篇幅短并不是内容单薄，而是用最少的文字写出要说的内容，而且要写得好，能感动人。这个就很不容易。

写文章要讲节约，不能浪费。《人民日报》现在一天出八版，如果每一版有八分之一的废话，它的内容实际上就只剩七版，八分之一的篇幅浪费了。我们如果没事做，可以毫无限制地讲废话，比如讲一个人，从他的面貌、声音、姿态、衣服讲起，可以讲一小时。写文章就不要这些废话。写文章，说话，只能必要的才讲。现在常说"可要可不要的就不要"，"可用可不用的就不用"，我们写文章说话也要"可说可不说的就不说"。说一些话，要考虑这些话说出去有什么作用，如果不发生作用，那就不说。

这个道理不只做新闻工作应该注意，无论写什么东西、说什么话都应该注意。你写文章不预备给人看，说些废话无所谓，但是登在报纸杂志上却不行。人家看你的东西，不是看你的废话。说废话就是不愿意对读者负责。让读者多花几个钱买报纸杂志还是小事情，大事情是浪费人家的精神，浪费人家的时间，太对不起人家了。

第三个特点，影响很大。报纸、杂志、书本上说的话，人家都要拿来作榜样。不能给人家坏的榜样。我常常发现报纸、杂志、广播的文字和语言有些不妥当的地方。比如有一次广播里讲到两个朋友很好，你尊重我，我尊重你，用了"相敬如宾"的成语，这就用错了。最近《人民日报》的一篇社论，说到帝国主义看到某一事件，以为有机可乘，用了"一心以为有鸿鹄将至"，这也用错了。这是孟子用的一个比喻。有一个善下棋的人叫作秋，他教两个学生下棋。一个专心学习，学得很好；另一个虽是学习，却一心想着天上有鸿鹄飞来，想用弓箭把它射下来。这个比喻明明是用来说明不专心的。报纸上那样用，就牛头不对马嘴了。

报纸杂志和广播上的错误，影响是很大的。人家拿来做根据，说"报纸上这样用的"，"广播上这样用的"。你用错了，大家都跟着错，那多么不好。

了解不清楚的词，最好不用，等查清楚了再用。随便用了，就会在社会上造成坏影响。我们的新闻工作对人民影响很大，最好能够做到每一个字、每一句话都恰当，都有力量。

总起来说，新闻工作者应该非常敏捷地写出一点毛病都没有的文章。要做到这一点，就得掌握语法修辞的规律。

语法修辞的基本要求是什么呢？

（1）用词方面

语言好像一幢房子，词好像砖和木头。房子是用砖和木头盖起来的，语言是用词组织起来的。用词要恰当，不要用那些模糊的词，要用表达意思最准确的词。比如说，这一把茶壶，我说它的形状是圆的。这是不是对呢？不完全对。说圆茶壶就会使人家想到像皮球一样。像皮球一样的茶壶是少见的。

我们讲到的大多是客观的东西。比如这把茶壶，要把它讲清楚，就要用恰当的词。让人家听了，虽然没看见这把茶壶，可是像看见了一样。就是你自己的情感，也可以当作客观的东西，看应该用什么词把它说出来才恰当。比如说，"我非常愉快"。当时的情感确是这样，那么只讲"愉快"就不够，得加个"非常"。又比如说，"我悲哀得很"。当时的情感确是这样，那么只讲"悲哀"就不够，得加个"得很"。把客观的东西和你所用的词对照一下，就能知道用得恰当不恰当。这跟说话写文章的态度有关系。有的人自己心里先有一套程式，例如春景一定是桃红柳绿，而不管那时候的客观情况怎样。应该对准客观的东西说话。你说香山，就把香山说出来。你要写颐和园，就一定不要借北海的光。看清楚什么地方，说什么地方。你要写"五一""十一"，你就要到天安门广场去看一下，你当时有什么感觉，有什么感想，就把这些作为客观的东西写出来。

用词恰当怎么来的呢？靠自学，靠查词典。我们从小到大，因为生活经验的扩大，对于一个词的了解会逐渐丰富起来。还有些抽象的词，它的含义要在生活中去体会。查词典，能帮助我们弄清楚一个词在什么地方可以用，在什么地方不可以用。

现在报纸上和广播里还免不了有念起来不上口、听起来不入耳的语句。

例如"步××的后尘"。这句话没有文言修养的人不了解。放在广播里面讲，有文言修养的人也要想一想才能听出是什么意思。这种文言的词语少说为妙。

方言词最好是不用。方言词很多人不懂得。比如在我们家乡，有一个词叫"日逐"，意思是"每天"，《儒林外史》上用过它。说这种方言的人看了懂，别地人看了就不懂。我们写东西不是专给同乡人看的。

还有一种不好的倾向，是自己造词。说话用词好比用钞票，钞票不能自己造。自己造钞票是犯法的。生造词虽然不犯法，却使人家模糊。我看到过一首诗，里面用了这样一个词——"聊寞"，算是"无聊寂寞"的意思。这样生造词是很不好的。

那么，是不是只能永远使用已有的词呢？不是的。随着语言的发展，要出现越来越多的新词。词是可以造的，但是要看造出来的词起什么作用。用出去之后，大家觉得你这个新造的词有作用，跟着来用，那就通行了。

词是要配搭着使用的。比如，动词跟名词配搭，"打倒敌人""克服困难""取得胜利"……这些都是两个词配搭起来的，而且都配搭得很恰当。比照着"取得胜利"说"取得失败"，就不行，只能够说"招致失败"。反之，如果说"招致胜利"，也是不行的。现在的报纸、杂志上，人们的口头上，用词配搭不适当的常有。这个毛病必须去掉。

（2）造句方面

造句越自然越好，不要装腔作势，摆出一副架子，用一些不同于平常说话的调子。我们经常受到一些外来的影响，比如从外语中学来了如下的说法：两件事情绝不相同，就说"这件事情与那件事情毫无共同之点"。两件事情关系密切，就说"这件事情跟那件事情是分不开的"。这两个说法汉语里本来没有，采用这两个说法，可以丰富我们的表达方式，当然好。但是，说到两件事情绝不相同，一定要说"毫无共同之点"，说到两件事情关系密切，一定要说"是分不开的"，这就不自然，有的时候不必要这样说。如果说"毫不相同"，说"关系很密切"，就很自然。不要故意这样说表示我能够从外国吸收一些新鲜的说法。新鲜的说法如果用滥了，反而讨厌。比如吃东西，山珍海味吃多了，就觉得厌了，还是青菜豆腐吃不厌。所以，写文章跟平常说话一样，一定要自然。

造句要用最妥帖、最恰当的句式和虚词。这在说话和写文章时都很重要。我们的话里有许多没有实际意义的词，比如，"因为""所以""但是"……

这些都是虚词，虚词很重要，不能乱用。我们经常听到有些人乱用虚词，像"所以因此"这两个词，只要用一个就够了，但是，把它们连在一起用，几乎成了传染病，好像不这样说就不对似的。

怎样注意用虚词呢？就要研究平常说话是怎样说的。假如你的说法跟平常说法不大一致，就有些问题了。平常不说"所以因此"，为什么做报告的时候要说呢？又如"虽然""但是"，平常说话用得很少，为什么写文章就要用呢？这些问题都需要注意。工人、农民说话，很少用"虽然""但是"之类的词，也能把意思表达得很好。知识分子就要摆出一副架子，左一个"虽然"，右一个"但是"，文章里只看见这些东西。尤其是文艺作品，用了那么多虚词，艺术性至少要减低一半。

文章中多用长句，恐怕也是一个毛病。报纸上短句不常见，长句常见。意思复杂不能断开的，那只好长，有的不必要那样长，就可以分成几句说。我手边没有现成例子，大家有兴趣的话，翻翻报纸，就可以看到许多长句。凡是可以分成几句说的，就不要写成一个长句。

说话有种种格式，如"在……时候""除……以外"，都是格式。长句的长，往往由于运用这些格式拉成的。比如"在……时候"中间加上几十个字，等你从"在"看到"时候"，"在"已经忘了。这说明写文章的人只管自己，不管别人，爱怎么写就怎么写，你要看明白就得自己留心。其实写文章应该为读者着想，碰到这些地方，总要想点办法，使人家不太吃力，更要使人家不发生误会。

现在长句很流行。是不是可以发起一个运动，大家来写短句，说话也说短句。一个长句分成几个短句，看起来，听起来都不费力。这对读者、听者是有好处的。

（3）文风方面

《人民日报》从七月一日起改四版为八版，发表一篇《致读者》的社论，提出三点。第三点是改进文风。这个号召非常好。我们现在的文风的确需要改进一下。谁来改进呢？凡是开口的、动笔的人都有份。动笔就是开口，是不声不响的开口。

改进文风，起码的是简洁明快。这就是说，去掉那些不需要的部分。我们写文章，重看一遍总要去掉几句，可去掉的总比要增加的多。要写短的文章，用最少的字句表达必须说清楚的意思，不要说废话，不要说晦涩难懂的话。

改进文风还要明晰畅达。文章要有"气","气"就是条理。第二句和第一句接起来，一定有必然的道理。第二句是从第一句来的，第三句是从第二句来的。这就叫思路。看人家的文章，把他的思路弄清楚以后，主要的意思也就弄清楚了。

能够引导学生把一篇文章的思路摸清楚，就是最好的语文老师。善于看文章的人一定要把作者的思路摸清楚。

要把作者的思路摸清楚，先要看一句跟一句怎样联系，再来看段，一段跟一段怎样联系，一段一段清楚了，全篇文章也就清楚了。研究人家的文章应当如此。自己写文章，如果思路有条理，第一段有第一段的道理，第二段有第二段的道理，不留没有道理的段落，这就是明晰。每句每段清楚了，意思就畅通了。

新闻工作者应当认识到我们的文风还需要改进。我的话虽然简单，但是心意很诚恳。希望诸位回去，努力提倡改进文风，而且以身作则。

现在讲一讲怎样锻炼自己的语言，怎样提高语言方面的修养。

首先应当从思想上重视语言工作。很有些人看轻语言，比如有些机关的文件写得不好，却有人说，反正发出去下边总可以看懂。再如开会讨论问题做出决议，主席往往说："今天我们是原则上通过，至于具体说法，请张秘书下去写。"这些都是不重视语言的例证。机关发出文件你随便写写，人家可要照着办事呀。说的糊里糊涂，如果人家理解错了，后果就不堪设想。发出文件，既要政策不错，办法具体，还要说得明白，使人家不会误解，发下去才能贯彻，怎么可以随便写写？比如盖一所什么房子，不能做出"要盖房子"的决议就算了，其他都让张秘书去动脑筋。有关盖房子的主要事情全商量好，写下来才是决议。如果什么都叫张秘书去动脑筋，那叫什么集体领导呢？这是最粗浅的道理。从这里也可以看出不重视语言工作跟不重视思想方法大有关系。

新闻工作者要明确认识，我们的武器是语言。我们做工作，非写不可，非讲不可，都离不开语言。有的总编辑、有的社长说，只要内容好，文章可以马虎。这样说是不对的。语言是我们的武器，不能不好好掌握这个武器。

我们要认识语言的重大意义，从思想上重视语言工作。我们做宣传、鼓动、教育、说服的种种工作，完全依靠语言。而且新闻出版工作对语言发展的影响很大。我们出的书，出的报纸，都会影响语言的发展。如果大家在这方面多注意，学校里的语言教育就会得到极大的帮助，就能不费太大的力量，收到很大的成效。如果我们新闻出版工作者对语言工作不注意，学校里虽然用了很大的力量对下一代进行语言教育，希望他们学好语言，但是他们受到报纸、杂志上不好的影响，语言教育的成效就要大打折扣。

有人说，只要内容好，语言好不好没有关系。这个观点是错误的。要知道，内容跟形式是分不开的，哪里有形式上乱七八糟的好内容呢？反过来说，有了好的内容必须用好的形式才能表达出来。

其次，在日常工作中要多揣摩，多研究，多修改。

多揣摩，就是看东西多留心。留心的时间长了，就养成敏感，一看就能发现毛病。报纸上的大标题，出毛病的常有。这些毛病，如果不留心，随便看看也就过去了，一揣摩就会看出来。

看人家的文章要多研究。文章好，要研究好在什么地方。发现错误，要研究错误是从什么地方来的，应该怎么改。

自己写文章，要多修改。我不知道你们的情况怎么样，是不是稿子写好了就送到排字房？我是无论怎样忙，稿子写好了之后，都要看过几遍才送到排字房的。

修改文章，可以用自己说话的调子来念。自己的嘴代表一个人，耳朵代表另外一个人，好像这个人说给那个人听一样。用耳朵听，比光凭眼睛看能多看出一些毛病，多发现一些问题。要改到没有办法再改，然后送到排字房去。

在我们出版社里，有些稿子是集体改的。起稿人写成稿子，打印出来，发给好些人先看，然后大家在一起，念一段改一段。这样修改，当然比自己修改好。这个办法，诸位可以试一下。不过报馆里如果这样做，第二天恐怕出不出报了。

听人家的讲话，看人家的文章，多揣摩，多研究。好在什么地方？为什么好？不好在什么地方？为什么不好？我们要独立思考，不要人家说好就跟着说好，人家说不好就跟着说不好。自己写文章，要尽力地改，要勤改，能改多少就改多少，不要写好了就拿出去，免得印出来了后悔。

到这里就讲完了。我讲了三个小时，如果有三十分钟或者十五分钟讲的话对诸位有一些帮助，我就很荣幸了。

文章的省略

　　文章家向有"剪裁""含蓄"一类的说法，所谓"剪裁"是把无关紧要不必说的部分淘汰；所谓"含蓄"是把重要的该说的部分故意隐藏起来，或说得不显露。这两种功夫是文章家向所重视的，这里把它们包括在"省略"二字之下，来做一次考察。

　　文章是用文字记载事物、传达思想情意的，可是不幸得很，文字本身就是一种不完全的工具，无论记载事物或是传达情意，文字的力量都是很有限的。作者的本领只是利用了这不完全的文字工具把要说的话说出一部分，其余让读者自己去补足去想象。越是聪明的作者，越知道文字并不是万能的东西，他们执笔的时候，所苦心的是怎样才能把文字使用得较有效，绝不干吃力不讨好的勾当。世间的万事万物都有着无限的内容，任何一件小东西，如果要写得周遍无遗，听凭你写几十万字也写不尽。例如写一个人的面貌吧，眼睛、鼻子、眉毛、耳朵、嘴巴、头发、轮廓、表情等，如果你仔仔细细地按了次序去写，包管你会写出无数的文字，结果必至于搁笔兴叹，叹息于文字的无用和不完备了。

　　　　面若中秋之月。色如春晓之花。鬓若刀裁。眉如墨画。鼻如悬胆。晴若秋波。虽怒时而似笑。即瞋视而有情。

这是《红楼梦》里描写宝玉面貌的文章，其中用着许多的"如""若"等比拟的麻烦手法，而且又假想到他在"怒""瞋"的时候的神情，这种写法对于读者总算是极忠实的了。为要使读者明白宝玉的面貌怎样，作者费了这么多的气力，其实是吃力不讨好的事情。读者读了这一串的文章，如果不自己加以补足想象，还是不明了的。

> 籍长八尺余，力能扛鼎，才气过人。
> 高祖为人隆准而龙颜，美须髯，左股有七十二黑子。

这是《史记》写项羽写高祖的文章，对于项羽只说他身有多长、力有多大，关于面貌的话一概从略，对于高祖只说他鼻子高，脸像龙，须髯好看，左股有七十二个黑痣，关于眼睛、眉毛等等一些也不提，我们读去，也并不会嫌作者写得欠详细，照普通的见解说，反觉得比那《红楼梦》的一段来得不琐碎杂乱。

文字毕竟是力量有限的东西，作者对于文字的效力首先得加以估计，在可以生效的方面好好运用，切勿在无效的方面去瞎卖弄。与其对读者谆谆地絮说，令读者厌倦，不如信任读者的理解力、想象力，说得简略些，让读者有发现的欢喜。文章的省略，可以说就是文章技巧之一。

省略可分三种，一是字面的省略，二是意义的省略，三是事件的省略。

字面的省略，这是把文句间的可省的字尽量省去，是最初步的省略法。我十岁左右从塾师学习书信，塾师曾教我一个书信文的评判法，他说，书信中自称的"鄙人""弟"和称对方的"阁下""仁兄"等字面不可到处用，如果"鄙人""阁下"等字面用得触目都是，就不是好书信。这话我到现在还记得，觉得很不错。凡是可看可读的书信文，差不多都合乎这个法则的。案头有袁小修的《珂雪斋集》，把其中的尺牍选录一首做个例子。括弧内的字，是我依照了文义故意增加上去的。

> （弟）自君山归来，怀想（兄）不置。（弟）老父体中已安。（弟）稍稍葺理旧业。（弟于）八月初七之日，已移亡兄灵柩入村。（弟）断肠之泣，久而愈新，奈何！承（兄）教（弟）讯扫身心如老头陀，甚善甚善。……（弟）近与苏潜夫聚首数日，商榷一番，彼此洒然凛然，恨不令兄闻之耳。曾太史体中尚未平复，（兄）所云云（弟）当转致之。
>
> ——《寄王章甫》

这里面依照文法上的规则看来，省略的地方不少。不但古人的书信文如此，近人写作的书信里也常见到这情形。如下例：

> 前寄一函至园，想已达览。久不见绍原，又未得来信，于昨日便道去一访，云卧病，未晤，不知系何病。独卧旅邸，颇觉可念。兄在城时，不知有暇能去一访否。并乞去后以其近状见示为感。匆匆，即颂雪佳。

"兄"字只一见，"弟"字连一个都没有。如果增加进去，当然有几处可以增加的。

书信的读者就是受信人，彼此之间关系不致模糊，有许多字当然可以省略，上面所着眼的只是彼此的称呼方面而已。至于书信以外的一般的文章，字面的省略也极要紧。《史记·张苍传》记张苍，"年老口中无齿"，刘知几在《史通》里评它太繁，说六字之中有三字可省，改作"老无齿"就可以了。如果我们用这样的眼光去读一切文章，觉得每篇文章可省略的字面是很多很多的。"与其不自由毋宁死"可以删削为"不自由毋宁死"，"年已七十矣"可以删削为"年已七十"或"年七十矣"。因为删掉了些字面，意义并不会有什么欠缺。

自从语体文流行以来，文言派的人动辄批评语体文冗蔓。其实我们日常所用的白话本身并不冗蔓，如果依照了日常的白话写作，绝不致有冗蔓的毛病的。语体文的所以冗蔓，我以为是受了翻译文的影响。外国文和中国文习惯不同，例如英文里有"a""the"等的冠词，而中国文就没有，有些译书的把英文的"I'm gazing at the moon through a telescope"不译作"我就望远镜注视月亮"，硬译作"我注视这个月亮从一个望远镜"，字面就平空地增加了。这翻译文的影响，流行到一般的写作上，于是本来不是外国文的文章，也像是翻译文了。下面所引的是创作小说里的一节，和从来的文章相比固然繁简大异，和日常的白话相比，调子也不一样。

> 时节是阴历六月中旬的一日。微细到分辨不清的油一般的小汗粒从肥壮的章君的鼻头和颊上续续渗出，随后竟蔓延到颈际了。他睡在一间胡乱叫作书斋的房中一张藤躺椅上；照那样子看去，可以称为是午后二时光景的夏天的打盹。一只赤露的胳膊旁逸到藤椅的外侧，软软地向下垂着，那一只却弯曲在椅扶手上；两条腿和脚挺直伸出，又开来搁在椅

前的地方；那全身颇像一个三岁孩子用秃笔涂成畸形的"大"字。他蒙眬合着眼皮；那歪在椅顶枕上的发毛毵毵的脑袋，有时因为一两匹小蝇在他眼缝或嘴角的湿津津的处所吮咂的厉害，便"唔"的在梦中发出了向来不会有仇但为什么定要来烦扰的不得已的抗议，于是只得摆动一下，随即那鼻孔里似乎又有了小的鼾声了。

窗外的天空不像是可以教人看了会愉快的天空：说是夏天，总应该是清清朗朗有润凉的西南风吹送着一小片白云过来的，可以起人悠然退思的天空；可是那在四边地平线上层层叠叠堆上了还要堆上去似的隐藏在树林背后的云，不绝地慢慢向天顶推合，虽不会响着雷声，人的心里总以为"快响雷了吧"的这样沉闷暑湿的天气，所以竟使大小的蝇时刻攒围在这个有些汗臭的肉体的身旁，而且一只很大的蚊虫钉在他的屁股旁边；反应的作用使他那条大腿上的肉不时颤动。

——罗黑芷《雨前》

这两段文章，描写的忠实细致，总算费尽了气力，可是词句的拖沓、累赘也到了极度了。如果从字面上一一推敲起来，有许多是闲字，应该删汰。例如"他睡在一间胡乱叫作书斋的房中一张藤躺椅上；照那样子看去，可以称为是午后二时光景的夏天的打盹"，"一间"和"一张"都是不必要的字面，"照那样子看去""可以称为"也是不必要的声明，实际是在"打盹"，有什么"可以称为""照那样子看去"呢？"夏天的"也可省，因为上文已有"时节是阴历六月中旬"的话了。"午后二时光景"也无大意味，因为"午后二时光景的夏天的打盹"，不能成为一个熟语，说"打午盹"就够了。又"胡乱叫做书斋的房中"虽然用了许多字，意义仍不明白，如果本来不是书斋号称书斋的，那么把它加上引号写作"书斋"就行了。所以这一串文句不妨将闲字删去，改成"他在'书斋'里藤躺椅上打午盹"。经过这样省略，和原文比较，也不见得缺少了什么效果。原文虽然增加了许多字，其实这些字用得都不大有效果的。

以上所说的是字面的省略，次之要说到意义的省略了。我们写述了一件东西或是一件事情，当然是因为自己对于那东西、那事情抱有某种意义，觉得非表达不可，才去执笔的。如写某孝子的传，当然意义在佩服某孝子；记某地名胜，当然意义在赞扬某地的风景。绝不会有毫无意义漫然去写文章的作者。有时候作者要想表达某种意义，甚至于虚构了世间没有的东西或事情来写（如寓言、童话、小说等类的文章里，常有这种情形），足见意义在文章上的重要了。这重要的意义，照理应该表达得很透彻明白。可是实际的情形却不然，除论说文外，作者往往把自己所想表达的意义说得非常简略，不随处吐露，或竟隐藏起来，在全篇文章里不露一言半句，让读者自己去探索。越是高级的作品越是如此。常见有人作《义犬记》，把义犬的故事写明白了以后，结末再来把自己的意义表白清楚，说什么："呜呼！如斯犬者可以风世矣。余有感其事，故记之。"或"犬尚知忠于主人，何以人而不如犬乎？"这种表达意义的方法其实很笨。聪明的作者只把所要写的东西或事情好好地写出，至于自己所怀抱的意义却竭力隐藏起来，不多说，或竟一字不说。例如：

> 太行、王屋二山，方七百里，高万仞。本在冀州之南，河阳之北。北山愚公者，年且九十，面山而居，惩山北之塞，出入之迂也，聚室而谋曰："吾与汝毕力平险，指通豫南，达于汉阴，可乎？"杂然相许。
>
> 其妻献疑曰："以君之力，曾不能损魁父之丘，如太行、王屋何！且焉置土石？"杂曰："投诸渤海之尾，隐土之北。"遂率子孙荷担者三夫，叩石垦壤，箕畚运于渤海之尾。邻人京城氏之孀妻，有遗男，始龀，跳往助之；寒暑易节，始一反焉。
>
> 河曲智叟笑而止之曰："甚矣汝之不惠！以残年余力，曾不能毁山之一毛，其如土石何！"北山愚公长息曰："汝心之固，固不可彻；曾不若孀妻弱子。虽我之死，有子存焉；子又生孙，孙又生子，子又有子，子又有孙，子子孙孙，无穷匮也；而山不加增，何苦而不平？"河曲智叟无以应。
>
> 操蛇之神闻之，惧其不已也，告之于帝。帝感其诚，命夸娥氏二子负二山，一厝朔东，一厝雍南。自此冀之南汉之阴无陇断焉。
>
> ——《列子·汤问》

《列子》据说是伪书，不知这故事的作者究竟是谁。作者写这故事，意义不消说在表达"锲而不舍的精神可以宝贵"的大道理，从全体看来，作者所写记的只是故事本身，不曾对于自己所怀抱的意义说过什么话。作者虽然不说出自己的意义，意义却很明白，对于读者，效果不但并未减少，反而深切。因为这时读者所获得的效果，是从言外自己得来的，带有发现的欢喜，悟得的自信，和作者所明白谆谆提示的情形不同。

作者抱了某种意义去写文章，不将意义尽情写出，这在作者也许是难过的事。可是从普通文章的情形看来，却是无可如何的。作者所想表达的意义，有关于整篇的题材的，也有关于部分的材料的。关于整篇的题材的意义，有许多作者因为熬不住了，往往在文章结尾或开端的地方表出，如为悲悼良友写祭文，用"呜呼×君"起或用"呜呼哀哉"结，是常见的。至于关于部分的材料如果要一一表出意义，那就不胜其烦。结果会一段叙述一段说明或论断，弄得文派杂乱不一致。试取前人名文一节，逐处添加了意义来看。例如归有光的《项脊轩志》末一段：

> 余既为此志，后五年，余妻来归，时至轩中从余问古事，或凭几学书。（甚乐焉。）吾妻归宁，述诸小妹语曰："闻姊家有阁子，且何谓阁子也？"（盖余妻归宁时常与诸小妹言及南阁子，诸小妹怪而问之，足见余妻之恋恋于斯室矣。）其后六年，吾妻死，室坏不修。（恐引起悲怀，不敢复居此室，故任其坏也。）其后二年，余久卧病无聊，乃使人复葺南阁子，其制稍异于前。（庶几前尘影事，免索余怀，可以安居。）然自后余多在外，不常居。（心与愿违，可叹也。）庭有枇杷树，吾妻死之年所手植也，今已亭亭如盖矣。（睹物思人，曷胜悼伤。）

括弧内的文句是我依了原文的情形胡诌了增加进去的，这对于原文，实在等于佛头着粪，大是一种冒渎。可是一般所谓作者的意义，其实就是这类的东西。经过这样画蛇添足的增加以后，在读者的眼里，文章的力量不但不增加，反会减损。因为读者已无自由探索意义的余地了。

以上所说的是意义的省略，再次之是事件的省略。我们写述一件事情，并不要一五一十丝毫不漏地如数写述下来。有许多事情，经过很复杂，关系方面很多，或本身范围极大，要写也无从写起，如战争的实况。此外，还有许多事情在普通事情里是不便露骨地写的，如男女间秽亵的情事，杀人的惨酷的情形。幼稚的旧剧优伶往往把舞台上演不相像的事件来瞎演一阵，他们用八个"跑龙套"来打仗，"当场出彩"杀人，或描摹男女间的秽亵，甚至于恐怕演得不像，有时还要弄些"真山真水""真马上台"的把戏。他们自以为再忠于观客没有了，其实在聪明的观客，这些扮演却是一种苦痛的负担。文章和演剧一样，文字不是万能的东西，如果把写不像或不必写的部分也一一来硬写，结果对于读者是吃力不讨好的。聪明的作者绝不干此愚事，他们先就效果着想，认为写无甚效果的部分，不重要的固然省略，就是重要的也省略。他们只用经济的手腕，以"一笔带过"的方法，来弥缝事件和事件间的窟洞。例如下文：

> 马伶者，金陵梨园部也。金陵为明之留都，社稷百官皆在；而又当太平盛时，人易为乐。其士女之问桃叶渡、游雨花台者，趾相错也。梨园以技鸣者无虑数十辈；而其最著者二，曰兴化部，曰华林部。
>
> 一日，新安贾合两部为大会，遍征金陵之贵客文人，与夫妖姬静女，莫不毕集。列兴化于东肆，华林西肆。两肆皆奏《鸣凤》所谓椒山先生者。迨半奏，引商刻羽，抗坠疾徐，并称善也。当两相国论河套，而西肆之为严嵩相国者曰李伶，东肆则马伶。坐客乃西顾而叹，或大呼命酒，或移更近之，首不复东。未几，更进，则东肆不复能终曲。询其故，盖马伶耻出李伶下，已易衣遁矣。
>
> 马伶者，金陵之善歌者也；既去，而兴化部又不肯辄以易之，乃竟辍其技不奏。而华林部独著。
>
> 去后且三年，而马伶归，遍告其故侣，请于新安贾曰："今日幸为开宴，招前日宾客，愿与华林部更奏《鸣凤》，奉一日欢。"
>
> 既奏，已而论河套，马伶复为严嵩相国以出。李伶忽失声，匍匐称弟子。兴化部是日遂凌出华林部远甚。
>
> 其夜，华林部过马伶曰："子，天下之善技也，然无以易李伶。李伶之为严相国，至矣；子又安从授之而掩其上哉？"
>
> 马伶曰："固然，天下无以易李伶，李伶又不肯授我。我今闻相国昆山顾秉谦者，严相国侍也。我走京师，求为其门卒三年。日侍昆山相国于朝房，察其举止，聆其语言，久乃得之。此吾之所为师也。"
>
> 华林部相与罗拜而去。
>
> 马伶名锦，字云将，其先西域人，当时犹称马回回云。
>
> ——侯方域《马伶传》

这篇文章里面所记的事件并不连续，有着许多的窟洞，作者用"一日""去后且三年""既奏""其夜"等说法，一方面把本来连续着的事件任意割取，一方面又把窟洞弥缝了。依文章所表达的内容说，马伶走京师入相国昆山顾秉谦门下为门卒，是经过三年的光阴的，应该有大大的一段经过，可是作者却全部省略，只在马伶的谈话中"一笔带过"了。如果作者用了五百字或一千字来把这段经过详叙，效果也不会比原文增加吧。没有效果的文字当然应该省略。再举一例如下：

> 唧唧复唧唧，木兰当户织；不闻机杼声，惟闻女叹息。
>
> 问女何所思，问女何所忆。女亦无所思，女亦无所忆。昨夜见军帖，可汗大点兵；军书十二卷，卷卷有爷名。阿爷无大儿，木兰无长兄；愿为市鞍马，从此替爷征。
>
> 东市买骏马，西市买鞍鞯，南市买辔头，北市买长鞭。旦辞爷娘去，暮宿黄河边，不闻爷娘唤女声，但闻黄河流水鸣溅溅。旦辞黄河去，暮至黑水头，不闻爷娘唤女声，但闻燕山胡骑声啾啾。
>
> 万里赴戎机，关山度若飞，朔气传金柝，寒光照铁衣。将军百战死，壮士十年归。
>
> 归来见天子，天子坐明堂，策勋十二转，赏赐百千强。可汗问所欲，木兰不愿尚书郎；愿借明驼千里足，送儿还故乡。
>
> 爷娘闻女来，出郭相扶将。阿姊闻妹来，当户理红妆。小弟闻姊来，磨刀霍霍向猪羊。开我东阁门，坐我西阁床。脱我战时袍，着我旧时裳。当窗理云鬓，对镜贴花黄。出门看伙伴，伙伴皆惊惶；同行十二年，不知木兰是女郎。
>
> 雄兔脚扑朔，雌兔眼迷离，两兔傍地走，安能辨我是雄雌。
>
> ——《木兰诗》

这是写木兰从军的，战争当然是题材的中心部分。作者对于出征前的情形写得很周详，对于凯旋后的光景也写得很热闹。写战争的部分却只"万里赴戎机，关山度若飞。朔气传金柝，寒光照铁衣。将军百战死，壮士十年归"六句，而且"万里赴戎机，关山度若飞"二句是未战以前的事，"将军百战死，壮士十年归"是既战以后的事，真正和战事有关系的情景只有"朔气传金柝，寒光照铁衣"十个大字。这十个大字，所表达的只是一时的战场上的光景，并不是战争的本身。木兰从了十二年的军，这首诗又是写她的从军的，对她作战的经过居然不着一字，这不是作者的疏忽，倒是作者的技巧。文字不是万能的工具，如果作者用了文字想把十二年的长期的战争来描绘来传述，结果等于旧剧伶人带了几个"跑龙套"来扮演打仗，有什么效果呢？

凡是一种事件，方面很广，内容很庞杂，作者只能选写一部分一方面，其余让读者自己去补足想象。有许多事件，像战争之类，不实写，表达的效果倒反完全，挂一漏万的写出来，事件本身就倒反会有欠缺的。绘画上有"空白"的用语，画家作画不论人物、花卉或是山水，没有把画面全体涂满的，常空出一处或几处，这叫"空白"。画家对于空白常大费苦心，一幅画的好坏，空白的适当与否是重要的条件。空白也是画，不是普通的白纸，这是凡能看画的人都知道的事。文章和绘画有许多共同之点，事件的省略和空白对比起来，不是很易明了的吗？

关于文章的省略，值得注意的事项当然还很多，这里只就字画、意义、事件三个方面说了一个大概。文章的许多法则，大之如章法布局，小之如炼字造句，差不多都和省略有关，可以当作省略的另一方面来连带考察的。

文章中的会话

　　在普通文章中含有会话的大概是叙述文。因为议论文、说明文和记述文普通只是作者一个人在说话，文中即使有作者以外的人物，往往没有说话的机会。

　　叙述文也可不含会话。我们叙一个人或一件事，即使那个人说过许多话，那件事的经过中曾有许多人说了许多话，也竟可全不用会话的方式来写。例如："星期日下午张三跑到李四那里说：'今日天气很好，去逛逛公园好吗？'李四说：'我想买书去，还是同我上书店去吧。'张三说：'也好。'于是两人就走出校门。"这段叙述原是含有会话的，如果改写成："星期日下午，天气很好，张三跑到李四那里邀他去逛公园。李四因想买书，叫张三同上书店，张三也赞成，于是两人就走出校门。"就没有包含会话了。再试以前人的文章为例来说，《水浒》上景阳冈一段：

　　　　武松在路上行了几日，来到阳谷县地面。此去离县治还远，当日晌午时分，走得肚中饥渴；望见前面有一个酒店，挑着一面招旗在门前，上头写着五个字道："三碗不过冈。"武松入到里面坐下，把哨棒倚了，叫道："主人家，快把酒来吃！"只见店主人把三只碗，一双筷，一碟熟菜，放在武松面前，满满筛一碗酒来。武松拿起碗一饮而尽，叫道："这酒好生有气力。主人家，有饱肚的，买些吃酒！"酒家道："只有熟牛肉。"武松道："好的，切二三斤来吃酒。"店家去里面切出二斤熟牛肉，做一大盘子，将来放在武松面前，随即再筛一碗酒。武松吃了道："好酒！"又筛下一碗。恰好吃了三碗酒。再也不来筛。武松敲着桌子叫道："主人家，怎的不来筛酒！"……

这段文章中含有许多会话，可以把会话的形式除去，改写为普通的叙述，如下：

> 武松在路上行了几日，来到阳谷县地面。此去离县治还远，当日晌午时分，走得肚中饥渴；望见前面有一个酒店，挑着一面招旗在门前，上头写着五个字道："三碗不过冈。"武松入到里面坐下，把哨棒倚了，叫主人取酒来吃。只见主人把三只碗，一双筷，一碟熟菜，放在武松面前，满满筛一碗酒来。武松拿起碗一饮而尽，向主人称赞酒有气力，问他有什么可饱肚的下酒物。酒家回说有熟牛肉。武松叫切二三斤来下酒。店家去里面切出二斤熟牛肉，做一大盘子，将来放在武松面前，随即再筛一碗酒。武松吃了，赞酒好，又筛下一碗。恰恰吃了三碗酒。再也不来筛。武松敲着桌子问主人怎不来筛酒。……

由此可知，叙述一个人物或一件事情，并非必须用会话，实际上作者写文章的时候，在有许多该有会话的地方也略去不记，只用自己的立脚点来做简单的叙述，例如朱自清的《背影》里：

> 到南京时有朋友约去游逛，勾留了一日。第二日上午便须渡江到浦口，下午上车北去。父亲因为事忙，本已说定不送我，叫旅馆里一个熟识的茶房陪我同去，他再三嘱咐茶房，甚是仔细。但他终于不放心，怕茶房不妥帖，颇踌躇了一会。

这段文章中，有几处原该有会话，如"父亲因为事忙，本已说定不送我"一句，原来的情形当然是用会话来表出的。也许有过"我本来想送你上车，可是还有别的事，没功夫了"的会话吧。"叫旅馆里一个熟识的茶房陪我同去，他再三嘱咐茶房，甚是仔细"的部分，当时不消说是有"茶房，托你代我送少爷上车，你代他买车票，行李共几件，当心失少……"这样的会话的，可是作者在文章中都不把原来的会话照样写下来。

叙述文遇到会话的地方，可以用会话的形式来写，也可以不用会话的形式来写。一篇叙述文中往往在有些地方用会话，有些地方虽然依情形看来原该是会话的部分，却不列会话。在文章的研究上，这是一个值得注意的方面。

原来文章中所用的会话和我们日常所说的会话是不一样的。我们每日从朝到晚，不知要说多少话，如果照样地写入文章中去，就会发生许多不妥当的毛病。第一是芜杂，譬如记主客谈话，如果从"久违了"到"再见"一连记下来，结果便要乱杂不堪，主要的意旨反而不明白。第二是不完密，实际上的会话，有时一句话可以重复颠倒，有时一句话可以不完全说出。当面谈话，因为有表情、动作等的帮助，彼此尚不致发生误解，可是写入文章中去，读者所依据的只是白纸上的几个黑字，当然就有隔膜了。所以日常的会话并不都可成文章中的会话，日常会话要写入文章中去，有两种功夫先得做，一是要精选，二是弄明确。

会话不但是传达思想情意的东西，也是各人特色所寄托的一方面。每个人的特色，不外从会话、行动、颜相、服装等几个方面显出。用文章来描写人物，行动、颜相、服装等虽都该顾及，可是究竟不易充分表现，因为文字不像绘画，无法把这些确肖地写出。文字所比较能够容易描写的只是会话。所以会话可以说是文章中描写人物最重要的工具。人物的感情、意志，要想用文字来表现，最适切的手段是利用人物自己的话。

上面曾说过，作者叙述人物或事件，可以用会话，也可以不用会话。文章中本来用会话的部分也可改去会话的形式，使成普通的叙述。其实普通的叙述只能写事件的轮廓和人物与事件的关系外形，至于人物的感情、意志是不能表现的。试看方苞的《左忠毅公逸事》：

> 先君子尝言乡先辈左忠毅公视学京畿，一日风雪严寒，从数骑出微行，入古寺。庑下一生伏案卧，文方成草。公阅毕，即解貂覆生，为掩户。叩之寺僧，则史公可法也。及试，吏呼名至史公，公瞿然注视；呈卷即面署第一。召入使拜夫人，曰："吾诸儿碌碌，他日继吾志事惟此生耳。"
>
> 及左公下厂狱，史朝夕狱门外；逆阉防伺甚严，虽家仆不得近。久之，闻左公被炮烙，旦夕且死，持五十金涕泣谋于禁卒。卒感焉；一日，使史更敝衣，草屦，背筐，手长镵，为除不洁者，引入，微指左公处，则席地倚墙而坐，面额焦烂不可辨，左膝以下筋骨尽脱矣。史前跪抱公膝呜咽。公辨其声，而目不可开，乃奋臂以指拨眦，目光如炬。怒曰："庸奴！此何地也，而汝来前？国家之事糜烂至此，老夫已矣，汝复轻身而

昧大义，天下事谁可支拄者？不速去，无俟奸人构陷，吾今即扑杀汝。"因摸地上刑械作投击势。史噤不敢发声，趋而出。后常流涕述其事以语人，曰："吾师肺肝皆铁石所铸造也！"

崇祯末，流贼张献忠出没蕲、黄、潜、桐间，史公以凤庐道奉檄守御。每有警，辄数月不就寝，使将士更休，而自坐幄幕外；择健卒十人，令二人蹲踞而背倚之，漏鼓移则番代。每寒夜起立，振衣裳，甲上冰霜迸落，铿然有声。或劝以少休。公曰："吾上恐负朝廷，下恐愧吾师也。"
（下略）

这篇文章中用会话来写出的共有四处，左公说话的二处，史公说话的二处，用得都非常有效。左、史二人的忠义之情，左对史的知遇之感（这些是这篇文章的主要题旨），以及当时的情形，都从这几句话里传出。如果把这些话改去，用普通叙述来写，就会失去原来的力量，减色不少。依照这篇文章的内容来看，文中人物不止左、史二人，他人也必曾有过许多会话，左、史二人所说的话也当然不止这些，可是作者所用会话写出的，却只这几处，而且只是这寥寥的几句。这里面有着作者的选择力的。唯其作者能把芜杂的话淘汰净尽，只把留剩下来的几句最重要的话写入文章中去，这几句话才能分外有力，所要写的题旨也分外显明。

会话在文章中占着重的地位，叙述一个人物或一件事情，用会话的形式和用普通叙述的形式，原可任作者自由，作者所当注意的就是什么部分该用会话来写，什么部分该用普通的叙述。有时一行会话的效果可以胜过十行叙述，有时十行会话毫无意义，徒使文章散乱，效果反不及一行叙述来得好。再举一个例子如下：

"这是怎么一回事？你知道这信里说些什么？"
"我知道。你让我走，让我过去。"
"你到哪里去？"
"我不要你救我，滔沸。"
"当真吗！他说的都是真的吗？——没有的事，这断不会是真的。"
"全是真的。我只知道爱你，别的什么都不顾了。"
"呸！不要把这种蠢话来推托！"

"滔沸——!"

"你这混帐的妇人——干得好事!"

"让我去——我不要你救我!我不要你把这桩罪名担在你身上!"

这是易卜生所作的戏剧《娜拉》中的一节（据潘家洵氏译本），娜拉的丈夫发觉娜拉背着他向人借款，夫妻间起口角的一个场面，这几句是口角的开始。因为是剧本，不像普通文章的有事件的说明，有动作的叙述，只以会话表现。从这些会话里丈夫的愤不可遏的神情，娜拉的屈服之中带有某种决心的态度，都活跃地可以看出来。

各种文章之中，会话最占地位的是剧本，次之是小说，再次之是普通的叙述文。会话的地位虽有轻重的分别，可是一样须有技巧。用会话的目的，在传出人物的神情、个性，就普通的叙述文来说，在普通叙述的时候，写一人物，是以作者的立脚点写的，换句话说，就是作者用自己的口吻把某人物介绍给读者，成为"人物——作者——读者"的关系。至于用会话来写的时候，是作者暂时把自己躲开，让人物直接说话给读者听，成为"人物——读者"的关系了。作者在写作时所当留意的问题有两个，一是该让什么人物在什么时候说话？二是该叫人物怎样说话？

关于第一个问题，上面已大致讲到，一篇叙述文中可有许多人物，并不是每个人物都要说话，并不是每句话都要写记下来，把主要人物的主要会话写出就够了。把平凡的空泛的话漫然写记下来，是毫无意味的。

说到这里，有一点应该注意。所谓主要的会话，乃是可以表现人物性格或有关题旨的会话，并非一定对事件有什么重大的关系。一串极平常的谈话，有时可暗示人物或事件的很深刻的方面。例如：

"今天天气好，啊!"

"呃，天气真好!"

"明天也不会下雨吧。"

"呃，不会吧。"

这是极无聊的寒暄语，原无大意味的。但若写入剧本或小说里，假定有一个人想替甲青年、乙少女撮合做媒，约双方在某处会面，男女彼此面面相觑了做这些会话时，这些会话就是表现当时情形的好材料，一对陌生男女的羞赧的神情完全可以由此表现，并不是闲话了。归有光的《项脊轩志》最后一段：

> 余既为此志，后五年，余妻来归，时至轩中从余问古事，或凭几学书。吾妻归宁，述诸小妹语曰："闻姊家有阁子，且何谓阁子也？"其后六年，吾妻死，室坏不修。其后二年，余久卧病无聊，乃使人复葺南阁子，其制稍异于前。然自后余多在外，不常居。庭有枇杷树，吾妻死之年所手植也，今已亭亭如盖矣。

这里面"闻姊家有阁子，且何谓阁子也？"是归妻口中传出来的妻家诸小妹的话。说话的人（诸小妹）并不重要，话的本身在表面看来也无大意味，近于闲文。作者归有光是有名的文章家，为什么会有这种闲文呢？原来这段文章是一个跋尾，题旨在纪念他的亡妻。《项脊轩志》正文作在归妻未至以前，这段跋尾是归氏在妻死后追加的。"吾妻来归，时至轩中从余问古事，或凭几学书。"这些叙述，说明归氏夫妻和这间屋子（旧南阁子）的关系，这间屋子是他们不能忘怀的地方。"吾妻归宁，述诸小妹语曰：'闻姊家有阁子，且何谓阁子也？'"由这句话里，可以窥见妻在归宁时常提到这间屋子的事，因为"阁子"是一种特别的名称，诸小妹因为常常听到，才有这样的话。这会话在这段文章里，表现着归氏夫妻间的情爱，和归氏自己对于这间屋子的眷恋，可以说是很有意义的。

用平淡无奇的会话来表现人物内心的奥秘，这种技巧在好的戏剧或小说里面是常可发现的。我们读戏剧和小说时该随处留意，领略这种会话的妙味。

第二是该叫人物怎样说话的问题。会话和叙述不同，是人物自己的口吻，不是作者的口吻。文章里所写的人物可以不一，有农工、有官吏、有小孩、有少女、有村妇、有学者，地域、时代、阶级、年龄、性格等又可各不一样，应该还他本来面目，各用适当的口吻来表现，官吏有官吏的用语，农工有农工的用语，知识分子间的"婚姻问题"，叫村妇来说就不逼肖，上海、苏州一带的"白相"，在北方人口头非用"逛"或"耍"不可。

> 蝌蚪成群的在水里面游泳，爱罗先珂君也常常先来访他们。有时候，在旁的孩子们告诉他说："爱罗希珂先生，他们生了脚了。"他便高兴的

微笑道：“哦!”

——鲁迅《鸭的喜剧》

"这一次我们打得有意思。"沉默了一会之后，他又对我说了。他告诉我他的经历，在广东当兵，到过江西打共产党，后来调到南京，又调到昆山，这会儿到闸北来。打过很多的仗。这一次才打得有意思。

"我们打江西的时候，打进一个地方，一个老百姓也不见，要吃的吮吃，要住的吮住，墙头上写了许多大字：'穷人吮打穷人。'老百姓见了我们比鬼还怕。"

——适夷《战地的一日》

第一例把"爱罗先珂"说作"爱罗希珂"，是在想表现小孩的口吻，第二例是记十九路军兵士的谈话的，努力保存着广东话的分子。为求会话适切起见，这种方面的留心非常重要。

从前的文章用文言写，所用的会话也都是文言，村妇、小孩在文章中也只好用"之乎者也"一套的字眼来说话，并且可使用的句读符号也很简单，只有"、""。"两种。这对于表现上，实大不便利。例如上面所举的方苞的《左忠毅公逸事》里，左公在狱中对史可法所说的末尾几句话：

　　　　不速去，无俟奸人构陷，吾今即扑杀汝。

这会话用文言写记，在当时原是不得已的事。仔细玩味起来，就可觉得这三句话语气有不贯穿的地方，和普通的话结合情形不同。"不速去，吾今即扑杀汝"是顺口的，中间插入一句"无俟奸人构陷"很不顺口。作者在这上面似乎曾大费过苦心，故意叫它不贯穿，藉以表出当时愤怒急迫的神情。如果在句读符号完备的今日来写，就成：

　　　　不速去，——无俟奸人构陷！——吾今即扑杀汝！

即使仍用文言来写记，也容易表现得多了。此外，如感叹词、助词种类的增多，如注音字母的表音法，如方言的可以任意运用，都是以前未曾有过的便利。我们只要能留意，便容易写出适合人物的会话来。

教师下水 *

在成都听一位中学老师谈，他学校的领导向语文老师提出"教师下水"的要求，很有意思。"下水"是从游泳方面借过来的。教游泳当然要讲一些游泳的道理，但是教的人熟谙水性，跳下水去游几阵给学的人看，对学的人好处更多。语文老师教学生作文，要是老师自己经常动动笔，或者作跟学生相同的题目，或者另外写些什么，就能更有效地帮助学生，加快学生的进步。经常动动笔，用比喻的说法说，就是"下水"。

这无非希望老师深知作文的甘苦，无论取材布局，遣词造句，知其然又知其所以然，而且非常熟练，具有敏感，几乎不假思索，而自然能左右逢源。这样的时候，随时给学生引导一下，指点几句，全是最有益的启发，最切用的经验。学生只要用心领会，努力实践，作一回文就有一回进步。

老师出身于学生。当学生的时候，谁不曾练习作文？当了老师之后，或者工作上需要，或者个人有兴趣，经常动动笔的也有。但是多数老师就只教学生作文，而自己不作了。只教而不作，能派用场的不就是学生时代得来的一点儿甘苦吗？老话说，三日不弹，手生荆棘。这点儿甘苦永久保得住吗？固然，讲语法修辞的书，讲篇章结构的书，都可以拿来参考，帮助教学。但是真要对学生练习作文起作用，给学生切合实际的引导和指点，还在乎老师消化那些书而不是转述那些书，还在乎老师在作文的实践中深知作文的甘苦。因此，经常动动笔是大有好处的，"教师下水"确然是个切要的要求。

试拿改文做例子来说。给学生改文，最有效的办法是当面改。当面改可以提起笔来就改，也可以跟学生共同念文稿，遇到需要改的地方就顿住，向

---

* 原载一九六一年七月二十二日《文汇报》第二版。

学生提出些问题，如"这儿怎么样""这儿说清楚了没有"之类，让学生自己去考虑。两种办法比较起来，后一种对学生更有好处。学生经这么一点醒，本来忽略了的地方他注意了，他动脑筋了。动过脑筋之后，可能的情形有二。一是他悟出来了，原稿写得不对，说该怎么样才对。这多好啊，这个不对那个对由他自己悟出，印象当然最深刻。二是他动过脑筋还是不明白，不知道老师为什么要在这儿向他提问题。这时候他感到异常困惑，在这异常困惑的时候听老师的改正，也将会终身忘不了。前面说，让学生自己去考虑的办法对学生更有好处，理由就在此。现在要说的是老师要念下去就有数，哪儿该给学生点醒，哪儿该提怎么样的问题给学生点醒最为有效，这并不是轻易办得了的。要不是对作文非常熟练，具有敏感，势将无能为力。怎么达到非常熟练，具有敏感的境界呢？唯有经常动笔，勤写多作而已。

当面改不是经常可行的办法。一般是把全班的文稿改好，按期给学生评讲指导。只要评讲得当，指导切要，而且能使学生真正领会，深印脑筋，当然也是有效的办法。既然如此，就不能说某一段不怎么好，所以要改；某一句不大通顺，所以要改。必须扣得很准，辨得很明，某一段为什么不好，所以要改，某一段为什么不通顺，所以要改，评讲才有可靠的资料，指导才有确切的依据。而要处处能扣准，处处能辨明，哪怕一个"的"一个"了"，增删全有交代，哪怕一个逗号一个问号，改动全有理由，非对作文非常熟练，具有敏感不可。怎么达到非常熟练，具有敏感的境界呢？唯有经常动笔，勤写多作而已。

作文教学的事不限于改文。凡是有关作文的事，老师实践越多，经验越丰富，给学生的帮助就越大。教学的方式方法多种多样，自然要仔细研究，看准本班学生的实际，乃至某一个学生的实际，挑选适当的来用。但是老师的实践中得来的经验是根本。根本深固，再加上适当的教学的方式方法，成绩就斐然可观了。

新华通讯社曾经发动一个练笔运动，要求社中人员认真地经常地练习作文。当时我非常赞成这个运动。通讯社担任的是宣传报道工作，而直接跟读者见面的，没有别的，唯有写出来的文章。要是文章差点儿，问题不在乎文章不好，而在乎做不好宣传报道的工作。因此，练笔是非常必要的。现在说到语文老师。语文老师担任的工作，有一项是教学生作文，而教好作文，根本在乎老师深知作文的甘苦。那么，练笔不是也非常必要吗？语文老师练笔，通讯社人员练笔，目的并无不同，都是为做好所担任的工作。我非常赞成"教师下水"，乐于写这篇短文来宣传，就是为此。

还可以推广开来说几句。语文老师担任的工作，再有一项是讲读教学。讲读教学就是教学生读书。跟教作文一样，唯有老师善于读书，深有所得，才能教好读书。只教学生读书，而自己少读书或者不读书，是不容易收到成效的。因此，在读书方面，也得要求"教师下水"。